Pubertät: Überlebenstraining für Eltern

Peer Wüschner

Pubertät: Überlebenstraining für Eltern

Eichborn.

Peer Wüschner, geboren 1955 in Hamburg, ist Kunsttherapeut und
-pädagoge und arbeitet seit 1983 mit verhaltensauffälligen Jugendlichen
und ihren Familien als Bezugsperson und Berater vor Ort.

8 9 1 0   06 05 04

© Eichborn AG, Frankfurt am Main, März 2003
Umschlaggestaltung: Moni Port
Layout: Tania Poppe
Satz: Fuldaer Verlagsagentur, Fulda
Druck und Bindung: Fuldaer Verlagsagentur, Fulda
ISBN 3-8218-3972-4

Verlagsverzeichnis schickt gern:
Eichborn Verlag, Kaiserstraße 66, D-60329 Frankfurt am Main
www.eichborn.de

Ich danke den vielen Jugendlichen, die mit mir gerungen haben –
ohne sie hätte ich dieses Buch nicht schreiben können.

Ich danke meiner Frau Désirée –
ohne ihre zahlreichen Beiträge wäre es nicht so geworden, wie es ist.

Ich danke meinem Agenten Ulrich Pöppl –
er hat mir gezeigt, dass ein Buch wächst wie ein Baum.

Ich danke meiner Lektorin Simone Kreuzberger –
sie hat mir geholfen, Sie, die Eltern und Leser, bei jedem
Satz im Auge zu behalten.

Inhalt

Gebrauchsanweisung für dieses Buch

Es gibt wahrscheinlich mehr als einen guten Grund dafür, dass Sie dieses Buch jetzt in Ihren Händen halten. Die meisten meiner Leser werden Eltern sein und (mindestens) einen Teenager zu Hause haben, der ihnen den letzten Nerv raubt und sie mit täglichen Eskapaden bis an den Rand des Wahnsinns treibt. Einige werden auch als Lehrer, Gruppenleiter, Pfarrer oder Ähnliches mit Jugendlichen in Gruppen zu tun haben. Manche mögen auch in Teenagern eine faszinierende Spezies sehen, die zu beobachten, mit der zu beschäftigen und über die zu staunen sich lohnt. Sie alle erhoffen sich von der Lektüre tief greifende Einsichten und Verständnishilfen für das Wesen des pubertierenden Menschen.

Ich habe mich bemüht, Ihnen allen ein lebendiges, plastisches und erhellendes Bild von der Gemüts- und Seelenverfassung der Jugendlichen im Umbruch zu malen. Aber ich habe auch besonderes Augenmerk auf die gerichtet, von denen man in diesem Zusammenhang im Allgemeinen erwartet, zu funktionieren, zu leisten und ewig verständnisvoll zugegen zu sein: die Eltern, die Lehrer, die Pädagogen, die Gruppenleiter und so weiter. Sie sind zwar nicht (mehr) in der Pubertät, nichtsdestotrotz erleiden sie diese mit, sobald sie mit Pubertierlingen zu tun haben. Sie sind unmittelbar Betroffene. Was bedeutet die Pubertät für die Erwachsenen und wie gehen sie damit um?

Darum biete ich Ihnen gleich zu Beginn eine grundlegende Einsicht an: Mit der Pubertät ist es wie mit allen Zuständen und Stadien, die wir im Laufe unseres Lebens durchmachen. Sie prägen und formen uns, sie wälzen uns vielleicht von Grund auf um, aber: Sie gehen vorüber. Je gründlicher und nachhaltiger die Beteiligten jedoch in diesen sich bietenden Erfahrungsraum eintauchen, umso mehr kann jeder für sich aus dieser einmaligen Konstellation gewinnen. Wenn sich alle wirklich in der Tiefe aufeinander einlassen und miteinander hindurchgehen, kommen sie auf der anderen Seite verwandelt wieder heraus. Und sie werden reich belohnt – mit Gelassenheit füreinander, Liebe und Vertrauen zueinander und einer großartigen Freiheit im Umgang miteinander.

Natürlich erwarten Sie auch Tipps für den praktischen Umgang miteinander. Sie wollen wissen, wie sich Alltagsprobleme, die typisch für diese Phase sind, nerven- und kräfteschonend und erfolgreich meistern lassen. Ich habe deswegen praktische Beispiele, Lösungsmodelle und Übungen überall dort eingefügt, wo es mir sinnvoll oder notwendig erschien. Finden Sie auf ein spezielles Problem, das Sie bewegt, dennoch keine Antwort, bitte ich Sie, auf die Seite: www.blauespferd.de zu klicken. Dort finden Sie ergänzende Informationen und praktische Hilfestellungen, die über den Rahmen dieses Buches hinausgehen. Weitere Informationen zu diesem Internetforum und zu anderen helfenden Adressen finden Sie im Anhang.

Sie können, aber müssen dieses Buch nicht am Stück lesen. Es ist inhaltlich so konzipiert, dass Sie anhand des Inhaltsverzeichnisses auch gezielt zu dem jeweiligen Aspekt, der Sie am meisten interessiert, nachschlagen und sich informieren können. Hintergründe sind möglichst konzentriert und plastisch dargestellt. Dadurch soll das Verständnis erleichtert und der Nutzen für die Praxis erhöht werden. Wenn Sie über einzelne Aspekte mehr erfahren und sich mit ihnen über den in diesem Buch gegebenen Rahmen hinaus intensiver beschäftigen möchten, finden Sie einige Literaturempfehlungen im Anhang.

Die Wandlung der Beziehung — vom Kind zum Gegenüber

Was macht die Zeit der Pubertät für die Erwachsenen so schwierig und aufwühlend? Warum finden sie sich so oft an ihren persönlichen Grenzen wieder, wenn sie es mit pubertierenden Kindern zu tun haben? Sind Traditionen geeignet, in dieser Zeit Orientierung und Hilfen zu bieten?

Die Entthronung der Eltern

Kinder entwickeln sich in etwa einundzwanzig Jahren von Kleinkindern, die mit den Eltern in enger symbiotischer Gemeinschaft leben, zu jungen Erwachsenen. Dabei müssen sie sich Stück für Stück aus der sie schützenden und nährenden Hülle der Elternliebe und Fürsorge herausarbeiten; sie müssen sich kennen lernen, ihre Bedürfnisse erfahren, lernen, für sich selbst zu sorgen, und, vor allem, ihrem Leben eine eigene Richtung und eigene Inhalte geben.

Sie als Eltern können das auf der rationalen Ebene wissen, Sie können fühlen, dass es gut ist, und Sie können Ihrem Kind dabei sogar helfen wollen. Doch auch noch so viel Liebe und Fürsorge schützen vor Schmerzen nicht – wie jede Trennung ist auch diese schmerzhaft und dramatisch. Das Verhältnis Ihres Kindes zu Ihnen und Ihr Verhältnis zu Ihrem Kind berührt die tiefsten Gefühle in Ihnen, macht Sie wahrlich betroffen. Sie können versuchen, sich davor zu schützen, sich dagegen abschotten, so tun, als ginge Sie das alles nichts an – es wird Sie doch erreichen, was auch immer sie versuchen, um es zu verhindern. Gefühle haben ihre eigene Wahrheit.

Es ist also ein Verhältnis auf Zeit. Und doch: Wer Kinder hat, hat sie ein Leben lang. Und jeder hat Eltern – auch dieses Verhältnis begleitet uns ein Leben lang, wie wir wohl alle wissen. Es ist ein unglaublich intensives Verhältnis, in dem Liebe und Verzweiflung, Hingabe und Hass unmittelbar aufeinander folgen können. Natürlich spielen materielle Abhängigkeiten zumindest nach außen hin eine herausragende Rolle. Sie geben Ihnen als Eltern vielleicht auch den Eindruck, die einzig Gebenden in dieser Beziehung zu sein.

Es sollte niemanden wundern, wenn Sie sich in dieser Zeit vorrangig als Institution zur Befriedigung von Primärbedürfnissen, als da wären Essen, Geld, Wohnung und Kleidung, erleben. Sie als Eltern fallen mit Ihren Bedürfnissen anscheinend widerstandslos durch den Rost. Jedenfalls interessieren sich die Jugendlichen nicht merklich für Ihre Wünsche, es sei denn, es geht um sie selbst. Und doch: Die gemeinsame Geschichte von Eltern und ihren Kindern ist geprägt von gefühlsmäßigen Abhängigkeiten, Träumen und Sehnsüchten, in denen sich Gebende und Nehmende abwechseln. Diese bestimmen – meist nicht offensichtlich und unverstanden – Wünsche, Verfassung und Denken und damit das Geschehen.

Kinder geben ihren Eltern beispielsweise die Hoffnung, dass etwas von ihnen selbst in ihnen weiterlebt; seien dies nun Berufsträume, die sich die Eltern nicht erfüllen konnten, seien es Aspekte der Lebensqualität oder ganz einfach eine Haltung dem Leben gegenüber, die als wertvoll und bewahrenswürdig erlebt wird. Kinder geben ihren Eltern eine Hoffnung auf Sinn im eigenen Leben und auf Fortdauer des Erreichten oder Geschaffenen – seien dies nun Erkenntnisse und Lehren, die erworben wurden, oder materielle Dinge wie ein Haus oder ein Betrieb. Eigene Kinder vermitteln das Gefühl, gebraucht zu werden und nicht alleine auf der Welt zu sein. Das sind legitime Hoffnungen und intensive Gefühls- und Wunschwelten, die manchen über sich selbst hinauswachsen lassen können.

In der Pubertät werden diese Hoffnungen durchbrochen und auf den Prüfstand gestellt. Denn die Jugendlichen beginnen, ihre eigene Perspektive auf das Leben zu entdecken und ihre eigenen Bedürfnisse und Träume zu erproben. Die Welt der Eltern wird darin Eingang finden, da die Jugendlichen dadurch am stärksten geprägt werden – ob in der von ihnen erträumten und gewünschten Form oder aber ganz anders, ist zur Wahl der Jugendlichen geworden.

Die meisten Eltern malen sich schon vor der Geburt in bunten Farben aus, wie ihr Kind wohl werden wird, was es tun und lassen, was es gut finden und was es überhaupt nicht mögen wird. Ebenso machen sich Kinder ein Bild von Ihnen. Für Ihr Kind sind Sie der strahlende Stern, aber auch Lebensquell von Wärme, Nahrung und Zuwendung. Ihr Kind erlebt Sie als allmächtig und übergroß, auch wenn Sie selbst sich klein und völlig machtlos in Ihrem Leben fühlen sollten.

Eltern wie Kinder idealisieren und prägen einander. Sie haben große Träume voneinander, die ihnen Kraft und Durchhaltevermögen geben, an denen sie wachsen und reifen, aber auch zerbrechen und zu Grunde gehen können. Man könnte sagen, Sie sind in der Pubertät mit Ihren Kindern an dem entscheidenden Punkt einer Reise angekommen, die mit großen Erwartungen begonnen hat. Sie führt Schritt für Schritt vom idealisierten Bild, das Sie sich voneinander gemacht haben, zu dem Menschen, der darauf wartet, dahinter entdeckt und »befreit« zu werden. Solche Traumbilder sind ja an sich nichts Schlechtes. Sie dürfen nur nicht zu einer Schablone werden, in die man jemanden presst, sondern sollten Ansporn sein und Raum bieten, das Beste aus dem vorhandenen Potenzial herauszuholen.

Übung: Diade »Ich kann ...«

Fordern Sie Ihren Jugendlichen zu einem Experiment auf, einer Art Wettbewerb, an dem Sie selbst auch teilnehmen. Setzen Sie sich einander gegenüber auf zwei Stühle in einem Abstand, dass ihre Knie etwa zwanzig Zentimeter voneinander entfernt sind. Legen Sie fest, wer beginnt. Stellen Sie außerdem eine Eieruhr in die Nähe, die auf zehn Minuten gestellt ist. Nun geht es darum, dass der, der anfängt, möglichst schnell und ohne Pause erzählt, was er alles kann – und zwar immer in Sätzen, die mit »Ich kann« beginnen (also z. B. »Ich kann Hamsterkäfige säubern, ich kann Skateboard fahren, etc.«). Der andere darf dazu (wichtig!) keine Miene verziehen oder Kommentare abgeben. Aber er muss versuchen, sich »dazwischenzudrängeln«, das heißt, sobald der Sprechende zögert oder eine Denkpause macht, darf sein Gegenüber dies nutzen und selbst erzählen. Wobei wieder der, der nicht an der Reihe ist, versuchen muss, die nächste Sprechlücke zu nutzen. Dies geht so lange, bis die Eieruhr klingelt. Derjenige, der das Wort öfter an sich bringen konnte, hat gewonnen. Vielleicht gibt es ja auch einen lukrativen Preis zu gewinnen, der Ihren Sprössling a) motiviert mitzumachen und b) hilft, sich richtig darauf einzulassen.

Diese Übung ist deshalb so wirkungsvoll, weil der Anspruch, keine Sprechpause entstehen und den anderen nicht zum Zug kommen zu lassen, den Verstand ausreichend beschäftigt, so dass bei den Inhalten der Aussagen auch das Unterbewusstsein seine Geheimnisse preisgibt.

Sinn der Übung ist, dass Sie einmal hören, was Ihr Kind sich alles zutraut und wie es um sein Selbstwertgefühl bestellt ist. Wenn es große Schwierigkeiten hat, überhaupt Aussagen zusammenzubekommen, oder das Können immer im gleichen Bereich angesiedelt wird, vielleicht auch spöttisch geäußert wird oder gar bitter, wissen Sie sehr schnell, wo Sie in Zukunft unterstützend eingreifen sollten. Vielleicht werden Sie auch überrascht sein, welche Dinge Ihr Gegenüber anspricht und dass er auf Fähigkeiten stolz ist, von denen Sie bisher gar nichts wussten. Dies wird Ihnen helfen, Ihr Bild von Ihrem Kind lebendig und beweglich zu halten. Und nicht zuletzt gilt das Gleiche auch umgekehrt. Wahrscheinlich staunt auch der sonst allwissende Teenie, was er von seinen Eltern bisher alles nicht wahrnimmt ...

Die Qualität der Beziehung

Kommt Ihnen die folgende Szene bekannt vor? Ihr Sohn oder Ihre Tochter kommt aus der Schule und ist offensichtlich verärgert. Durch eine freundliche Nachfrage versuchen Sie der Stimmung auf den Grund zu gehen und erwähnen tröstend und aufbauend, das Mittagessen sei gleich fertig. Das herzliche Bemühen Ihrerseits wir mit einem »Ey, Mann, das nervt!« belohnt, Sohn oder Tochter geht zum Kühlschrank, holt sich dort etwas zu essen und geht auf ihr/sein Zimmer, dreht die Musik auf und lässt Sie mit einem dummen Gesicht und dem fertigen Essen stehen.

Es gibt einen Ausspruch, der die Verfassung der Jugendlichen in dieser Zeit recht anschaulich beschreibt: Wegen Umbau geschlossen.

Den Erwachsenen fällt in dieser Umbruchzeit eine mitunter undankbare und einseitige, aber entscheidend wichtige Aufgabe zu: die Qualität des Miteinander zu formen, indem sie diese wie eine Blaupause für die Heranwachsenden vorleben. Dafür braucht es neben einer besonderen Haltung im Umgang mit den Kids, auf die ich weiter unter zurückkomme, vor allem drei Dinge:

☞ Klarheit der Motive
☞ Verständlichkeit der Gründe
☞ Nachvollziehbarkeit des Handelns

Auch wenn der Anschein dagegen spricht: Das Denken und Handeln der Erwachsenen sind die von den Kids heiß ersehnten Angebote, die möglichen Rankhilfen für das jugendliche Um- und Aufbruchschaos.

Das heißt nicht, dass Sie sich den Kids gegenüber rechtfertigen müssen. Es geht darum, nicht einfach zu verordnen, was getan werden muss, sondern dem Nachwuchs Gelegenheit zu geben zu verstehen, warum. Beispiel gemeinsames Abendessen: Die Kids sollten verstehen können, warum einem das regelmäßige gemeinsame Abendessen wichtig ist. Erklären Sie zuerst Ihre Motive, also das, was Sie bewegt, darauf zu bestehen. Das können der Zusammenhalt der Familie und die Teilhabe am gemeinsamen Leben oder ähnliche Punkte sein. Begründen Sie dann Ihre Motive: Durch verschiedene Arbeits- und Schulzeiten muss man sich bewusst Zeit füreinander nehmen und sich auf bestimmte feste Zeiten dafür einigen, sonst verliert man sich aus den Augen. Durch abschließende Fragen können Sie herausfinden, ob Ihr Bestehen auf dem gemeinsamen Abendessen und Ihre Gründe dafür verständlich und nachvollziehbar waren.

Erwarten Sie aber bitte keine Dankbarkeit für Ihre Mühen! Jedenfalls jetzt noch nicht. Rechnen Sie eher damit, dass Ihr Denken, Ihre Motivation, Ihre Äußerungen und Ihr Handeln einer genauen Untersuchung unterworfen werden. Die schießt oft genug über das Ziel hinaus und kann von Ihnen als verletzend bis unverschämt empfunden werden. Ich appelliere an Sie, dies nicht als persönlichen Angriff zu verstehen, sondern zu sehen, was sich dahinter verbirgt: die verzweifelte Suche nach Halt und Orientierung: Eignen sich die Wertvorstellungen und Handlungsmaximen der Erwachsenen für mein eigenes Leben? Um das herauszufinden, werden Sie auf Herz und Nieren geprüft.

Ein Beispiel dafür, wie scheinbare Kleinigkeiten dadurch an Bedeutung gewinnen können, ist eine Begebenheit, die mir meine Freunde Clara und Gilbert erzählten.

Clara und Gilbert, die in ihrer Erziehung sehr viel Wert auf Ehrlichkeit, Respekt vor anderen und dem Einhalten des eigenen Wortes legen, kehrten an einem Sonntag bei McDonald's ein, um etwas mit ihren Kids Julie und Maleika, dreizehn und fünfzehn Jahre alt, zu essen. Clara und Gilbert hatten vergessen, Toilettenpapier für zu Hause zu kaufen, und beschlossen, da es Sonntag war und alle Geschäfte geschlossen hatten, sich eine Rolle von dort mitzunehmen. Sie sagten zu Julie und Maleika, dass sie selbstverständlich vorhätten, später wieder eine Rolle zurückzubringen, wenn sie Gelegenheit gehabt hätten, selber welche zu kaufen. Wie es so geht, geriet dies Vorhaben in Vergessenheit. Nach drei Monaten hatten die beiden ein ernstes Gespräch mit Maleika, weil sie gelogen und etwas versprochen hatte, was sie dann nicht erfüllte. Sie redeten Maleika ernst ins Gewissen. Maleika hörte nach anfänglichen Ausflüchten ernst zu. Es war offensichtlich, dass ihr das eigene Verhalten Leid tat. Ganz am Ende des Gesprächs fragte sie Clara und Gilbert: »Habt Ihr das Toilettenpapier eigentlich zurückgebracht?« Betroffen schauten die beiden einander an: Sie hatten es vergessen, Maleika aber nicht!

Die Jugendlichen haben das Gefühl, der Boden, der sie bis hierher getragen hat, bricht auf einmal unter ihnen weg; die Grenzen der elterlichen Welt, die ihnen bis dahin Geborgenheit vermittelt haben, lösen sich für sie auf. Die Eltern erleben dies als extreme Stimmungsschwankungen, Launenhaftigkeit, Verunsicherung und Gereiztheit bei ihren Kindern. Das Alte geht für diese unwiderruflich zu Ende und das Neue ist ihnen noch nicht greifbar. Bedenken Sie, dass diese Veränderungen nicht nur das Gefühlsleben und das Denken der Jugendlichen auf den Kopf stellen, sondern durch die Hormonumstellung bis tief in die Körperlichkeit wirken. Kids ringen buchstäblich um ihr Leben. Doch das müssen sie erst finden und wissen überhaupt noch nicht wie. Vorerst spüren sie es nur als einen dumpfen Drang, der sie aus ihrem tiefsten Innern umtreibt.

Je dramatischer dieser Umbruch vom Jugendlichen selbst empfunden wird, desto heftiger und eruptiver kann sich dieser Kampf auch nach außen tragen. Dies kann für die Erwachsenen zunächst völlig unverständlich sein, weil sich die Gründe für diese Ausbrüche nicht auf den ersten Blick erschließen lassen. Teenager tragen in der Regel ihr Herz nicht auf der Zunge. Sie gründeln in eigenen Tiefen, aus denen sie mitunter explosiv voller Vorwürfe gegen die Erwachsenenwelt aufsteigen, um dann gleich wieder in ihren eigenen Untiefen zu versinken. Daraus zu schließen, dass die Erwachsenen zu Statistenrollen im pubertären Drama verurteilt sind, auf die bei Bedarf eingeprügelt wird, stimmt so nicht. Die Art der Begegnung ändert sich lediglich. Sie werden persönlich zu einer direkteren Kommunikation herausgefordert. Ob und wie Sie diese Herausforderung annehmen, liegt bei Ihnen.

Was meint denn direktere Kommunikation, inwiefern werden Sie herausgefordert?

Die Heranwachsenden wollen von den »Großen« wissen, was es heißt, Mensch zu sein. Sie wollen den für sie wichtigen älteren Menschen als Gegenüber begegnen. Sie wollen sie in der Auseinandersetzung zur Ehrlichkeit mit sich selbst zwingen. Je mehr sich diese verstecken, desto größer wird ihre Sehnsucht danach, die Menschen hinter der Maske zu entdecken, zu erfahren, ob sie sich hinter einer Lebenslüge verbergen – und Pubertierende haben ein sehr feines Gespür für Authentizität. Sie wollen echte Menschen erleben, sie sind auf der Suche nach Hoffnung und Zukunft. Sie brauchen im Gegenzug Verständnis, Aufrichtigkeit und auch viel Mut von Seiten der Erwachsenen. Die jungen Menschen wollen sich mit ihnen auseinander setzen und sich an ihnen reiben, um zu sehen, ob sie standhalten – um selbst Halt zu finden. Gehen Sie ihnen ein Stück entgegen – begegnen Sie den Kids als Mensch mit all Ihren Unzulänglichkeiten und Fehlern, mit all Ihren Träumen und Gefühlen, mit Ihrer Verletzlichkeit, mit Ihren Grenzen, Ihren Enttäuschungen – aber auch mit Ihren Hoffnungen. Haben Sie Mut und verstecken Sie sich nicht. Zeigen Sie Ihr wahres Gesicht!

Mein Freund Hans arbeitet als Fahrer bei einem Kurierdienst und verdient dabei genug, um sich und seinen Sohn Fabian, dreizehn, als allein erziehender Vater gut durchzubringen. Sie wohnen in einer hübschen und günstigen Wohnung mit kleinem Garten und haben ein recht gutes Verhältnis zueinander. Doch natürlich gibt es auch Auseinandersetzungen. Manchmal hat Hans das Gefühl, dass Fabian nicht genug aus seinen Möglichkeiten macht. Fabian ist musisch sehr begabt und Hans hielt ihm das einmal vor, als Fabian herausplatzte: »Lass mich doch in Ruhe, du fährst doch nur jeden Tag mit einem idiotischen Golf durch die Gegend, um irgendwelche bescheuerten Briefe zu irgendwelchen beknackten Agenturen zu bringen. Du bist ein richtiger Loser!«, und auf sein Zimmer rannte. Hans war zunächst tief getroffen; er wollte ja nur nicht, dass Fabian seine Begabung achtlos liegen ließ. Doch nachdem er sich etwas gefangen hatte, fasste er sich ein Herz und ging zu Fabian, um mit ihm darüber zu reden. Es ist ja nicht so, dass Hans keine Träume von sich gehabt hätte. Von denen erzählte er Fabian jetzt. Und er erzählte ihm, woran sie gescheitert sind. Und er erzählte ihm von den Träumen, die ihm geblieben waren. Er sagte ihm auch, warum Träume und Talente für das eigene Leben wichtig sind – sie verleihen einem Flügel und heben einen über sich selbst hinaus. Hans sagt heute, dass dieses Gespräch vielleicht eines der wichtigsten zwischen ihm und Fabian war. Es hat ihre Liebe zueinander vertieft und eine ganz neue Achtung zwischen ihnen entstehen lassen.

Jugendliche flüchten sich nur dann in Scheinwelten, wenn keine lebendigen Menschen in ihrem Umfeld bereit sind, sich mit ihnen und ihren Lebensfragen auseinander zu setzen. Seien Sie bereit, sich dabei selbst in die Augen zu schauen, denn das werden Sie tun müssen. Das Motiv Ihrer »jugendlichen Lehrmeister« ist tiefe, mitunter verzweifelte Liebe und die Sehnsucht, in Ihnen eine Orientierungshilfe zu finden.

Manchmal glücken sie dann: Momente aufrichtiger Begegnung. Damit sie stattfinden können, brauchen sie ein bestimmtes Klima im Miteinander. Sie lassen sich nicht planen, sondern sind außerordentlich kostbar und fallen wie eine reife Frucht vom Baum, wenn man den Moment zu erkennen weiß. Was Sie tun können, ist, sich um ein Klima zu bemühen, in dem Begegnung möglich wird, und sich innerlich für diese bereitzumachen.

Bei Meike war es die mitunter abendlich gemeinsam gerauchte Zigarette mit ihrer Tochter Anna. Sie gingen dazu auf die Terrasse ihres Hauses. Durch den intimen Rahmen, die ungeteilte, nicht durch irgendwelche Alltagsdinge abgelenkte Aufmerksamkeit, den Zauber der Dämmerung und den zusätzlichen Schutz der Dunkelheit wurde eine besondere Atmosphäre der Vertraulichkeit zwischen ihnen geschaffen. Viele Gespräche plätscherten nur so dahin, oft sprachen die beiden auch lange nichts. Doch plötzlich brachte Anna Gedanken oder Erlebnisse zur Sprache, die sie gerade besonders beschäftigten. Scheinbar mühelos führte das zu den tiefsten und besten Gesprächen. Das war natürlich nicht bei jeder Zigarette und an jedem Abend so, aber der Rahmen funktionierte immer wieder. Das war auch unabhängig von den teilweise heftigen Auseinandersetzungen, die sie sich im Laufe eines Tages lieferten. Anna forderte diese abendliche Zigarette auch regelmäßig ein, wenn ihr etwas auf der Seele brannte.

Die Jugendlichen wollen sich die Anerkennung und den Respekt der Erwachsenen erringen, die für sie wichtig sind; sie wollen von Ihnen wahrgenommen werden. Es fällt nicht leicht, Teenager mit ihren Stimmungsschwankungen, Launen und ihrem oft demonstrativen Desinteresse aufrichtig ernst zu nehmen und ihnen ehrlichen Respekt in einer äußerlich so unproduktiven wie widerborstigen Zeit entgegenzubringen. Aus Sicht der Erwachsenen sind die Kids bestenfalls erst auf dem Weg dahin, respektiert werden zu können. Die Kids fühlen ja selber, dass sie innerlich zutiefst verunsichert sind und keinen festen Boden unter den Füßen haben. Und doch sind Ernsthaftigkeit und Respekt die beiden Enden der Schnur, an denen Sie ziehen sollten, wenn Sie die weitere Entwicklung nicht nur passiv über sich ergehen lassen, sondern sie mit den Jugendlichen gemeinsam gestalten wollen.

Damit sind wir an einem wichtigen Punkt angelangt: Der Frage danach, welche Impulse Sie der Entwicklung der Beziehung geben können. Ich komme im

Kapitel »Übungsfeld Alltag – Humus, Feuchtigkeit und Sonnenschein für Pubertierlinge« darauf zurück.

👍 **Überlebenstipp:**

Der Anschein spricht dagegen, doch: Das Denken und Handeln der Erwachsenen sind die heiß ersehnten Angebote, die möglichen Rankhilfen für das jugendliche Um- und Aufbruchschaos. Eignen sich die Wertvorstellungen und Handlungsmaximen der Erwachsenen für mein eigenes Leben? Um das herauszufinden, werden Sie auf Herz und Nieren geprüft. Haben Sie Mut und verstecken Sie sich nicht!

Die Machtprobe

Manch einer mag in dieser schwierigen Zeit dem Verlangen nachgeben, die ganze pubertäre Problematik auf einige wenige wichtige Fragen und Antworten zu reduzieren. Dafür steht beispielsweise die Auffassung, dass es in der Pubertät vorrangig um eine Machtprobe mit der Welt und Autorität der Eltern / Erwachsenen geht, und der müsste, der inneren Logik folgend, vorrangig mit den entsprechenden äußeren Machtmitteln begegnet werden. Dadurch könnten die Jugendlichen dann den ihnen bestimmten Platz in der bestehenden sozialen Ordnung erkennen und Halt und Sicherheit erfahren.

Solche Auffassung holt seine Kraft aus einem Denken, das in Traditionen wurzelt; also auf Vorstellungen und Bildern, die aus Formen der Vergangenheit den Anspruch ableiten, für die Zukunft Sicherheit, Perspektive und Orientierung bieten zu können. Mit dieser Haltung verbindet sich meist auch die Angst der Erwachsenen davor, persönlich mit ihrem Leben und dem, was sie daraus gemacht haben, in Frage gestellt zu werden. Wer ist schon rundum mit seinem Leben zufrieden? Der autoritäre Verweis auf Traditionen und überliefertes Denken und Handeln schafft da vermeintlich Abhilfe. Für den Moment wird die Auseinandersetzung über das eigene Leben von den Erwachsenen vertagt.

Für die Kids ist eine solche Haltung aber fatal, denn sie bekommen Steine statt Brot. Keine einzige Frage wird dadurch beantwortet, kein Problem wird gelöst. So ein Rückzug auf bewährte Normen lässt die Jugendlichen mit ihren drängenden Lebensfragen schlicht allein und vertagt die notwendige Auseinandersetzung auf eine unbestimmte Zeit. Sie belastet das gegenseitige Verhältnis, weil vieles ungeklärt bleibt, und behindert dadurch die weitere Entwicklung.

Sie und die anderen Erwachsenen können Jugendlichen mit zwingender Logik und inspirierenden Geschichten Regeln und Begriffe der Moral oder des gesellschaftlichen Miteinander nahe bringen, sie werden dennoch wirkungslos verpuffen, wenn sie nicht überzeugend und nachfühlbar vorgelebt werden. Dazu gehört auch, am persönlichen Beispiel zu zeigen, wie Menschsein und Moral lebendig miteinander zu verbinden sind. Ein selbstgerechter Moralapostel erreicht die Kids nicht, weil er sich in seinen Gefühlen, seinem Menschsein verweigert.

»Einander helfen« z.B. ist eine abstrakte Regel. Sie wird erst durch eine bestimmte Situation konkret, durch die Nähe zu Menschen lebendig und durch gefühlsmäßige Verbindung zu diesen erstrebenswert. Vorträge allein darüber können das konkrete Erleben nicht ersetzen. Es ist daher wichtig, dass Sie den Jugendlichen immer wieder die Gelegenheit bieten, durch gemeinsame Erfahrungen in bestimmten Situationen Haltungen anschaulich zu erleben.

In der Pubertät setzt sich jede Generation aufs Neue mit den Lebensentwürfen der Elterngeneration auseinander. Das geschieht jedoch nicht auf eine abstrakte Weise, sondern im konkreten Erleben der Menschen. Pubertierende brauchen glaubhafte und lebendige Vorbilder, an denen sie sich reiben können, keine abstrakten unpersönlichen Regeln, für die sie in diesem Alter keinen rechten Sinn haben.

👍 **Überlebenstipp:**

Pubertierende brauchen glaubhafte und lebendige Vorbilder, an denen sie sich reiben können. Dazu gehört, am persönlichen Beispiel zu zeigen, wie Menschsein und Moral lebendig miteinander zu verbinden sind. Ein selbstgerechter Moralapostel erreicht die Kids nicht, weil er sich ihnen in seinen Gefühlen und seinem Menschsein verweigert.

Die vorwiegend intellektuelle Auseinandersetzung mit Regeln kann später fruchtbar geführt werden. Jugendliche benötigen glaubhafte Gegenüber zur Orientierung, persönliche Beispiele, die ihnen nachvollziehbar vorleben, wie sie ihre Gefühle, Träume und Bedürfnisse mit den sozialen Notwendigkeiten in Einklang bringen können.

Die wenigsten Erwachsenen werden denken, das vollendet geschafft zu haben. Die meisten teilen wohl eher das Gefühl, ihre Träume irgendwo unterwegs verloren zu haben. Das führt dazu, dass man eher davor zurückscheut, sich an diesem Punkt auseinander zu setzen. Denn man hat Angst davor, sich selbst im Spiegel zu sehen. Das kann auch schmerzlich sein; aber ist nicht das ganze

Leben ein Abschiednehmen von überlebten Vorstellungen? Macht einen das nicht erst frei für neue Erfahrungen, die über das bis dahin Gekannte hinausgehen? Liegt in dieser Art der persönlichen Erfahrung nicht gerade die Parallele zur Pubertät? Die Kids spüren jedenfalls mit ihrer in dieser Zeit so außerordentlich geschärften Wahrnehmung genau, wenn jemand Sicherheit nur vorgaukelt, auch wenn sie es vielleicht nicht angemessen in Worte kleiden können. Je näher die Bezugspersonen ihnen sind, desto wichtiger ist deren Aufrichtigkeit für sie. Desto schlimmer ist es, wenn sie sich hinter Ausflüchten und dem Verweis auf Traditionen verstecken und ihnen nicht als die unvollkommenen Menschen, die sie sind, begegnen.

Jugendliche brauchen keine vollkommenen Menschen, sie brauchen lebendige Gegenüber. Auch wenn sie es vielleicht zuerst nicht wahrhaben wollen, weil sie sich so sehr wünschen, es wäre anders, heißt die Botschaft sonst für sie: Lass mich in Ruhe, sieh alleine zu, wie du zurechtkommst, und – lerne mit der Lüge zu leben! Und meide die Wahrheit – sie ist zu bedrohlich.

Übung: Bilderleben

Suchen Sie Jugend- bzw. Kinderfotos heraus von Ihren Eltern, Ihrem Partner, guten Freunden oder anderen nahen Personen. Vertiefen Sie sich in die Person auf dem Bild und schauen Sie, was für Gedanken über diesen damals sehr jungen Menschen in Ihnen aufsteigen.

Spüren Sie Mut, Verzagtheit, Tatkraft? Was für ein Blick geht da in die Welt hinaus? Wirkt die Körperhaltung offen oder verschlossen? Schauen Sie in Träumeraugen? Sehen Sie freudige Erwartung? Spüren Sie Angst? ... Notieren Sie alle Eindrücke für sich.

Dann setzen Sie sich bei Gelegenheit mit den Fotos und den betreffenden Personen zusammen. Versuchen Sie etwas über deren Träume und Ziele zu erfahren, die sie als Jüngere hatten, und vergleichen Sie diese mit Ihren Eindrücken aus der Bildbetrachtung. Sie werden ganz bestimmt den Rahmen Ihres Bildes von der betreffenden Person erweitern können und damit vielleicht auch Ihr Verstehen und Verständnis. Zu dem Bild von einem anderen Menschen gehört auch das Werdende, die Veränderung. Diese Übung hilft, den Blick dafür zu schärfen.

Legen Sie, wenn Sie ein bisschen geübt haben, zu einem Kinderbild Ihres pubertierenden Teenagers ein aktuelles Foto und sehen Sie sich auch dort die Veränderungen an, wie ich es eben beschrieben habe. Das wird Ihnen helfen, Ihr Bild und damit Ihre Beziehung lebendig zu halten.

Tradition in der Erziehung

In den Medien ist der Rückgriff auf autoritäre Erziehungsideale wieder zum Thema geworden. Nicht zuletzt die zunehmende Gewalt von Jugendlichen ist dafür verantwortlich, dass liberale Erziehung vielfach als gescheitert angesehen wird. Es herrscht gegenwärtig eine ziemliche Verunsicherung darüber, was Erziehung heißt.

Besondere Aufmerksamkeit verdient das Thema »Tradition in der Erziehung« auch, weil in den letzten hundert Jahren in allen Lebensbereichen und auf allen Kontinenten Umbrüche zum Alltag geworden sind. Wenn das zwanzigste Jahrhundert eine Tradition hat, dann ist es sicherlich eine Tradition der rasanten Umwälzungen in politischen, wirtschaftlichen, technischen und sozialen Belangen, die das Leben bis tief hinein in das persönliche Alltagsleben jedes Einzelnen verändert haben.

Natürlich hat es schon immer Veränderungen gegeben. Sie sind ja eines der Kennzeichen des Lebens an sich. Aber deren Geschwindigkeit, Abfolge und Auswirkungen haben sich um ein Vielfaches erhöht. Es gibt wohl keinen Menschen mehr auf der Erde, der die Auswirkungen der täglichen globalen politischen, wirtschaftlichen und sozialen Umbrüche nicht auch an jedem Tag seines eigenen Lebens deutlich zu spüren bekäme.

Es bedeutet eine große Herausforderung für jeden Heranwachsenden, sich mit der damit verbundenen Unsicherheit und Dynamik auseinander zu setzen.

Fest gefügte Traditionen mögen tröstlich scheinen, beheimaten sicher auch, tragen aber wenig zu der Bewältigung dieser Aufgabe bei, weil die Dynamik der Veränderung das bestimmende Problem ist. Das zwanzigste Jahrhundert hat uns bereits so viele Umbrüche beschert, dass starre Traditionen nicht mehr funktionieren können – und wir stehen erst am Anfang dieser Entwicklung. Erfolg und Erfüllung hängen davon ab, wie gut es dem Einzelnen gelingt, die dynamischen Faktoren im und durch das eigene Leben zu gestalten, statt von ihnen nur getrieben zu werden. Mit dieser Tatsache muss sich Erziehung für Heranwachsende heute beschäftigen, wenn sie ihrem Auftrag gerecht werden will.

Natürlich haben Traditionen auch jetzt noch ihren Platz – aber in anderer Form und an anderer Stelle. Die Anforderungen in allen Lebensbereichen haben sich bereits tief greifend verändert. Um der Gegenwart und ihren Herausforderungen angemessen begegnen zu können, müssen die Menschen auch in der Masse zunehmend die Fähigkeit entwickeln, mit Bewährtem beweglich und kreativ umzugehen, um auch unter sich ständig weiterentwickelnden Umständen handlungsfähig sein zu können.

Jonas, vierzehn, und Sarah, zwölf, hatten einen Sonntag pro Monat, an dem ein gemeinsamer Ausflug mit der ganzen Familie Tradition war. Die Eltern machten meist Vorschläge und man entschied dann gemeinsam. In letzter Zeit hatten die Geschwister jedoch immer weniger Lust mitzumachen und zeigten dies auch deutlich. Den Eltern war dieser gemeinsame Sonntag, da beide berufstätig waren, jedoch sehr wichtig. Also bekamen Jonas und Sarah die Aufgabe, den nächsten Ausflug nach ihren Vorstellungen und mit einem festen Etat zu organisieren. Das entpuppte sich als Herausforderung, die nach anfänglichem Maulen richtig Spaß zu machen begann. Auch für die Eltern war es eine neue Erfahrung. Jonas und Sarah sind heute aus der Pubertät heraus, aber die gemeinsamen Sonntage sind, wenn auch in größeren Abständen, immer noch Tradition und werden abwechselnd organisiert.

Auch im beruflichen Umfeld treten anstelle der Aufgaben, bei denen festgelegte Abläufe zu lernen und dann strikt auszuführen sind, in zunehmendem Maße komplexe Aufgaben, die andere Anforderungen stellen.

Ein Beispiel dafür ist die Bandarbeit im deutschen Automobilbau. Der dritte Schrauber von links hatte einst die fünfte Schraube am Kotflügel mit drei Drehungen zu befestigen und sonst nichts. In unserer Zeit wird die Verantwortung für gesamte Arbeitseinheiten auf selbständig handelnde Gruppen verlagert, deren Mitglieder insgesamt alle einzelnen Schritte beherrschen müssen. Das schließt Diskussionen, Problemlösung und Teamorientierung mit ein. Gehalt und beruflicher Erfolg entscheiden sich daran, welchen Anteil der Einzelne am Erfolg der Gruppe hat und ob er in der Lage ist, mit diesen insgesamt umfassenderen Anforderungen angemessen umzugehen.

Im persönlichen Bereich lässt sich Ähnliches beobachten. Noch im letzten Jahrhundert wurden nur wenige außergewöhnliche Menschen von der Frage nach dem Sinn ihres Handelns berührt. Darüber entschieden allgemein gültige Traditionen und Normen, die von der Gesellschaft, also von außen, bestimmt wurden. Jetzt ist die persönliche Auseinandersetzung mit dieser Frage ein Massenphänomen geworden und findet auf der individuellen Ebene statt.

Deshalb können Traditionen keine Hilfe bieten, wenn sie die Jugendlichen mit dieser zentralen Frage allein lassen. Sie überleben sich selbst, wenn sie nicht mit den äußeren Gegebenheiten und dem persönlichen Leben und Erleben im jungen Menschen wachsen.

Früher hat ein Lebensentwurf Sinn und Bedeutung dadurch bekommen, dass er sich möglichst erfolgreich an der jeweils herrschenden gesellschaftlichen Norm ausrichtete. Der Zimmermannsgeselle, der auf die Walz geht, Yoga betreibt, aktives Mitglied der katholischen Jugendarbeit ist und sich für Altbausanierung und Internet begeistert, wäre früher undenkbar gewesen. Die Fesseln der Konvention hätten dies nicht zugelassen. Heute hat sich mit den wachsenden Möglichkeiten auch die Sinnstiftung und Bedeutungsfindung von der Gemeinschaft nach innen ins Individuum, den einzelnen Menschen verlagert. Also nehmen sich die Menschen, was ihnen geeignet erscheint, um mit den Herausforderungen umzugehen, die ihnen begegnen. Dabei kombinieren sie es zunehmend freier auch mit Elementen früher gegensätzlicher Traditionen auch aus anderen Kulturkreisen. Auch diese Begegnung der Gegensätze findet heute im Individuum, in jedem Einzelnen statt.

Wenn Sie Ihren Jugendlichen helfen wollen, ein erfülltes, glückliches und produktives Leben für sich und in der Gemeinschaft zu entdecken, ist also vor allem eines wichtig: Lassen Sie die Auseinandersetzung mit Ihren Überzeugungen zu, statt die Kids in die Wüste unpersönlicher Prinzipien zu schicken. Einen Sinn für Werte kann nur entwickeln, wer sie als lebendig erlebt. Speisen Sie die Kinder nicht mit leeren Worten oder mit Geld ab. Was sie wollen und brauchen, sind Sie: bedeutend, fehlbar, unvollkommen und verletzlich – aber ganz Mensch.

👍 Überlebenstipp:

Stellen Sie eine Liste zusammen, in die Sie alle »Traditionen« und »lieben Gewohnheiten« aufführen, die Ihnen in und mit Ihrer Familie wichtig sind. Dann überprüfen Sie genau, welche Sie davon für unverzichtbar halten und welche Sie nur gerne beibehalten würden. Die Letzteren sind sozusagen Ihre Verhandlungsmasse mit den Kids. Jugendliche erüben sich in diesem Alter den Umgang mit Traditionen und brauchen deswegen auch den Freiraum, Neues auszuprobieren.

Übung: Tradition in neuem Outfit

Traditionen können für Ihre Kinder später ein wahres Schatzkästchen sein, in das sie immer wieder gerne zurückgreifen. In der Pubertät allerdings treffen Familientraditionen eher auf Ablehnung und Interesselosigkeit. Besonders und gerade die traditionellen Feiertage, die mit Kindern so besonders viel Spaß machen und dann plötzlich mit Jugendlichen eher eine kämpferische oder verkrampfte Note bekommen.

Versuchen Sie einmal, in gewisser Weise beiden Bedürfnissen gerecht zu werden und die Familienfeste für den Jugendlichen in ein neues Gewand zu stecken!

Nehmen wir als Beispiel Ostern: Bestehen Sie ruhig darauf, dass der Ostersonntag traditionell nach Ihren Gewohnheiten gefeiert wird. Um schlechter Laune vorzubeugen, stellen Sie für »Gut aufführen« am Abend Ausgang mit Verlängerung in Aussicht. Und dann ›überraschen‹ Sie Ihren verkrampften Rebellen mit dem traditionellen Eiersuchen. Allerdings bestehen diese Eier aus für den Jugendlichen richtig attraktiven, kleinen Geschenken. Das können für Mädchen verrückte Ohrstecker, zweifarbiger Erdbeerlipgloss, tolle Kerzen oder etwas Ähnliches sein. Für Jungs bieten sich ein Stylinggel, ein origineller Handy-Halter, ein pfiffiger Schlüsselanhänger oder etwas Vergleichbares an. Damit halten Sie im Grunde die Kindertradition, aber unter »modernen« Vorzeichen. Natürlich verstecken Sie auch für die anderen Familienmitglieder Geschenke und lassen sie diese suchen. Das macht mehr Spaß und der Jugendliche muss keine coole Rolle spielen, weil alle nur ihm zuschauen und er sich beobachtet fühlt.

Anschließend könnte es Zielwerfen mit rohen Eiern geben: Zwei Bäume oder Holzpfähle oder Ähnliches werden zur Zielscheibe ernannt. Der Teenie und ein Elternteil stellen sich vor je einem Baum in angemessener Entfernung auf. Jeder bekommt ein Körbchen mit rohen Eiern, die zu werfen sind. Wer die meisten Eier auf der »Zielscheibe« hat, hat gewonnen und kriegt natürlich einen Preis. Falls es Ihnen um die vielen Eier Leid tut, denken Sie daran, dass es nur einmal im Jahr und für einen guten Zweck ist: Es baut die jugendlichen Aggressionen ab und – auch wenn es keiner zugibt – Ihr jugendlicher Rebell hatte Spaß und wird das nicht vergessen.

Weihnachten verfahren Sie nach dem gleichen Muster. Denken Sie sich ruhig richtig verrückte Sachen aus oder kaufen Sie ein wirklich lustiges Gesellschaftsspiel. Achten Sie aber immer darauf, dass Sie Ihrem Kind den »Ausgleich« bzw. die »Belohnung« ermöglichen, indem es später am Abend oder an einem der Festtage zu Freunden oder in die Disco darf. Und vor allem: Dass noch eine zusätzliche Belohnung in Aussicht gestellt wird, wenn es sich auf die Familienfeier richtig einlässt und mitmacht (z. B. Ausgang eine Stunde länger).

Übungsfeld Alltag — Humus, Feuchtigkeit und Sonnenschein für Pubertierlinge

Wie bei Pflanzen im Garten gibt es auch bei Heranwachsenden Umgebungsbedingungen, die notwendig für gedeihliches Wachstum sind. Nur geht es uns bei den Kids vorrangig um das Wachstum der Seele.

Damit das gelingen kann, brauchen die kleinen Widerborste die Aufmerksamkeit der Erwachsenen, wie die Pflanzen die Sonne brauchen. Nehmen Sie das ruhig wörtlich: Sie sind die wärmende Sonne, in deren Licht der Nachwuchs sich räkelt und streckt und ausprobiert. Damit er Ihres wärmenden Sonnenlichtes teilhaftig werden kann, müssen Sie aber Ihre Strahlen auf den Nachwuchs lenken. Schenken Sie ihm Ihre Zeit und Aufmerksamkeit!

Haben Sie Zeit?

Es wäre großartig, wenn sich Erfahrungen als solche einfach in Patentlösungsform transportieren ließen. Doch Jugendliche funktionieren nicht so. Weder Sie noch andere können ihnen etwas abnehmen von dem schmerzhaften Prozess des Erwachsenenwerdens. Eine eigene Position muss man sich erarbeiten, indem man durch Zweifel und Unsicherheiten hindurchgeht und sie so lange erprobt, bis sie Kontur gewinnt, ihr Wert deutlich wird und man sie zu seiner eigenen machen kann.

Dazu brauchen die Kids Sie als Inspiration und als Sparringspartner, d.h. als ein Gegenüber, an dem sie sich reiben und wachsen können. Wenn Sie das wollen, müssen Sie sich und den Jugendlichen gezielt Zeiten einräumen, an denen Austausch und Begegnung möglich wird.

Regelmäßig eine halbe Stunde pro Woche ist sinnvoller als alle paar Monate ein ganzer Tag im Vergnügungspark. Denn erstens stellen sich die Jugendlichen auf einen bestimmten Rhythmus ein, was den Einstieg in Gespräche leichter macht, und zweitens sollten Sie sich in dieser Zeit möglichst nicht ablenken lassen – eben wirklich beieinander sein, damit Sie vielleicht auch Dinge wahrnehmen können, für die der Jugendliche noch keine Worte findet.

Schauen Sie genau hin, wann Sie aller Voraussicht nach eine halbe Stunde in der Woche Zeit füreinander freimachen können. Das sollte auch bei angespanntestem Terminkalender möglich sein. Natürlich ist dreimal eine Stunde pro Woche besser, aber zur Not reicht die beschriebene halbe Stunde aus. Halten Sie sich dann an diese Zeit. Es macht nichts, wenn Sie den Termin mal um einen Tag verschieben müssen, aber halten Sie diesen genauso hoch und wichtig wie berufliche oder andere private Verpflichtungen und lassen Sie ihn nicht einfach ausfallen.

Wahrscheinlich werden die Kids erstmal maulen, es doof finden usw. Sie sollten aber darauf bestehen, weil Sie sich selber die tägliche Auseinandersetzung damit wesentlich erleichtern. Wenn es z.B. Dinge zu klären gibt und die Kids dies lautstark einfordern, können Sie auf diesen Termin verweisen. Jugendliche meinen ja meist, dass alles sofort zu geschehen hat, was objektiv auch gerne ein paar Tage warten kann. Manchmal hat es sich dann schon nach ein paar Stunden von selbst erledigt. Das ist nur ein Beispiel dafür, wie durch solche gezielte Herangehensweise Freiräume entstehen, die Ihr Leben etwas stressfreier machen können. Mit der Zeit werden die Jugendlichen lernen, diese Termine zu nutzen, um ihre Anliegen vorzubringen. Auch das entlastet Sie, weil Sie dann vorbereitet sind, die notwendige Aufmerksamkeit mitgebracht haben und wissen, dass Sie sich nicht alle paar Minuten mit irgendwelchen Anliegen bei etwas anderem stören lassen müssen. Vor allem ersparen Sie sich das schlechte Gewissen, eben jetzt sofort keine Zeit zu haben – es könnte ja wichtig sein –, weil Sie den Jugendlichen genau sagen können, wann Sie Zeit haben und wann das Thema zur Sprache gebracht werden kann.

Viel tun Sie auch einfach, indem Sie sind, wie Sie sind, und die Jugendlichen daran teilhaben lassen. Sie können den jungen Menschen durch Ihre Einstellung gedankliche Orientierungen anbieten und Sie können ihnen im Miteinander beispielhaft etwas vorleben; und das sollten Sie auch. Sie brauchen Ihre Brüche, Zweifel und Unsicherheiten nicht zu verstecken. Im Gegenteil: Das erfordert zwar Mut, macht Sie dafür aber nur umso glaubwürdiger. Es ist wichtig, in diesem Alter Orientierungen, Vorbilder und Hilfen von Menschen zu erhalten, die einem in Liebe oder aufrichtigem Wohlwollen zugetan sind. Die Jugendlichen sind auf der Suche nach Lebensentwürfen, mit denen sie sich auseinander setzen und in denen sie sich wieder finden können, die ihnen Mut machen und die sie begeistern können. Sie brauchen sie wie das Brot zum Leben! Deswegen ist die menschliche Begegnung, aber zum Beispiel auch die Beschäftigung mit Biographien in der Literatur, mit erfülltem und gelebtem Leben in diesem Alter so wertvoll. Das Licht im jungen Menschen will sich an Ihnen entzünden – schütten Sie es nicht aus Angst, Ungeduld oder Zynismus zu.

Sie können darüber hinaus etwas Besonderes geschehen lassen, wenn es Ihnen in solchen Momenten gelingt, sich frei zu machen von Ihren eigenen Erwartungen und denen der Umwelt, wie etwas zu sein oder zu geschehen hat. Aufmerksame Zuwendung, die nicht besserwisserisch und vereinnahmend, sondern freilassend ist, lässt ganz beiläufig und wie von selbst magische Räume entstehen, in denen sich die Kids gemeinsam mit den Erwachsenen neu entdecken können. Wenn Sie sich öffnen können für das, was in diesem Moment einfach *ist*, ohne darüber zu urteilen, kann etwas sehr Berührendes geschehen.

Denn Kinder sind zwar ein ›Produkt‹ der Eltern, aber sie erschöpfen sich darin nicht. Ein Wesen, das einem in vielem so ähnlich zu sein scheint, entpuppt sich bei genauerem Hinschauen als einzigartige Individualität, die so anders ist und doch so vertraut. Das sind zauberhafte Momente und wenn man innerlich zur Ruhe kommt und einfach schauen lernt, werden diese Begegnungen möglich.

👍 **Überlebenstipp:**

Seien Sie vor allem so, wie Sie sind, lassen Sie Ihre Brüche und Unsicherheiten erkennen. Das macht Sie glaubwürdig und für die Jugendlichen zu einem wichtigen ›Partner‹ in der Orientierung.

Nehmen Sie sich darüber hinaus bewusst Zeit füreinander und versuchen Sie, eine gewisse Regelmäßigkeit in diesem Punkt walten zu lassen. Sie schaffen dadurch Zeiträume für Begegnung, die auf längere Sicht ein großer Gewinn sein können.

Reden ist Silber, Hören ist Gold

Wir alle reden täglich mit anderen Menschen. Wir wollen uns mitteilen und hören auch zu. Der eine erzählt lieber, der andere ist eher schweigsam. Das ist nicht zuletzt eine Frage des Temperaments und sicher keine Frage von richtig oder falsch. Es geht an dieser Stelle nicht darum, das Gesprächsverhalten von Erwachsenen zu bewerten, sondern darum, Gespräche mit Jugendlichen bewusst zu gestalten. Ziel dabei ist zum einen, zu erfahren, was sie beschäftigt, und zum anderen das Gespräch so zu führen, dass Erkenntnisse für beide Seiten möglich werden.

Solcherart bewusste Gesprächsführung kann man lernen. Dazu muss man sich fragen, welche besonderen Voraussetzungen es in der bestimmten Situation gibt, was man mit dem Gespräch erreichen will und ob man bestimmte Ziele darüber hinaus verfolgt.

Klaus ist Vater eines dreizehnjährigen Mädchens namens Verona. Es gab in der letzten Zeit Probleme, weil Verona wiederholt Abmachungen gebrochen hat, nicht zu der verabredeten Zeit nach Hause gekommen ist usw. Klaus will herausfinden, was sich dahinter verbirgt und ob ein bestimmter Junge oder ihre Clique dahinter steckt. Er möchte, dass Verona sich nach diesem Gespräch wieder an gemeinsame Verabredungen mit ihm hält. Um sich nicht aus dem Konzept bringen zu lassen und um nichts zu vergessen, hat er sich seine wichtigsten Punkte aufgeschrieben.

Zuerst will er von Verona wissen, was sie so beschäftigt, dass sie Vereinbarungen mit ihm bricht. Dazu ist es nötig, dass Verona ins Erzählen kommt. Er stellt eine offene Frage mit Erzählaufforderung: »Erzähl doch mal, was du gestern so gemacht hast!«, um etwas über die Hintergründe der letzten gebrochenen Vereinbarung zu erfahren. Klaus unterbricht Verona nach dieser einleitenden Frage erst einmal nicht. Wenn Veronas Erzählfluss ins Stocken kommt, hilft er mit einer weiterführenden Frage, bis sie wirklich fertig erzählt hat. Klaus wertet oder urteilt nicht, er hebt nicht den berühmten mahnenden Zeigefinger und fährt ihr auch nicht mit seiner eigenen Meinung zu dem Erzählten dazwischen. Er hört aufmerksam und mit ungeteilter Aufmerksamkeit zu.

Durch Nachfragen stellt er sicher, dass er wirklich alles richtig verstanden hat, und signalisiert dadurch gleichzeitig, dass er aufmerksam war. Danach führt Klaus das Gespräch zu den Vereinbarungen zwischen ihnen beiden und sagt auch, warum er es für wichtig hält, dass diese funktionieren. Anschließend können sie gemeinsam anhand des Erzählten überlegen, wie es sich erreichen lässt, dass Abmachungen zwischen ihnen wieder funktionieren können. Wenn Klaus besonders geschickt und geübt ist, hat er Verona durch gezieltes Nachfragen dazu gebracht, selber über ihr Verhalten nachzudenken und auf Lösungen, die für sie beide gut sind, zu kommen. Abschließend einigen beide sich noch auf einen Termin für ein weiteres Gespräch, an dem sie überprüfen wollen, ob diese neuen Vereinbarungen zwischen ihnen jetzt funktionieren.

Natürlich gibt es Abstufungen von verständigen bis renitenten Kids, von harmlosen bis besorgniserregenden Umständen usw. Aber die Herangehensweise ist dem Wesen nach immer gleich. Haben Sie sich vorher die Ihnen wichtigen Punkte überlegt, verhilft Ihnen das zu innerer Klarheit. Besonders in schwierigen Gesprächen können Sie sich auf das Gespräch und Ihr Gegenüber konzentrieren, behalten Ihre innere Ruhe und lassen sich nicht so leicht aus dem Konzept bringen, weil Sie wissen, was Sie wollen.

Diese Gesprächsform hat wenig mit einem Streitgespräch gemein. Sie schafft eine Gesprächsatmosphäre, die den Kids erlaubt, frei zu erzählen und sich dabei über sich selbst klarer zu werden. Sie hilft ihnen dabei, auf eigene Motive aufmerksam zu werden und ihre Gefühle, ihr Denken und ihre Handlungen besser verstehen zu können. Sie führt zu selbständigen Schlüssen und Erkenntnissen. Auf diese Weise können sie Zusammenhänge erkennen, ohne dass ihnen die Überlegungen oder Erfahrungen des Gegenübers aufgedrängt werden. Für die Erwachsenen kommt es dabei oft zu überraschenden und unerwarteten Einblicken in das jugendliche Seelengefüge.

Susanne, dreizehn, sitzt mit ihrer Mutter Danielle beim Abendessen, die Unterhaltung plätschert so dahin. Susanne erzählt von ihren besten Freundinnen Maren und Sonja und deren angeblich ungemein aktiven Sexualleben. Erbittert fügt sie am Ende hinzu:»Ich bin in meiner Klasse anscheinend die Einzige, die noch Jungfrau ist. Es wird Zeit, dass sich das ändert!« Danielle schluckt.»Gibt es schon jemanden, der diese ehrenvolle Aufgabe übernehmen soll?«»Mama!«, Susanne reagiert verlegen.»Nein, im Ernst, gibt es schon jemanden?«»In der Schule?«»Nicht nur in der Schule, überhaupt.«»Na ja, ich habe da neulich so einen süßen Typ kennen gelernt«, beginnt Susanne zögernd.»Echt? Erzähl doch mal!«, fordert sie Danielle auf. Danach haben die beiden sich bestimmt eine Stunde über Liebe und Beziehung, Partnerschaft und Sexualität unterhalten. Für Susanne war es ungemein spannend und interessant, zu erfahren, wie *das erste Mal* bei ihrer Mutter war. Es hat übrigens noch lange gedauert, bis Susanne wirklich *ihr erstes Mal* hatte…

Grundsätzlich gilt: Wenn die Kids das Vertrauen zu Ihnen haben, dass Sie zuhören, ohne zu verurteilen, und raten, ohne den jugendlichen Aufbruch mit Ihrem gelebten Leben zu ersticken, werden Ihnen die Herzen früher oder später zufliegen − soweit das in diesem Alter möglich ist.

👍 **Überlebenstipp:**

Ersticken Sie den jugendlichen Aufbruch nicht mit Ihrem gelebten Leben: Verurteilen Sie nicht, bemühen Sie sich um Offenheit und seien Sie lernbereit. Wenn die Kids das Vertrauen zu Ihnen haben, dass Sie zuhören können, werden Ihnen die Herzen früher oder später zufliegen.

Besonders in schwierigen Gesprächen können Sie sich auf das Gespräch und Ihr Gegenüber besser konzentrieren, wenn Sie sich vorher die Ihnen wichtigen Punkte überlegt und notiert haben. Das verhilft Ihnen zu innerer Klarheit und zu innerer Ruhe und Sie sind nicht so leicht aus dem Konzept zu bringen, weil Sie wissen, was Sie wollen.

Wenn der Vater mit dem Sohne …

Jede Unterhaltung hat eine qualitative und eine formale Seite. Die Qualität eines Gesprächs wird vor allem von der inneren Haltung bestimmt, mit der sie geführt wird. Die formale Seite bildet den äußeren Rahmen, der die innere Haltung unterstützen oder ihr entgegenarbeiten kann.

Jan ist Buchhalter in einem mittelständischen Betrieb. Durch seine gehobene Stellung bleibt es nicht aus, dass er immer wieder Arbeit mit nach Hause bringt. Dennoch nimmt er sich Zeit für ein halbstündiges Gespräch mit seinem fünfzehnjährigen Sohn Serge. Seine Frau Jenny hatte ihn darum gebeten, weil es Probleme in der Schule gibt. Jan ruft Serge in sein Arbeitszimmer.

»Mein lieber Serge, setz dich. Nein nicht dorthin, mir gegenüber, bitte. Du weißt, ich habe viel zu tun, denn ich muss ja die Mäuse verdienen, unter anderem damit du dir demnächst dein Mountainbike kaufen kannst. Aber ich glaube, es ist wichtig, dass wir mitunter ein Gespräch von Vater zu Sohn führen, damit du dein Herz ausschütten kannst. Manche Dinge muss man eben von Mann zu Mann besprechen; und du bist ja fast schon ein richtiger Mann, nicht wahr, alter Schwede? Deswegen habe ich mir jetzt eine halbe Stunde Zeit für dich genommen, damit du mir von dir erzählen kannst. Nun sag doch mal, wie geht es denn in der Schule? Mama sagt, deine Noten lassen in letzter Zeit etwas zu wünschen übrig und du zeigst nicht die rechte Begeisterung.«

»Was Mama immer erzählt! Das ist nur, weil wir diesen blöden Biolehrer haben, der nuschelt und der mich nicht leiden kann. Der denkt sich jede Woche was Neues aus, wie er mich schikanieren kann. Und der Jacko …«

»Den Jacko lass jetzt mal außen vor, Serge. Du weißt, ich mag es nicht, wenn man die Verantwortung auf andere schiebt. Du bist ein verdammt begabter Junge, aber du musst endlich lernen, für dich selbst Verantwortung zu übernehmen. Bald bist du erwachsen und dann ist niemand mehr für dich da, dem du die Verantwortung in die Schuhe schieben kannst. Dann zählt nur noch, was du leistest. Und wenn man dir keine Verantwortung geben kann, wirst du nur eine Hiwi-Arbeit bekommen, die stumpfsinnig ist, schlecht bezahlt wird und mit der du kaum eine Familie wirst ernähren können. Oder möchtest du gerne Hamburger bei McDonald's verkaufen?«

»Vielleicht möchte ich ja genau das, die haben ein ganz gutes Leben und können so viel Hamburger essen, wie sie wollen. Und der Jacko …«

»Mach mich nicht sauer, Serge. Ich habe mir extra Zeit für dich genommen, obwohl der Tisch voll Arbeit liegt und ich jetzt schon nicht weiß, wie ich das alles noch schaffen soll. Wir wären froh gewesen, wenn wir diese Möglichkeiten gehabt hätten, die ihr heute habt. Natürlich ist es auch für euch nicht einfach, aber das hilft alles nichts. Du musst eben das Beste daraus machen. Ohne Fleiß kein Preis. Und wenn der Biolehrer dich auf dem Kieker hat, musst du ihm eben zeigen, aus was für einem Holz du geschnitzt bist, und es ihm und allen beweisen. Du bist doch mein Sohn, okay?«

»Du lässt dich doch auch von deinem Chef schikanieren und bringst sogar am Wochenende Arbeit mit nach Hause …«

»Jetzt werde nicht frech, Serge! Im Gegensatz zu dir habe ich meine Schule bereits hinter mir, lebe mein Leben und habe einen guten Job, obwohl die Lehrer es mir auch nicht leicht gemacht haben. Und ich bin nie gekommen und habe gesagt, der oder die sei schuld, wenn ich Probleme hatte. Da hätten meine Eltern was erzählt! Versprich mir, dass deine Noten in Biologie ab jetzt besser werden, sonst muss ich mir überlegen, ob ich dich kürzer halten muss. Jetzt reiß dich zusammen, Serge, du bist doch sonst kein Dummer, und mit ein bisschen gutem Willen wird es schon gehen, okay? So, genug von der Schule, erzähl' mal was von deinen Freunden. Was macht Herbie? Wie weit sind seine Eltern mit dem Hausbau? Oder geht's da immer noch drunter und drüber?«

»Der Herbie hat seine Playstation bekommen, die er im Keller aufgebaut hat, und …«

»Der Keller ist also schon fertig bewohnbar? Und der Rest vom Haus?«

»Na ja, sind schon noch überall Handwerker. Herbie will die Playstation noch an eine Surroundanlage anschließen, mit Megaboxen, jede so zweihundert Watt …«

»Na, die Eltern von Herbie verdienen ja auch ganz gut als Ärzte, auch wenn sie in letzter Zeit durch die Budgetierung etwas zu kämpfen haben. Aber die werden schon was zurückgelegt haben. Die schon. So, Serge, jetzt muss ich weiterarbeiten. Wir sollten demnächst mal wieder so ein Gespräch führen. Aber bemüh dich von Anfang an, etwas konstruktiver zu sein, und spar dir die dämlichen Bemerkungen, die brauchen wir nicht. Im Übrigen kannst du jederzeit zu mir kommen, wenn du ein Problem hast. Das lösen wir dann gemeinsam. So jetzt schau mal, Mama ist, glaube ich, in der Küche. Sie wollte auch noch was mit dir besprechen.«

Wenn man die Unterhaltung liest, könnte man zu dem Ergebnis kommen, dass Jan sich Mühe gegeben hat, ein vernünftiges Gespräch entstehen zu lassen. Er hat sich extra eine halbe Stunde für Serge Zeit genommen. Er hat ihn aufgefordert, von sich zu erzählen, und war bereit zuzuhören. Serge hingegen war trotzig und destruktiv. Trotzdem hat Jan sich nicht provozieren lassen. Er hat das Gespräch mit dem Angebot an Serge, mit seinen Problemen jederzeit wieder zu ihm kommen zu können, sogar zu einem guten Ende gebracht.

Schaut man genauer hin, ist das Resultat ein anderes. Der äußere Rahmen und die Gesprächsführung haben keinen gegenseitigen Austausch zugelassen.

Es beginnt damit, dass Jan die Unterhaltung ins Arbeitszimmer verlegt, weil er dort gerade arbeitet. Er fordert Serge auf, sich ihm gegenüberzusetzen.

Wie kommt das bei Serge an? Jan gibt ihm in der Wahl des Ortes zu verstehen, dass die Arbeit immer wichtiger ist. Er lässt dem Jungen keine Wahl, sondern fordert ihn wie einen Angestellten auf, sich an den vorgeschriebenen Platz zu setzen. Dann macht er deutlich, dass dieses Gesprächsangebot ein zeitliches Opfer ist. Falls Serge etwas auf der Seele hätte, das danach drängen würde, erzählt zu werden, wird das durch Jans einengende Aufforderung, von der Schule zu erzählen, erst einmal verhindert.

Serge will etwas erzählen von seinen schulischen Problemen, wie er sie sieht. Doch so weit kommt es nicht, weil Jan ihn sofort mit Vorhaltungen unterbricht.

Serge fühlt sich unverstanden und reagiert trotzig auf die McDonald's-Frage, indem er sagt, die hätten ein ganz gutes Leben, und könnten so viele Hamburger essen, wie sie wollten. Und der Jacko …

Wieder unterbricht Jan Serge mit Vorhaltungen und setzt ihn zusätzlich unter Druck. Dieser unangenehmen Situation versucht Serge zu entkommen, indem er seinerseits Jan trotzig angreift.

Jan reagiert darauf ärgerlich und entzieht sich der Auseinandersetzung, indem er Serge zurechtweist, ihm droht und dann auf ein anderes, für ihn unverfänglicheres Thema ausweicht.

Serge greift den Themenwechsel auch dankbar auf, weil er meint, damit dem Erwartungsdruck zu entkommen. Freudig beginnt er von der Playstation zu erzählen, die Herbie bekommen hat.

Jan unterbricht ihn wieder sofort und fragt nach etwas anderem. Damit gibt er Serge zu verstehen, dass ihn dessen Erzählung über seinen Freund Herbie, entgegen der ursprünglichen Frage, überhaupt nicht interessiert.

Doch Serge lässt sich nicht so schnell entmutigen. Hatte ihn der Vater nicht aufgefordert, von sich zu erzählen? Kurz geht er auf die Zwischenfrage ein und spricht dann wieder von dem Thema, das ihn interessiert, der Playstation.

Weit kommt er wieder nicht. Er wird neuerlich von Jan abgewürgt, der ihn an seinen Überlegungen zum Einkommen von Herbies Eltern teilhaben lässt. Schließlich drückt Jan seine Absicht aus, demnächst wieder so ein Gespräch zu führen. Jedoch nicht ohne Serge aufzufordern, dann konstruktiver zu sein. Er bietet ihm an, jederzeit zu ihm zu kommen, wenn er ein Problem habe. Das würden sie beide dann gemeinsam lösen.

Jedes Mal, wenn Serge ins Erzählen hätte kommen können, wurde er vom Vater abgewürgt. Jan hätte manches von dem erfahren, was seinen Sohn umtreibt und beschäftigt, wenn er ihn hätte ausreden und erzählen lassen. Vor diesem Hintergrund muss die abschließende Aufforderung, jederzeit mit seinen Problemen zu seinem Vater zu kommen, ihm wie blanker Hohn erscheinen.

Serge wird nach diesem Gespräch davon ausgehen, dass Jan ihm nicht zuhören kann oder will. Er wird bestimmt nicht erwarten, Verständnis und Hilfe zu finden. Was er erlebt, ist, dass man ihn nicht erzählen lässt, sondern nur beurteilt und zurechtweist. Mit keinem Wort oder keiner Geste gibt Jan ihm zu verstehen, dass er ein Interesse an ihm, wie er jetzt ist, und an seinen Problemen und Fragen hat. Jan signalisiert Serge im Gegenteil, dass er vor allem erwartet, dass er funktioniert. Er soll keine Probleme machen und möglichst schnell erwachsen werden, damit man sich mit ihm (endlich!) wie mit einem vernünftigen Erwachsenen unterhalten kann. Die Folge davon ist: Serge ist von seinem Vater zwischen Kind und Mann, zwischen Fisch und Fleisch völlig alleine gelassen. Er fühlt sich unverstanden und abgelehnt. Deswegen wird Jan der Letzte sein, zu dem er kommt, wenn er Unterstützung braucht in dieser Zeit.

Im Beispiel waren der äußere Rahmen, die innere Haltung des Vaters und die Gesprächsführung denkbar ungeeignet, um einen Gesprächsfluss entstehen zu lassen. Da der Vater seinem Sohn nur die eigenen Erwartungen mitgeteilt hat, konnte es auf keiner Seite zu einem Erkenntnisgewinn kommen. Das Gespräch hat eigentlich nur die Vorurteile auf beiden Seiten bestätigt und verstärkt.

👍 Überlebenstipp:

Zu einem guten Gespräch gehören der richtige Ort, die innere Haltung und die Bereitschaft zuzuhören. Und machen Sie deutlich, dass Sie auch wirklich auch etwas hören *wollen*, etwa durch Fragen, durch Geduld beim Zuhören, durch echtes Interesse. Reden zu lassen ist wichtiger als selber zu reden.

Die Kunst, ein Gespräch zu führen

Sicherlich hängt die Qualität eines Gesprächs auch davon ab, wie belastet das Verhältnis der Gesprächspartner zueinander bereits ist. Wenn das Vertrauen schon tief gestört ist, wird man es schwerer haben, als wenn man unbelastet in ein Gespräch gehen kann – aber unmöglich ist es auch bei ungünstigsten Voraussetzungen nicht. Denn der Wunsch, vertrauen und sich mitteilen zu können, ist ein Grundbedürfnis des Menschen, auf das Sie bauen können.

Es liegt an Ihnen, den Erwachsenen, die Jugendlichen zu diesem Punkt zu führen. Das gelingt natürlich nicht immer, aber es ist fast immer grundsätzlich möglich. Sympathie und Antipathie spielen selbstverständlich auch eine Rolle.

Jugendliche werden sich Ihnen dann öffnen, wenn sie glauben, dass Sie Ihnen mit aufrichtigem Verständnis begegnen. Dies umso mehr, wenn Ihr potenzielles Verständnis auch Aspekte der Persönlichkeit mit einschließt, die der Jugendliche bei sich selbst noch nicht verstehen oder akzeptieren kann. Ich bezeichne das als »stützendes Verständnis«.

Dazu eignen sich zum Beispiel gut die berühmten Vater-Sohn-Abenteuerfahrten. Am Lagerfeuer kommt man sich dann, von einigen kurzen Bemerkungen abgesehen, schweigend näher. Denn viel von diesem Verständnis teilt sich nonverbal mit, wird mehr gefühlt als ausgesprochen. Frauen können sich köstlich darüber amüsieren, wenn die Herren der Schöpfung sinnend ins Feuer schauen, fast nichts reden und danach ganz erfüllt von diesem Erlebnis sind. Aber dabei kann weit mehr passieren als in stundenlangen Diskussionen.

Frauen und Mädchen nähern sich eben mehr durch die Sprache aneinander an. Bei Mädchen ist es also wichtiger, ihnen regelmäßig ausreichend Zeit dazu zu geben, über ihre Gefühle zu reden. Die berühmten endlosen Gespräche der Mädchen am Telefon, in denen das Erlebte so lange durchgekaut wird, bis alle Aspekte durchgegangen wurden, belegen dies. Deswegen finden Mutter-und-Tochter-Gespräche auch weniger am Lagerfeuer schweigend statt, als miteinander in einer kuscheligen Ecke redend, nagelpflegend, kichernd und Kaffee trinkend.

Sie sollten das bedenken, nicht nur, wenn es um heikle Themen geht. Bieten Sie den Jugendlichen einen geeigneten Raum an, in dem sie sich wohl fühlen, damit sie sich öffnen können.

👍 **Überlebenstipp:**

Die Gesprächsgewohnheiten von Mädchen und Jungen sind sehr unterschiedlich. Es ist daher gerade in der Pubertät sinnvoll, ihnen ganz bewusst einen jeweils passenden Rahmen für »Männer«- oder »Frauen«-Gespräche anzubieten.

Manche Jugendliche sind sehr verschlossen, reden kaum, verziehen sich nur auf ihr Zimmer, sobald sie zu Hause sind, und verhalten sich elterlichem Bemühen gegenüber ablehnend und zurückweisend. Generell bringt es nicht viel, Jugendliche zu Gesprächen über dieses Verhalten zu zwingen. Sie verschließen sich dadurch nur noch mehr. Diese teilweise Unzugänglichkeit ist Kennzeichen der Pubertät und völlig normal. Aber natürlich sollten Sie die Entwicklung im Blick behalten. Es ist ja möglich, dass es etwas gibt, womit der Jugendliche nicht fertig wird – z.B. Verlust eines Angehörigen, Ablehnung durch Gleichaltrige, Schuldgefühle, Drogenerlebnisse usw.

Es wäre daher nicht gut, die Jugendlichen ohne guten Grund aus ihren häuslichen und familiären Verpflichtungen zu entlassen. Sie dürfen gerne schweigend und ungestört essen – aber es wird gemeinsam gegessen und abgewaschen … Auch ist wichtig, darauf zu achten, dass die Kids das, was sie für sich einfordern, ihrerseits zu geben bereit sind, damit sie nicht wirklich anfangen, sich für den Nabel der Welt zu halten.

Nähern Sie sich den Jugendlichen behutsam und fallen Sie nicht mit der Tür ins Haus. Es ist vollkommen in Ordnung, die Jugendlichen darauf anzusprechen, ob sie Probleme haben oder mit etwas nicht fertig werden. Aber das kann nur ein Angebot sein; zwingen können Sie niemanden, dadurch erreichen Sie das Gegenteil. Wenn Sie glauben, nach mehrfachen Gesprächsversuchen doch Grund zu ernsthafter Sorge zu haben, können Sie mehr Informationen bekommen, indem Sie vorsichtig und beiläufig mit Freunden sprechen, die Ihren Jugendlichen ja oft näher sind als Sie. Sagen Sie ruhig, dass Sie sich Sorgen machen, weil Ihr Sprössling in letzter Zeit so verschlossen ist, aber nicht darüber sprechen will. Reden Sie mit den Lehrern in der Schule, um sich ein besseres Bild zu machen. Schauen Sie sich die Freunde Ihres Kindes genau an und auch deren Familien.

Wenn Sie dann immer noch meinen, ernsthaften Grund zur Sorge zu haben, sprechen Sie Ihr Kind direkt darauf an. Einwürfen, Sie würden ihm nachspionieren, können Sie dadurch begegnen, dass Sie sich immer wieder um ein direktes Gespräch bemüht haben und zurückgewiesen wurden. Außerdem ist ja in diesem Moment die Gelegenheit gegeben, die Befürchtungen zu zerstreuen. Vielleicht klärt es sich dann ganz leicht auf. Sie vereinbaren vielleicht für die Zukunft regelmäßige Gespräche, damit es nicht wieder zu so einer Sprachlosigkeit zwischen Ihnen kommt. Dann kochen Sie zusammen was Leckeres oder gehen auf die Kartbahn und finden heraus, wer der Schnellere ist. Entgegen ihrem Gemotze mögen es Kids nämlich, wenn man sich um sie kümmert.

Im Zusammenhang mit verschlossenen Jugendlichen sollten Sie darüber hinaus versuchen, sich selbst drei Fragen möglichst ehrlich zu beantworten:

☞ Gelten Sie als überbesorgter Vater, als überbesorgte Mutter? Neigen Sie dazu, Ihr Kind mit Ihrer Fürsorge zu erdrücken? Ist die Verschlossenheit Ihres Kindes vielleicht der Versuch, sich dem zu entziehen?

☞ Sind Sie eine sehr dominante Persönlichkeit? Haben Sie vielleicht einen Hang zur Cholerik? Ist die Verschlossenheit Ihres Kindes vielleicht der Versuch, sich einen eigenen Weg abseits Ihrer Einflussnahme zu suchen?

☞ Benutzen Sie Ihre Sorge vielleicht nur, um die Jugendlichen zu kontrollieren und in Ihrem Sinne zu manipulieren?

Wenn Sie sich diese Fragen so ehrlich wie möglich beantwortet haben, alle Ihre Versuche, zu klären, fruchtlos geblieben sind und auch Dritte, die bei Ihrem Sprössling besonderes Vertrauen genießen, die Situation nicht klären konnten, dann ist es Zeit, sich Hilfe von außen zu holen. Vielleicht sind die Verstrickungen einfach zu groß. Das ist keine Schande: Jeder kennt Momente, wo durch Einwirkung von außen scheinbar aussichtslose Situationen entwirrt und gelöst wurden. Nachher scheint dann alles ganz einfach …

Übung: Der paradoxe Umkehrschluss

Wenn es das nächste Mal in einem Gespräch zwischen Ihnen und Ihrem Sprössling um andere Jugendliche geht, können Sie das nutzen, um mehr über Ihr Kind zu erfahren. Fragen Sie nach, was es an gleichgeschlechtlichen Altersgenossen nicht leiden kann.

Auf die Frage »Warum?« antworten Sie schlicht und ergreifend, dass es Sie wirklich interessiert, was Ihr Sprössling an anderen nicht mag. Das genügt meistens, denn echtem Interesse, in dessen Mittelpunkt sie stehen, können Jugendliche selten widerstehen. Und dann ist an der Frage auch nichts gefährlich, betrifft sie doch ausschließlich andere. Da kann man richtig Dampf ablassen.

Die Namen der betreffenden Jugendlichen sind für Sie uninteressant. Interessant sind die unangenehmen Eigenschaften, mit denen sie belegt werden. Am besten notieren Sie sich alle Eigenschaften und Charakterzüge, die Ihr Sprössling in diesem Zusammenhang nennt. Werden Sie nach dem Grund gefragt, warum Sie Notizen machen, schieben Sie es auf Ihre Vergesslichkeit. Da Sie ja schon »uralt« sind, wird dieses Argument in der Regel gerne akzeptiert. Fragen Sie zum einen oder anderen Punkt auf Ihrem Block nach, z.B. warum die anderen sich wohl so verhalten oder was genau mit einer Bezeichnung gemeint ist. Sie erhalten so noch aussagekräftigere Informationen.

Wenn Sie dann wieder allein sind, schreiben Sie vor jede notierte Negativeigenschaft ein »Ich bin ...«. Wenn also Ihr »Dennis« erzählt hat, dass er es total abnormal findet, wenn andere Jungen so obercool tun, aber eigentlich nur eine Rolle spielen, steht jetzt auf Ihrem Notizblock: »Ich bin obercool, spiele aber nur eine Rolle«. Hat »Laura« gesagt, dass sie arrogante Zicken nicht ausstehen kann, die sich über andere lustig machen, haben Sie den Stichpunkt »arrogant, über andere lustig machen« notiert und nun steht »Ich bin arrogant und mache mich über andere lustig« auf Ihrem Papier.

Wenn Sie mit allen Punkten fertig sind, werden Sie garantiert mehr als verblüfft sein. Vor Ihnen liegt eine Liste mit konkreten Aussagen Ihres Kindes über sich selbst. Sie lesen hier schwarz auf weiß, welche Seiten es an sich selbst nicht mag, mit welchen Schatten es sich herumschlägt oder mit was es von anderen gehänselt wird.

Mit diesen wertvollen Informationen können Sie es noch besser unterstützen und bei Krisen gegensteuern. Es wird Ihnen auch leichter fallen, im Alltag einzuschätzen und zu verstehen, warum manche Reaktionen Ihres Teens (so überempfindlich) ablaufen.

Für diese tiefen Einsichten in dessen Innenleben hätten Sie auf »normalem« Weg — wenn es Ihnen überhaupt gelungen wäre — viele Wochen komplizierter Gesprächsanläufe und guter Gelegenheiten gebraucht.

Das funktioniert übrigens auch mit Erwachsenen. Der Grund liegt einfach darin, dass die Dinge, Haltungen und Einstellungen, die wir bei anderen nicht mögen, sehr viel darüber verraten, was wir an uns selbst nicht leiden können.

Allerdings muss man bei Teenagern gebührend berücksichtigen, dass Dramatik, Überzogenheit und Unsicherheit oft Abwehrreaktionen auf Verhaltensweisen Gleichaltriger projizieren, die sie eigentlich bewundern und selbst gerne hätten. Es ist sicher ungemein spannend und informativ, diese Differenzierung zwischen dem, was ich ablehne, weil ich es eigentlich selber gerne wäre, und dem, was ich ablehne, weil ich es an mir selbst nicht mag, in weiteren Gesprächen mit Sohn oder Tochter abzutasten.

Ein dreizehnmal gutes Gespräch

Worauf muss man achten, damit ein Gespräch entstehen kann, in dem Jugendliche Verständnis und Unterstützung erleben? Wodurch entsteht diese Geborgenheit, die sie dazu bringt, vertrauensvoll von sich zu erzählen und Fragen und Probleme auszusprechen, die ihnen zu schaffen machen? Ist es vielleicht sogar möglich, sie in einem Gespräch an einen Punkt zu bringen, an dem sie wachsen und reifen können?

Für dieses besondere Gespräch mit Jugendlichen setzen wir uns drei Ziele:

☞ Wir wollen die Jugendlichen zum **Erzählen** anregen, damit wir sie und sie sich selber besser verstehen können.

☞ Wir wollen **Vertrauen** zwischen den Jugendlichen und uns entstehen lassen, um Zugang zu ihnen zu erhalten und pflegen zu können und sie für unsere Unterstützung zu öffnen.

☞ Wir wollen ihnen im Gespräch **Selbsterkenntnis** ermöglichen.

Das setzt bewusste Überlegung und Vorbereitung voraus. Dabei ist es prinzipiell egal, ob es sich um die eigenen Kinder handelt oder um fremde, einem anvertraute. Allerdings ist der Ausgangspunkt jeweils ein anderer. Eltern bewegen sich aus der gefühlsmäßigen Nähe in eine etwas distanziertere Position, Nicht-Eltern aus der Fremdheit, der Distanz zu größerer Nähe hin.

Schauen wir uns gemeinsam an, worauf es ankommt.

1. Überlegen Sie sich vorher, worüber Sie das Gespräch führen wollen und warum. Was ist der konkrete Anlass? Sind Sie persönlich betroffen oder verletzt? Möchten Sie über Ihre Sorgen sprechen oder dem jungen Menschen bei seinen helfen? Wünschen Sie sich, ihn besser zu verstehen? Wollen Sie etwas gerade rücken? Wo liegt Ihr Interesse und wo das des Jugendlichen?

2. Achten Sie auf den Ort. Es sollte ein Ort sein, an dem sich beide wohlfühlen, an dem Geborgenheit und Nähe entstehen kann. Vielleicht haben Sie ja schon so einen gemeinsamen Platz. Sonst suchen Sie sich zusammen einen aus oder lassen Sie ihn den Jugendlichen wählen. Es sollte allerdings ein Raum frei von Ablenkungen sein, damit man sich auf das Gespräch einlassen muss. Bieten Sie einen an, der dem jungen Menschen signalisiert, dass Ihnen das Gespräch wichtig ist und nicht etwa eine lästige Pflichtübung, die sie irgendwo dazwischenschieben. Fühlt der Jugendliche sich wohl und sicher an diesem Ort oder kommt er sich vorgeführt vor? Stellen Sie vielleicht etwas zu trinken und ein paar Kekse bereit; Sprechen macht durstig. Sorgen Sie dafür, dass Sie ungestört bleiben. Eigentlich eine Selbstverständlichkeit: Schalten Sie Radio, Fernseher, Walkman und Handy aus. Bitten Sie auch den Jugendlichen darum.

3. Nehmen Sie sich Zeit. Dabei ist öfter eine halbe Stunde in der Regel besser als einmal zwei Stunden. Gespräche führen muss man üben und die Wiederholung lässt keimendes Vertrauen wachsen. Es hilft, sich intensiver auf ein Gespräch einzulassen, wenn man vorher einen zeitlichen Rahmen vereinbart. Halten Sie sich an die zeitliche Begrenzung. Legen Sie sich eventuell Stift und Block bereit, um Gedanken notieren zu können, die Ihnen während des Gesprächs kommen. Dann gehen diese nicht verloren und Sie können später darauf zurückkommen.

4. Beginnen Sie damit, warum Sie oder der Jugendliche sich das Gespräch wünschen. Sagen Sie, was Sie sich von dem Gespräch erhoffen. Sagen Sie klar, wenn vor allem Sie reden wollen, weil Ihnen etwas auf der Seele brennt. Machen Sie auch deutlich, wenn es Ihnen zuallererst darum geht, zuhören und verstehen zu wollen. Vor allem, wenn es nicht ihre eigenen Kinder sind: Sagen Sie möglichst offen, wie weit die Vertraulichkeit des Gespräches reichen kann und welche Informationen Sie wann weitergeben müssen.

5. Versuchen Sie, wenn es ums Zuhören geht, eine Aufforderung als Gesprächseinstieg zu formulieren, die zum Erzählen animiert. Zum Beispiel: Es gab da Schwierigkeiten mit X; erzähl doch mal davon! Vermeiden Sie nach Möglichkeit W-Fragen: Wann, wie, wo, wer, wie viel und warum; denn diese führen zu statistischen Daten, Bewertungen, Aufzählungen oder Rechtfertigungen.

6. Lassen Sie sich das Gespräch nicht aus der Hand nehmen! Ein beliebtes Mittel dazu ist, Ihre Frage mit einer Gegenfrage zu beantworten oder Sie ständig um *Ihre* Meinung zu fragen. Beharren Sie dann freundlich, aber

bestimmt darauf, die Geschichte und Sicht des Jugendlichen hören zu wollen. Fragen Sie erst nach, wenn Sie den sicheren Eindruck haben, dass eine Geschichte abgeschlossen ist oder es dem Jugendlichen nicht möglich ist, ohne Hilfe mehr zu erzählen.

7. Lassen Sie den Jugendlichen ausreden und unterbrechen Sie nicht, auch wenn er oder sie eine halbe Stunde am Stück reden sollte! Hören Sie aufmerksam zu und machen Sie sich gegebenenfalls Notizen, um Dinge, die Ihnen auffallen, später nachfragen zu können.

8. Halten Sie Pausen aus, die bis zu einer Minute dauern können.

9. Nachfragen sollen dem Verständnis dienen und nicht wertend oder beurteilend sein. Beispiele: »Meinst du nicht, es ist besser, etwas Vernünftiges zu tun?«, ist wertend. »Du findest es sinnvoll, so etwas zu tun?«, ist ebenfalls wertend. »Du hast xyz erwähnt. Erzähl doch bitte mehr darüber, damit ich es besser verstehen kann!«, lädt den Jugendlichen ein, den Erzählfaden weiter fortzuführen und einen Aspekt seiner Geschichte zu vertiefen, ohne beurteilt zu werden.

10. Geben Sie zwischendurch zu verstehen, dass Sie aktiv zuhören. Brummen Sie, machen Sie »hhhmm« oder fassen Sie in einer Gesprächspause das zuletzt Gesagte ohne zu werten zusammen; Beispiel: »Du fühlst dich oft allein gelassen und das macht dir Angst.« – nicht: »Du bist schon so groß, da brauchst du doch wohl keine Angst mehr zu haben, wenn du alleine bist, oder?«

11. Bei der Erzählung von negativen oder belastenden Erlebnissen kann es sinnvoll sein, bewusst den Abschluss mit einem aufbauenden Erlebnis zu setzen. Dies bietet sich an, wenn es in der Erzählung sichtlich Aspekte gibt, die mit einer positiven Erfahrung verbunden sind. Mit der einen oder anderen Frage dazu kann auch ein schwieriges Gespräch mit einem positiven Gefühl für den Jugendlichen abgeschlossen werden.

12. Seien Sie aufrichtig; seien Sie bereit, im weiteren Gesprächsverlauf auch über sich selbst ehrlich Auskunft zu geben. Heucheln Sie kein Interesse und keine Gefühle, die Sie nicht wirklich empfinden.

13. Missbrauchen Sie das Vertrauen und die Sehnsucht der Jugendlichen nicht! Was Sie da anrichten, egal in wessen Namen, lässt sich schwer wieder gutmachen.

Es gibt natürlich Situationen, in denen Sie etwas erfahren im Rahmen eines solchen Gesprächs, das Sie nicht einfach ignorieren können. Sollte Ihnen von Inzucht, Selbstmordabsichten oder Gewaltdrohungen erzählt werden, ist sicherlich Initiative und nicht Wegschauen geboten. Respektieren Sie den jugendlichen Wunsch nach Nichteinmischung, lassen Sie ihn sich erklären und begründen Sie dann, warum Sie es anders sehen. Dann erst gilt es mit Fingerspitzen- und Verantwortungsgefühl zu handeln. Versuchen Sie erst einmal den Wahrheitsgehalt dieser »Geschichten« herauszufinden. Manch einer macht sich durch frei erfundene haarsträubende Geschichten wichtig und interessant oder versucht sich so Zuwendung und Aufmerksamkeit zu sichern. Glauben Sie also nicht sofort alles ungeprüft. Beziehen Sie die Jugendlichen in die Verantwortung mit ein. Teilen Sie Ihre Ängste und Bedenken, wenn es zum Beispiel um Freunde geht, und sprechen Sie mit ihnen darüber. Ihre Kids kennen die Jugendlichen schließlich auch am besten.

Sascha erzählte seinem Vater Ben im Vertrauen, dass sein guter Freund Tim mit Haschisch und LSD experimentiert hat und mittlerweile Kokain bevorzugt, aber sich auch schon überlegt, ob Heroin nicht den letzten Kick bringt. Ben ist sich trotz seines Schreckens und der Ängste um den eigenen Sohn bewusst, was für ein großes Vertrauen Sascha in ihn setzt, indem er ihm dies erzählt, und widersteht der Versuchung, gleich zum Telefonhörer zu rennen und Alarm zu schlagen. Stattdessen versucht er Sascha klarzumachen, in welche Gefahr Tim sich, seine Freunde und seine Familie bringt. Er sagt auch, dass er nicht ruhig daneben stehen kann, wenn jemand versucht sich durch Drogen umzubringen, weil er das verantwortungslos und eine Gefahr für andere findet. Dann überlegt er gemeinsam mit Sascha, was man tun und wie man Tim helfen kann. Ben handelt also offen und bindet Sascha so gut es geht mit ein.

Hätte er gewartet, bis das Gespräch zu Ende ist, und dann auf eigene Faust gehandelt, wäre das zwar verständlich, aber ein klarer Vertrauensbruch gewesen. Denn das hätte bedeutet, dass Ben zu Sascha gesagt hätte: »Ich erwarte, dass du mir vertraust, aber ich vertraue dir nicht.« Vertrauen funktioniert aber nicht als Einbahnstraße. Das wäre dann vermutlich das letzte Mal gewesen, dass Ben etwas Vertrauliches von Sascha erfahren hätte.

Seien Sie also vor allem aufrichtig und – ich sage es noch einmal, weil es so wichtig ist – missbrauchen Sie das entstehende Vertrauen nicht. Vertrauliches gehört nicht herumerzählt und schon überhaupt nicht bei passender Gelegenheit als Waffe gegen den Jugendlichen eingesetzt.

Unterstützende und nicht wertende oder beurteilende, ungeteilte Aufmerksamkeit von Ihrer Seite schickt die Jugendlichen auf eine Reise nach innen.

Wenn sie sich sicher genug fühlen, werden sie die Einladung annehmen und erzählend eintauchen in ihre innere Welt.

Vielleicht gelingt es nicht beim ersten Mal, die Jugendlichen zu öffnen. Die Vergangenheit und die damit verbundenen Erfahrungen sind nicht auf einmal verschwunden. Aber wenn Sie beharrlich bleiben, an Ihrer Gesprächsführung arbeiten und sich dabei selbst zugestehen, Fehler zu machen und daraus zu lernen, dann kommt dieser Punkt mit Gewissheit.

☞ Ihre Aufgabe im Gespräch ist es dabei nicht, zu bewerten oder Ergebnisse herauszuarbeiten. Ihr Part, wenn die Kids erzählen sollen, ist vorrangig, dafür zu sorgen, dass sie ins Erzählen kommen.

☞ Je offener der Gesprächsansatz ist, umso besser wird dies gelingen, etwa mittels offener Fragen, die zum Nachdenken und Erzählen anregen. Sie können die letzte Aussage wiederholen (»Du hast dich allein gefühlt…«) und Sie können sie spiegeln, ohne zu werten (»Dann kam ein Eichhörnchen und du hast Angst bekommen und bist in den Keller gelaufen…«). Sie können Erzählfragen stellen (»Erzählst du mir von eurem Ausflug?«) und Sie können vertiefend nachfragen (»Peter nahm also die Banane. Ist danach noch mehr geschehen?«).

☞ Die Tonalität, also Ihr Tonfall, sollte deutlich zeigen, dass Sie die Jugendlichen ernst nehmen und sie nicht bewerten oder sich über sie lustig machen wollen.

☞ Seien Sie mit Ihrer Aufmerksamkeit wirklich beim Jugendlichen. Wenn Sie ungewollt gestört oder unterbrochen werden, vertagen Sie das Gespräch lieber, als nur halb bei der Sache sein zu können.

Üben Sie das zunächst im kleineren Rahmen, bis Sie sich etwas sicherer in dieser Art der Gesprächsführung fühlen. Es ist nicht schlimm, wenn das etwas auffällt, solange Ihr Bemühen um Verständnis ehrlich und Ihre Aufmerksamkeit nicht gekünstelt sind. Verkrampfen Sie sich nicht und seien Sie nachsichtig und humorvoll mit sich selbst. Die meisten Jugendlichen sind erstaunlich großzügig in Situationen, in denen sie sich im Zentrum der interessierten Aufmerksamkeit befinden.

In einem offenen und unterstützenden Rahmen frei erzählen zu können, ist selbst schon ein Erkenntnisvorgang. Dadurch kommen die Kids zu Erkenntnissen über sich selbst, die aus ihnen selbst aufsteigen und die Erwachsenen in ihrer Tiefe überraschen werden. Perlt der Rat von außen auch ab wie an einem Ölfilm, so können sich aus diesen inneren Einsichten aufbauende Kräfte entwickeln, die immer wieder verblüffen.

Bedenken Sie aber bitte auch, dass es besonders bei fremden Kindern manchmal großer innerer Stärke bedarf, das, was einem erzählt wird, auszuhalten und damit selber fertig zu werden. Überfordern Sie sich nicht und seien Sie realistisch, was Ihre Grenzen angeht, bevor Sie sich auf einen fremden Menschen einlassen.

👍 **Überlebenstipp:**

Geschickte Gesprächsführung und ungeteilte Aufmerksamkeit von Ihrer Seite schickt die Jugendlichen auf eine Reise nach innen. Wenn sie sich sicher genug fühlen, werden sie die Einladung annehmen und erzählend eintauchen in ihre innere Welt.

Übung: Talk a Round

Es gibt eine ganz einfache Methode, die das gegenseitige Zuhören übt und Spaß macht. Sie eignet sich gut für eine Familienkonferenz oder unter Freunden, wenn es darum geht sich auszusprechen. Sie sorgt dafür, dass jeder sicher sein kann, mit seiner Auffassung nicht untergebuttert zu werden. Bei einer größeren Runde hilft sie, dass jeder mit seinen Gedanken gehört wird und nicht allein die Lauteren und Aktiveren das Gespräch bestimmen.

Dazu nimmt man sich einen kurzen Stock oder irgendeinen anderen Gegenstand, den man gut sichtbar in der Hand halten kann. Derjenige, der im Besitz des Gegenstandes ist, spricht; und zwar so lange, bis er durch Weitergabe an den Nächsten signalisiert, dass er fertig ist. Dann geht es in der Runde der Reihe nach von einem zum anderen. Während gesprochen wird, hören die anderen nur zu; unterbrechen und außerhalb der Reihe sprechen darf keiner. Wichtig ist: Jeder in der Runde kommt dran. Dadurch kommen in einem größeren Kreis auch die Stilleren zu Wort. Es wird also nicht diskutiert, sondern der Reihe nach gehört und selbst gesprochen. Natürlich fließt, wenn man selbst an der Reihe ist, das zuvor Gehörte mit ein; manches mag sich dann auch schon erübrigt haben.

Muten Sie Ihrer Familie und Ihren Freunden ruhig zu, neben den eingefahrenen Bahnen der Kommunikation gelegentlich etwas Ungewohntes und Neues zu probieren. Sie werden erstaunt sein über die Entdeckungen, die Sie dadurch bei Menschen machen können, die Sie so gut zu kennen meinen, wie Ihre eigene Familie und beste Freunde. Auch wenn am Anfang gestöhnt werden sollte, sind am Ende meist alle begeistert und wollen es wieder machen.

Eigene Erkenntnis und fremder Rat

Es fällt schwer zuzusehen, wie jüngere Menschen, die einem nahe stehen oder anvertraut sind, etwas tun, denken oder fühlen, das schmerzhafte Folgen für sie haben oder sie unglücklich machen könnte. Dem besorgten Blick sind meist eigene harte Erfahrungen vorausgegangen.

Der Wunsch Rat zu geben entspringt der Hoffnung, den Jüngeren diese Erlebnisse ersparen zu können. Jeder weiß aber auch, wie schwierig es nicht nur in der Pubertät ist, Rat anzunehmen, den man nicht selber gesucht hat. Die Erkenntnis, dass es doch nicht so schlecht gewesen wäre, auf die Erfahreneren zu hören, kommt meist erst dann, wenn man bereits bis zum Hals in Schwierigkeiten steckt.

Ist es also das ewige Spiel, dass die Älteren raten und die Jüngeren davon unbeeindruckt ihre Erfahrungen machen, ohne auf sie zu hören, um nachher dann ihrerseits mit Jüngeren dasselbe zu erleben?

Einerseits ja, denn die ältere Generation hat zuerst in den verschiedenen Lebensphasen zum Teil Schmerzliches durchmachen müssen, darüber nachgedacht, daraus gelernt und dadurch erst die Erkenntnisse gesammelt, die sie in Form von Ratschlägen weitergeben kann. Die Fähigkeit zu raten beruht also auf dem Schatz an eigenen Erfahrungen. Ohne eigene Erlebnisse hätte sie diese Erkenntnisse nicht gewinnen können.

Andererseits darf man auch nicht übersehen, dass das junge Leben trotz aller möglichen Parallelen in Veranlagung und Ausrichtung immer auch entscheidend anders ist und seinen eigenen Zielen folgen muss. Diese können in ganz andere Richtungen weisen als die Lebensentwürfe der Älteren. Wäre das nicht so, hätten wir die Wiederholung des ewig Gleichen.

Die Jüngeren brennen naturgemäß darauf, ihre eigenen Erfahrungen zu machen, denn »Erfahrungen machen« bedeutet »leben«. Demzufolge sind junge Menschen blind und taub für jeden noch so gut gemeinten und klarsichtigen Rat, der sich zwischen sie und ihre so verheißungsvoll und einzigartig ausschauenden Erfahrungsmöglichkeiten stellt. Jedenfalls so lange, bis das Leben sie im Nachhinein möglicherweise eines Besseren belehrt hat.

Doch wenn man genauer hinsieht, wie Erkenntnis und Erfahrung zusammenhängen, ergeben sich Fragen, die aus diesem scheinbar geschlossenen Kreis hinausführen. Denn da Erfahrung und Erkenntnis einander bedingen, fragt es sich doch, ob und wie sich Erfahrung stimulieren und nutzen lässt, um Erkenntnis zu fördern.

In professionell gestalteter pädagogischer und therapeutischer Umgebung gibt es viele gute Möglichkeiten und Methoden, Erleben in einem Schonraum sozusagen künstlich hervorzurufen. Die meisten sind ohne entsprechende Schulung und Selbsterfahrung aber nicht verantwortlich zu handhaben und für Alltagssituationen nicht geeignet, da sie von einer nichtalltäglichen Umgebung und nichtalltäglichen Bedingungen (dem besonderen »Setting«) ausgehen. Wenn Sie also nicht professionell in diesem Bereich arbeiten oder sich eine selbsterfahrungsorientierte Ausbildung angedeihen lassen wollen, kommen diese Wege hier nicht in Betracht. Aber es geht auch anders!

Der Alltag bietet einen riesigen Erfahrungsraum meist brachliegender Möglichkeiten. Nutzen Sie ihn aktiv zur Erkenntnisgewinnung. Die Regeln sind im Kern ganz einfach:

☞ Führen Sie die Jugendlichen über alltägliche Erlebnisse zu Erkenntnissen, ohne ihnen den Weg dahin sowie die eigenen Schlussfolgerungen daraus abzunehmen. Das können Sie, indem Sie da sind, zuhören und die richtigen Fragen stellen, die zum eigenen Denken anregen.

☞ Entdecken Sie gemeinsam mit den Jugendlichen deren Gedanken, Pläne und Träume. Scheuen Sie sich nicht, diese ernst zu nehmen, egal wie bodenlos oder unüberlegt sie auch scheinen mögen. Regen Sie die Heranwachsenden stattdessen dazu an, sie zu Ende zu denken.

☞ Stellen Sie die richtigen Fragen statt die richtigen Antworten zu geben, die ohnehin niemand hören will. Sie werden dabei auch erfahren, dass Provokationen und provokative Haltungen, die ernst genommen werden, indem man sie gemeinsam ernsthaft und gründlich auf ihren Gehalt und ihre Brauchbarkeit für die Ziele und Träume des jungen Lebens untersucht, sich sehr schnell als Provokation nicht mehr eignen und abgelegt werden. Das Schöne an Provokationen aus Sicht der Jugendlichen ist ja, dass man sich aufregt. Wenn die Eltern sich nicht aufregen, verliert sich dieser Reiz. Dazu braucht es etwas Geduld, Gelassenheit, Einfühlungsvermögen und Übung von Ihrer Seite – und ein wenig Spaß am Spiel mit dem Unerwarteten.

Es liegt nahe, gereizt auf einen provokanten Tonfall zu reagieren. Überraschend für Ihr Kind ist, wenn Sie sagen: »Oh, das war ein toller Tonfall, fast wie Bruce Willis! Kannst du das noch einmal und bitte genauso sagen?«

Halten Sie sich immer vor Augen, dass vieles erst dann seinen Sinn erfüllt, wenn Sie sich provozieren lassen. Versuchen Sie, den Jugendlichen zu verwirren, indem Sie dessen Erwartungen zu erkennen versuchen und diese dann unterlaufen. Das kann sein, indem Sie mit einem albernen Witz auf eine Attacke reagieren (Was ist der Unterschied zwischen einer Kuh und einer Parabolantenne? Die Kuh steht auf einer Wiese.). Das richtige Mittel kann auch sein, dass Sie über die Komik der Situation einfach lachen. Oder aber im Gegenteil offensichtlichen Unfug ganz ernsthaft diskutieren zu wollen. Oder Sie steigen scheinbar auf die Provokation ein, um dann im nächsten Moment über die Viehzucht in

Zentralafrika zu referieren. Natürlich nutzt sich jedes Mittel ab und was gestern noch funktioniert hat, wird heute schon durchschaut und verpufft. Ein bisschen Kreativität von Ihrer Seite ist also schon erforderlich.

Dort, wo die emotionale Bindung nicht so stark ist, fällt es natürlich leichter, Gelassenheit zu wahren, als bei den eigenen Kindern.

Übung: Witze lernen

Jugendlichen ihr oft absurdes oder völlig unangebrachtes Verhalten mit Witz und Humor zu spiegeln, ist ein fantastisches Mittel. Aber was tun, wenn man von Natur aus nicht so schlagfertig oder witzig ist? Ganz einfach: Holen Sie sich aus einem Buch oder aus dem Internet einen richtig guten Witz. Den lernen Sie auswendig. Bei der nächsten Provokation Ihres Sprösslings tragen Sie statt einer Antwort diesen Witz vor. Ob todernst oder ob Sie sich selbst dabei vor Lachen schütteln, ist ganz egal.

Also, baut sich Ihr Teenie nächstens vor Ihnen auf und konfrontiert Sie mit etwas, das Sie als völlig absurd oder unangebracht empfinden, dann nicken Sie nachdrücklich und quittieren diesen Erguss von Weisheit statt einer Antwort zum Beispiel mit diesem Witz: »Treffen sich zwei Jäger. Beide tot.« Vielleicht stürmt der Jugendliche beim ersten Mal beleidigt hinaus. Ihr Ziel haben Sie aber trotzdem erreicht: Seine Aktion ist ins Leere gelaufen – und das wirkt nach! Mit der Zeit erleben Sie wahrscheinlich zwei Dinge: Ihr Kind wird sich Ihnen gegenüber überlegter verhalten und irgendwann wird es auch lachen müssen – über Ihren neusten Witz und sich selbst. Und die Krönung: Es freut sich vielleicht schon insgeheim auf den nächsten guten Witz zum Weitererzählen.

☞ Es ist für die jungen Menschen auf dem Weg zur Selbständigkeit wichtig zu erkennen, dass jede Entscheidung Konsequenzen hat. Die Pubertät ist eine Zeit des Ausprobierens und des Austestens von Grenzen mit meist noch nicht schwerwiegenden und weitreichenden Folgen. Erwachsene können den Jugendlichen die Folgen ihres Handelns höchstens abmildern, aber sie können sie ihnen nicht abnehmen; dennoch versuchen es viele aus Sorge und Angst. Bedenken Sie dabei: Junge Menschen, denen man in vermeintlich guter Absicht die Möglichkeit nimmt, die Resultate ihrer Handlungen zu erfahren, werden immer wieder wie unter einem inneren Zwang an diese Punkte der Erfahrung zurückkehren, und zwar weil man ihnen die Möglichkeit genommen hat, an den Folgen ihrer Taten zu wachsen. Anders gesagt, werden sie immer wieder das gleiche Handlungsmuster wiederholen, bis sie es geschafft haben, daraus zu lernen. Erfahrungen, deren Konsequenzen sie nicht erleben konnten, sind wie ein weißer Punkt auf ihrer persönlichen Landkarte, den sie immer wieder ansteuern, ungeachtet der mitunter katastrophalen Auswirkungen für sie selbst und ihre Umwelt, bis sie ihn endlich farbig ausgemalt haben.

Dazu kommt: Wenn die altersgemäße Lernerfahrung durch dieses vermeintlich beschützende Verhalten erst zeitlich weit versetzt möglich wird, ist es für den jungen Menschen viel schwerer, das Gelernte in eine Vorwärtsbewegung umzusetzen.

Die gute Absicht der Älteren, die Jüngeren in dieser Form zu schützen und vor Schaden zu bewahren, führt also in der Regel zum Gegenteil. Viele schaffen es dann auch später nicht mehr, ihre mittlerweile tief eingefrästen Handlungsmuster zu durchbrechen.

Ein klassisches Beispiel ist der Umgang mit Geld. Wenn Jugendliche nicht lernen, sich ihr Geld einzuteilen, weil Papa oder Mama immer den Geldbeutel aufmacht, wenn das Kind kommt, werden sie aller Wahrscheinlichkeit nach später große Probleme damit bekommen. Vielleicht beklauen sie ihre Eltern aber auch schon vorher, weil sie gewohnt sind, zu bekommen, was sie wollen, und sich zu nehmen, was sie brauchen. Wenn Jugendliche Schulden machen, müssen sie selber überlegen, wie sie diese zurückzahlen können, sonst können sie nicht lernen, selbständig und verantwortlich mit Geld umzugehen.

Ein weiterer Klassiker sind die beschützenden Eltern, die ihr Kind bei den kleinsten Anzeichen von Unstimmigkeiten oder Streit mit Klassenkameraden von der Schule nehmen, um es vor den »schlechten Einflüssen zu schützen«. Wie soll ein Jugendlicher lernen, sich zu behaupten und durchzusetzen, wenn schon der Ansatz dazu im Keim erstickt wird?

Es ist für beide Seiten, Eltern wie Kinder sicherlich nicht einfach, mit der Tatsache zu leben, dass Handeln, Denken und Fühlen Konsequenzen haben, mit denen derjenige, der sie auslöst, auf seine Weise fertig werden muss. Aber daran führt leider kein Weg vorbei. Man kann nicht Freiheit und Selbstverantwortung verlangen und die Verantwortung dafür nicht übernehmen wollen. Es ist Aufgabe der Erwachsenen, den Jüngeren dabei zu helfen, Eigenverantwortung zu erfahren und zu üben und mit den entstehenden Konsequenzen fertig zu werden – allerdings auch da – ohne sie ihnen abzunehmen!

☞ Fordern Sie bei der Jugend ihren Teil der Verantwortung für den gemeinsamen Lebensbereich ein! Bestehen Sie auf einem eigenen Beitrag zu gemeinsamen Unternehmungen. Es sind keine Kinder mehr. Fordern Sie die kleinen Nervensägen und Sie werden erstaunt sein, welche Kräfte sich dadurch freisetzen lassen.

Ich zeige Ihnen im nächsten Kapitel, wie sich der ganz normale Alltag in diesem Sinne als Entwicklungs- und Erfahrungsfeld nutzen lässt. Dazu ist es nur erforderlich, mit dem gemeinsamen alltäglichen Leben einmal anders umzugehen, es von einer anderen Seite anzuschauen als gewöhnlich. Das lässt sich überall umsetzen und ist unabhängig davon, wo Sie Ihren Lebensmittelpunkt haben.

👍 Überlebenstipp:

Jugendliche brennen darauf, ihre eigenen Erfahrungen zu machen, denn »Erfahrungen machen« bedeutet »leben«. Sie sind in ihrem Lebenshunger meist blind und taub für jeden noch so gut gemeinten und klarsichtigen Rat.

Führen Sie die Jugendlichen über alltägliche Erlebnisse zu Erkenntnissen. Helfen Sie ihnen, im Alltag Eigenverantwortung zu erfahren und zu üben. Dazu gehört natürlich auch, mit den daraus entstehenden Konsequenzen fertig zu werden. Allerdings – ohne sie ihnen abzunehmen!

Übung: Systemische Aufstellung mit Zuckerdose

Für diese Übung ist es wichtig, dass Sie sich mit dem Jugendlichen in einer entspannten Atmosphäre befinden, sich also einen günstigen Moment aussuchen – z.B. nach einem ausgedehnten Sonntagsfrühstück.

Der Anlass: Nehmen wir an, Ihnen wurde kürzlich von Ihrem Kind eine brisante Situation, in die es geraten war, geschildert oder Sie hatten einen Konflikt in der Familie. Dann könnte jetzt der richtige Zeitpunkt sein, dies nochmals aufzugreifen – diesmal allerdings mit ungewöhnlichen und verblüffenden Hilfsmitteln.

Sie sitzen also am Frühstückstisch, der mit allerlei vollgestellt ist: einem Marmeladenglas, einer Butterdose, einem Brotkorb usw. Das wollen Sie nutzen, um mehr darüber zu erfahren, wie Ihr Kind sich in solchen brisanten oder kriselnden Situationen fühlt und erlebt.

Wie Sie das machen? Nun, ganz einfach. Zum Beispiel sagen Sie: »Sag mal, wie war das mit der Schlägerei in der Schule, ich hab das letztes Mal nicht so richtig mitgekriegt. Wie hat das eigentlich angefangen?« Räumen Sie jetzt genügend Platz auf dem Tisch frei und greifen Sie nach einem Gegenstand wie z. B. der Zuckerdose. Stellen Sie die Zuckerdose mitten auf den freien Platz und sagen: »Also das war der Typ aus der Neunten, der mit seinem neuen Handy angegeben hat, und hier« – Sie stellen das Marmeladenglas dazu – »war der XY – wo warst du denn da? Stell dich mal dazu!«

Ihr Gegenüber soll nun für sich und alle anderen Beteiligten an der Szene Gegenstände dazustellen. Falls nötig, ermuntern Sie Ihr Kind, indem Sie Gegenstände verschiedener Größe und Farbe anbieten. Die Größe und Farbe sind wichtig, weil sie etwas über die Bedeutung der verschiedenen Figuren für den Erzähler aussagen. »Könnte das vielleicht der Lehrer sein oder eher das?« Aus dem Bild, das der jugendliche Erzähler aufstellt, können Sie mit etwas Einfühlungsvermögen und etwas Übung viele tief gehende Informationen herausziehen: Welche Personen empfindet Ihr Kind als besonders machtvoll (groß)? Wo steht der Erzähler selbst? Umringt von Freunden oder isoliert als Außenseiter? Welche Größe/Form/Farbe hat er sich in Vergleich zu den anderen gegeben? Je intensiver die Erzählung mit der Aufstellung gerät, desto mehr spricht das Unterbewusstsein des Aufstellenden zu Ihnen über sein Empfinden.

Lassen Sie ihn erzählen. Aber testen Sie auch vorsichtig, ob der Jugendliche bereit ist, auf ihre Wahrnehmung der Situation, wie sie sich Ihnen darstellt, einzugehen. Wenn nicht, behalten Sie Ihre Erkenntnisse für sich. Aber oft ernten Sie Dankbarkeit dafür, dass Sie so ein fantastisches Gespür für Sprösslings Seelenzustände haben und taktvoll Themen anschneiden, die sonst nur schwierig anzusprechen sind.

Schöpferische Wahrnehmung

Für Kinder wie Jugendliche ist es wichtig, dass die Erwachsenen, besonders die eigenen Eltern, sich mit ihnen beschäftigen. Sie wollen und brauchen ihre zumindest zeitweise ungeteilte Aufmerksamkeit, um innerlich wachsen und sich entfalten zu können.

Zunächst einmal bedeutet das, sich Zeit für sie zu nehmen. Vielleicht bleibt ab heute einmal in der Woche der Fernseher abends aus? Es gibt schöne Gesellschaftsspiele, die Spaß machen und den Vorteil haben, dass man sich miteinander beschäftigt. Das könnte ein Anfang sein.

Schon bei einer einfachen Form der gemeinschaftlichen Beschäftigung wie *Mensch-ärgere-dich-nicht* zum Beispiel können Sie eine Menge über Ihren Sprössling lernen: Ist er ehrgeizig oder gelassen? Werkelt er nur für sich selbst herum oder sucht er Kontakt zu den anderen Mitspielern? Schaut er nur auf seinen eigenen Spaß? Gestaltet er das Spiel durch eigene Beiträge aktiv mit oder bleibt er eher passiv? Das sind alles Informationen, die wichtig sind, wenn Sie einem Jugendlichen durch die Pubertät helfen wollen. Er zeigt bereits Stärken und Schwächen und deutet damit auf die Stellen, an denen Unterstützung wichtig sein könnte.

Diese Art der liebevollen Hinwendung ist enorm entwicklungsfördernd und damit schöpferisch, weil sich Pubertierende verstärkt in der Wahrnehmung ihrer

Umgebung erfahren und entdecken. Aufmerksame, stützende, wertungsfreie Wahrnehmung bringt so Seiten an und in ihnen zum Vorschein, die für alle Beteiligten, nicht zuletzt für die Teens, überraschend sind. Sie weisen über das Bild, das man sich von sich selbst und vom anderen gemacht hat, hinaus.

Es entspricht einem Urbedürfnis im Menschen, als einzigartiges und besonderes Wesen wahrgenommen zu werden. Schauen Sie doch einmal genauer hin, wen Sie da in Person Ihres Kindes vor sich sehen. Was für ein Wesen sitzt Ihnen gegenüber? Handbewegungen, die Art zu lachen, der Rhythmus des Sprechens, die Bewegung im Raum − all das teilt Ihnen etwas von Ihrem Kind mit, wie es sich erlebt oder auch gesehen werden will. Wenn es Ihnen gelingt, Ihr Kind auf sich wirken zu lassen, ohne sich verpflichtet zu fühlen, zu urteilen, werden Sie zudem etwas Verblüffendes erleben: Es wird zusätzliches Vertrauen zu Ihnen gewinnen und sich Ihnen verstärkt öffnen.

Knüpfen Sie dort an und zeigen Sie den Jugendlichen, dass Sie das Besondere in ihnen sehen können.

Ich meine dabei nicht das, was die Nachbarn für »besonders« halten, sondern das, was einen Menschen wirklich einzigartig macht. Dieses Besondere ist nicht das Offensichtliche, sondern es erschließt sich in der Regel erst beim geduldigen Hinschauen:

Ist es die besondere Wärme im Umgang mit anderen? Ist es die besondere Sorgfalt beim Erledigen von Aufgaben? Ist es die bildhafte Sprache? Ist es die Fähigkeit, neben einem zu schweigen, die einem später das Gefühl gibt, man hätte sich ganze Romane erzählt? Ist es die Art, wie die Augen blitzen, wenn man über bestimmte Themen spricht? Ist es die Art zu gehen? Ist es die Art zu trösten? Ist es der Humor?

Wir sind mehr als das, was wir sagen, denken, fühlen oder tun. Aber dadurch offenbaren wir unser Wesen. Wie wir uns in die Welt hinein ausdrücken, verrät, wer wir sind. Und man muss nichts leisten, um besonders zu sein. Man ist es einfach. Dieser Blick auf einen anderen Menschen ist den wenigsten von Anfang an eigen. Aber man kann ihn entwickeln, indem man ihn übt.

Indem Sie Ihren Blick auf Ihren Sprössling verändern, machen Sie das, was ich »schöpferische Fremdwahrnehmung« nennen möchte. Unser »normaler Blick« gleicht die Bilder der Wirklichkeit mit dem ab, was wir erwarten. Wir haben ein bestimmtes Bild von der Wirklichkeit, eine bestimmte »Wirklichkeitserwartung«. Wird sie erfüllt, wenden wir uns einem andern Eindruck zu. Der »erweiterte Blick« tut zunächst nichts anderes, aber wendet die Aufmerksamkeit dann nicht ab, sondern bleibt mit der Wahrnehmung bei dem Jugendlichen. Sie schauen also über den ersten Eindruck hinaus und bleiben länger konzentriert als gewöhnlich. Sie lassen den Jugendlichen sozusagen »auf sich wirken«. Wenn Sie ihn so anschauen, werden Sie zunächst nichts anderes wahrnehmen als sonst auch. Wenn Sie es aber nicht dabei belassen, sondern Ihre Aufmerksamkeit weiter bei diesem Menschen lassen und sich zum Beispiel Feinheiten in den Bewegungen ganz genau anschauen oder die Art, wie Worte geformt werden, werden Sie überrascht sein, was Ihnen bis dahin alles entgangen ist. Natürlich sollen Sie den Jugendlichen nicht anstarren; üben Sie einen entspannten Blick. Wenn Sie dann gefragt werden, warum Sie so schauen, reicht es zu antworten: »Ich schau nur so.«

Über die schöpferische Fremdwahrnehmung hinaus ist es von zentraler Bedeutung, die Wahrnehmung des eigenen »Schöpfertums« im Jugendlichen selbst zu fördern. Egal, ob das Mittel dazu die Musik, das Wort, die Erde (der Ton), der Tanz oder die Farbe sein mögen.

Jeder Mensch, wirklich ausnahmslos jeder, hat besondere Gaben, über die er sich auf eine sehr persönliche Weise mitteilen kann. Diese Kreativität im Ausdruck, die man ganz aus sich schöpft, ist gleichzeitig ein hervorragendes Mittel, um ein gutes und solides Fundament für das Leben Ihres Kind zu schaffen, denn Sie schlagen »neun Fliegen mit einer Klappe«:

☞ Die jungen Menschen üben sich im Ausdrücken ihrer Vorstellungen und Ideen.

☞ Sie trainieren spielerisch sämtliche Schritte von einer Idee bis zu deren Umsetzung mit dem gewählten Material oder Instrument.

☞ Sie können in dem kreativen Schonraum mit eigenen Handlungen und deren Folgen eigenverantwortlich umgehen lernen.

☞ Sie kommen in Kontakt mit ihrem Potenzial, ihrem Schatz an Möglichkeiten.

☞ Sie lernen Scheitern auszuhalten.

☞ Sie üben Ausdauer.

☞ Sie erproben alternative Wege zum Ziel, bis sich eine Lösung findet.

☞ Sie erfahren, wie sie eigene Fähigkeiten und Anlagen mit ihrem körperlichen »Instrument« mit der Außenwelt im schöpferischen Prozess, im kreativen Tun erfolgreich verbinden können.

☞ Die Jugendlichen lernen also auch einige der Grundanforderungen für das heutige Berufsleben spielerisch kennen und meistern: eine äußere Aufgabenstellung Schritt für Schritt selbständig mit Beweglichkeit und Kreativität durch entsprechende Koordination ihrer Körperlichkeit zu einer Lösung zu führen, die dem gesamten, im Fall der Arbeit dem wirtschaftlichen, Ablauf dient.

Künstlerisches Tun, kreative, nicht genormte Tätigkeit aus sich selbst heraus, schult den jungen Menschen also nachhaltig. Sie bildet einen hervorragenden Übungsrahmen, um all die grundlegenden Fähigkeiten herauszubilden, die es braucht, um den wechselnden und unberechenbaren, äußeren wie inneren

Anforderungen des Lebens erfolgreich zu begegnen. Gleichzeitig stärken sie die Verbindung der Kids zu ihrem eigenen Wesenskern, ihrem Ich und machen sie belastbarer. Das sorgt dafür, dass sie sich im Alltagsgetümmel besser behaupten können und sich nicht so leicht unterbuttern lassen. Kunst macht fit!

👍 Überlebenstipp:

Entdecken Sie bei einem Kind zum Beispiel die Freude an Erzählungen und den Spaß, sich selber Geschichten auszudenken, dann nehmen Sie sich die Zeit, abends Geschichten zum Einschlafen vorzulesen oder selbst ausgedachte Geschichten in Fortsetzungen zu erzählen. Wenn Ihr Kind älter ist, können Sie es selber Geschichten entwickeln lassen – in Form einer Familienrunde zum Beispiel, in der jeder reihum aneinander anknüpfende Teile einer Geschichte erzählt. Wichtig ist, dass Sie es rhythmisch tun, das heißt möglichst immer zur gleichen Zeit des Tages oder an bestimmten Tagen der Woche. Der Mensch ist ein rhythmisches Wesen und stellt sich innerlich darauf ein. In der Pubertät können Sie es ruhig mal riskieren, Freunde Ihres Kindes zu so einer Erzählrunde einzuladen. In der richtigen Stimmung und Umgebung werden Sie auch hier glänzende Augen ernten. Es ist heute ungewöhnlich und faszinierend für die Kids, so etwas zu erleben. Es entspricht ihrer tiefen Sehnsucht nach Inspiration und nach Lebendigkeit im Zeitalter der Konserven. Zudem lassen sich über die Bilder und Figuren einer Geschichte Dinge sprachlich fassen und bearbeiten, die sonst unausgedrückt bleiben müssten, weil den Jugendlichen die Worte fehlten.

Ähnlich verhält es sich mit allen anderen musischen oder kreativen Beschäftigungen, an denen Ihr Kind Freude empfindet. Seien Sie zusammen mit den Kindern und Jugendlichen schöpferisch. Kochen, basteln oder musizieren Sie zusammen! Hören Sie damit möglichst auch während der Pubertät nicht auf.

Knüpfen Sie an gemeinsamen Vorlieben von Ihnen und Ihren Teens an. Vielleicht führen Sie einen gemeinsamen kreativen Kochtag ein, an dem fantasievolle neue Gerichte ausprobiert werden. Oder Sie basteln den ausgefallenen Modeschmuck gemeinsam, statt fertigen zu kaufen. Nähen Sie zusammen schrille Klamotten, machen Sie Musik zusammen, malen Sie gemeinsam … Dadurch lassen sich Kids begeistern und die Erwachsenen haben auch Spaß dabei.

Der Fantasie sind fast keine Grenzen gesetzt. Wenn Sie selber sich jedoch außerstande sehen sollten, so ein Angebot zu machen, unterstützen Sie Ihre Jugendlichen dabei, etwas außerhalb der Familie zu finden. Das Angebot ist mittlerweile ungemein vielfältig und vor allem dank der Volkshochschulen auch überall verfügbar und erschwinglich. Reduzieren Sie es vielleicht in der Pubertät, da ja nun auch noch ganz andere Interessen dazukommen, die erforscht werden wollen, aber lassen Sie den Faden nach Möglichkeit nicht abreißen!

Mit den kreativen Betätigungen legen Sie einen wichtigen Grundstein für innere Beweglichkeit und schöpferisches Vorstellungsvermögen. Diese Eigenschaften helfen den Jugendlichen, mit den verschiedensten privaten und beruflichen Anforderungen besser fertig zu werden. Sie sind durch diese in der Lage, Dinge zu hinterfragen und Lösungen zu entwickeln, wo andere nur Fragezeichen sehen und darauf warten, dass jemand kommt und ihnen sagt, was sie tun sollen. Dadurch haben sie eine deutlich bessere Ausgangslage im Leben und auch im späteren Beruf, unabhängig davon, welcher es letztendlich wird.

Ein Beispiel von vielen: Mich hat anfangs überrascht, dass viele Musiker, die an klassischen Instrumenten für Orchester ausgebildet worden sind, ihre Lebensaufgabe in der Unternehmensberatung gefunden haben. Gar nicht mehr überraschend ist dies, wenn man sich vor Augen führt, wo sich Orchesterspiel und Unternehmensberatung berühren. Beim Orchesterspiel liegt der Erfolg im harmonischen und dynamischen Zusammenspiel aller Spieler im Dienst der Komposition. Dabei müssen die Anweisungen des Dirigenten nachempfunden und perfekt umgesetzt werden. Orchestermusiker müssen also neben ihren musikalischen Fähigkeiten vor allem einen Sinn, eine besondere Wahrnehmung für das Zusammenspiel von Menschen entwickeln. Das Zusammenspiel von Menschen ist auch der Kern wirtschaftlicher Tätigkeit, der über Erfolg oder Misserfolg von Unternehmen entscheidet. Somit bringen Orchestermusiker, entsprechendes Training an wirtschaftlichen Aufgabenstellungen vorausgesetzt, hervorragende Voraussetzungen mit, um Unternehmen in diesem Bereich zu beraten.

Voraussetzung für ein positives Erleben der eigenen Kreativität ist es jedoch, die Ergebnisse nicht zu bewerten. Es geht nicht darum, künftige Meister der kreativen Künste zu erziehen, die sich einem Fachurteil zu unterwerfen haben, es geht einfach nur um die Erfahrung und Entwicklung der eigenen kreativen Anlagen und Möglichkeiten.

Vor allem aber geht es für die Jugendlichen darum, diese in Freude zu entdecken und dabei Selbstvertrauen zu entwickeln. Kreatives Spiel ist der Bereich, in dem schöpferisches Menschsein erfahren und erübt werden kann. Die Ergebnisse sind absolut zweitrangig, wichtig ist der Weg zu ihnen und was erlebt wird bei der Arbeit.

Übung: Gegenseitiges Farb-Erzählen

Mit dieser Übung zeigen Sie sich und Ihrem Kind, wie unterschiedlich zwei Menschen die gleiche Situation für sich wahrnehmen und wie man sich mit dieser Erkenntnis viel besser verstehen lernt – ein wunderbarer Beitrag zur konstruktiven Konfliktbewältigung.

Wählen Sie eine Situation oder Begebenheit, die z.b. Konfliktstoff barg und nicht ganz geklärt wurde, oder nehmen Sie auch ein Missverständnis zum Anlass. Nun besteht die Aufgabe für Sie beide darin, diese Situation ganz abstrakt (wichtig!) nur mit Hilfe von Farben und Formen auf einem Blatt Papier darzustellen. Nehmen Sie sich dafür zehn bis fünfzehn Minuten Zeit, wenn es sehr aufwühlend war, auch mehr. Wenn Sie damit fertig sind, tauschen Sie die Blätter und besehen sich eingehend die Darstellung des anderen. Dann legen sie sie nebeneinander auf den Tisch. Spätestens jetzt wird ganz deutlich, wie verschieden Sie die Geschichte erlebt haben. Nun kann jeder sein Bild erklären, ohne vom anderen unterbrochen zu werden – bis auf reine Verständnisfragen – und damit sein subjektives Erleben der Begebenheit vorstellen. Der große Vorteil ist, dass jetzt die Atmosphäre nicht mehr so emotionsgeladen ist, da man sich bereits nonverbal über das Malen Ausdruck verschaffen konnte und nun echtem Interesse an der persönlichen Version gegenübersieht. Vielleicht kommen Sie zu einer ganz überraschenden Bereinigung der betreffenden Angelegenheit, zumindest aber zu einem tieferen, befriedigenderen Verständnis für Aktionen, Reaktionen und Beweggründe.

Der Umgang mit Wünschen

Leicht spöttelnd ließe sich behaupten, der Alltag der Jugendlichen bestünde heute zu drei Vierteln aus »Ich hätte gern«, »Kaufst Du mir« und »Die haben auch«.

Bemerkenswert ist, dass der Zusammenhang zwischen eigener Leistung und berechtigten Ansprüchen im Denken meist nicht so ausgeprägt vorhanden ist. Woher kommt das?

Es sind in den meisten Familien vier wesentliche Punkte, die das begünstigen:

☞ Jugendliche haben die Sicht, dass das Geld bei den Eltern auf den Bäumen wächst. Sie können den Zusammenhang zwischen Arbeitsleistung und Einkommen mangels eigener Erfahrung nicht nachvollziehen.

☞ Statt Zeit und Aufmerksamkeit schenken die Eltern ihren Kindern materielle Dinge und Geld.

☞ In der Familie und in der Schule wird über den Zusammenhang zwischen, »Geld« oder »angesagte Klamotten haben« und »etwas wert sein« kaum geredet.

☞ Im Gegensatz dazu sind die Kinder und Jugendlichen mittlerweile von klein auf den Suggestivbotschaften der Werbung ausgesetzt. Diese wiederholen gebetsmühlenartig den Zusammenhang zwischen angesagtem Konsumverhalten und »etwas wert sein«.

Wer sagt eigentlich, dass Jugendliche, die sich etwas Besonderes wünschen, nichts dazu beitragen sollten, sich dies auch leisten zu können? Ganz unabhängig von den finanziellen Möglichkeiten der Eltern eröffnen sich Kindern, die für das, was sie möchten, auch etwas tun müssen, wichtige Möglichkeiten der Selbsterfahrung im Umgang mit Wünschen.

Wenn ein Jugendlicher selbst etwas beitragen muss, um sich einen besonderen Wunsch erfüllen zu können, wird sich ganz schnell die Frage nach dem Wert, den das Gewünschte für ihn hat, stellen. Wünsche werden geprüft und nicht selbstverständlich ungeprüft von außen erfüllt. Hat der Wunsch vor diesem inneren Auge Bestand, wird die eigene Mühe, die dafür geleistet werden muss, dazu beitragen, dem Gewünschten einen höheren Stellenwert auf der eigenen Skala zu geben und es dementsprechend wertzuschätzen und zu pflegen. In der Regel werden Dinge, für die man sich nicht bemühen musste, auch nicht geschätzt.

Die Jugendlichen lernen so und können auch verstehen, dass der innere und der äußere Wert einer Sache nicht das Gleiche sind. Vielleicht ist es am wichtigsten, dass sie darüber auch ein Stück selbständiger werden, weil sie bei sich einschätzen lernen, wie und auf welchem Wege sie Ziele aus eigener Kraft erreichen können. Auf etwas, das man sich (wenn auch nur zu Teilen) selbst verdient hat, kann man stolz sein. Man hat es sich wirklich erworben. Sie bekommen also auch einen kräftigen Schub für ihr Selbstvertrauen.

👍 Überlebenstipp:

Machen Sie die Wünsche Ihrer Kinder zum pubertären Trainingsfeld. Zwingen Sie den Nachwuchs zum Nachdenken über die eigenen Wünsche, indem Sie eine Eigenbeteiligung einfordern. Nutzen Sie Wünsche als Stimulation und Anreiz für das Erreichen von »Trainingszielen«.

Vereinbarungen treffen und Verantwortung lernen

Dem Bereich der Wünsche und Erwartungen, die ja nicht nur auf Seiten der Jugendlichen bestehen, kommt in der Pubertät besondere Bedeutung zu. Wie lassen sich die täglichen kleinen Hakeleien um ausgesprochene und nicht ausgesprochene Erwartungen in nerven- und kräfteschonende Erfahrungsfelder für den Nachwuchs verwandeln?

Es gibt keinen Grund, warum ein kräftiger Teenager, der oder die in der Lage ist, mit Freunden zu feiern, in die Disco zu gehen und Fernsehen und Video zu schauen, nicht in der Lage sein sollte, seinen Teil zur Arbeit im Haushalt zu leisten. Das ist allenfalls eine Frage der Organisation. Seitdem es Schülertimer beim Discounter für 2,95 Euro gibt, ist auch die Verwaltung der Termine kein ernsthaftes Hindernis mehr für die pubertierenden Sonnenscheine.

Den Eltern, insbesondere immer noch den Müttern, möchte ich zurufen: Ihr seid nicht in Ketten geboren! Selbstverständlich vorausgesetzt wird allerdings, dass man von den Sprösslingen wie von den Eltern, außer in Notfällen, nicht verlangen sollte, auf Abruf bereitzustehen. Es bietet sich an, für beide Seiten verpflichtende Vereinbarungen zu treffen, in denen gemeinsam festgelegt wird, wie die häuslichen Aufgaben und Pflichten aufgeteilt werden.

Warum soll ein Teenie mit zwei gesunden Händen, egal ob Junge oder Mädchen, nicht einmal für die ganze Familie kochen? Warum gibt es immer noch junge Männer mit zwanzig Jahren, die nicht wissen, wie man eine Waschmaschine bedient und bügelt? Beides sind Dinge, die zur selbständigen Lebensführung gehören und für junge Menschen eigentlich selbstverständlich sein sollten.

Dafür, Kochen zu lernen, sprechen zwei teenagergerechte Argumente: Erstens hat man dadurch die Chance, sich relativ gesund und günstig zu ernähren, wenn man die dubiose Zusammensetzung von Fertiggerichten kennt. Zweitens geht Liebe bei Männlein wie Weiblein immer noch durch den Magen; gemeinsames Kochen oder ein romantisches selbst gekochtes Essen zu zweit können ungemein hilfreich dabei sein, sich dem anderen Geschlecht in naschhafter Absicht vor oder nach dem Dessert zu nähern.

Waschen und Bügeln wird vor allem im beruflichen Umfeld helfen, ein günstiges äußeres Erscheinungsbild zu bieten, was in den meisten besseren Jobs mit guter Bezahlung schlicht erwartet wird.

Zuverlässigkeit hat viel mit Vertrauen in Beziehungen beruflicher wie privater Natur zu tun. Sie hat etwas damit zu tun, dass man das, was man zusagt, auch einhält.

Macht man also im familiären Rahmen aus, um, sagen wir, zehn Uhr zu Hause zu sein, so ist das verbindlich vereinbart. Nun reicht es nicht nur aus, diese Vereinbarung zu treffen, denn sie will ja auch eingehalten werden. Um diesen Zusammenhang deutlich werden zu lassen, bietet es sich an, Wünsche und

Pflichten auf nachvollziehbare Art miteinander zu verbinden. Für die alltäglichen Dinge wie das Zimmer aufräumen einmal die Woche, abwaschen, Wäsche waschen oder Zeiten einhalten hat sich eine Verknüpfung mit dem Taschengeld bewährt. Zahlen Sie einen festen Betrag pro Woche aus, der vielleicht die Hälfte des regulären Taschengeldes beträgt, und vergeben Sie den Rest nach Punkten, die sich an der Erledigung der alltäglichen Aufgaben und der Einhaltung von Vereinbarungen orientieren. Sie sollten nie willkürlich Punkte abziehen, sondern eher einen Spielraum nach oben lassen für besonderes Bemühen seitens der Jugendlichen, um sie zu motivieren. Sie finden im Anhang ein Beispiel für einen Punktebogen, an dem Sie sich orientieren können. Am Anfang wird das Geschrei zwar groß sein – wie immer, wenn es um Verpflichtungen in der Pubertät geht – aber gegen Transparenz und Gerechtigkeit lässt sich eigentlich nicht viel sagen, insbesondere wenn man diese auch selbst vorlebt.

Für besondere Leistungen, die außer der Reihe sind, wie zum Beispiel:

☞ Ihre Tochter von der Discothek abholen,
☞ in der Woche ausnahmsweise längere Ausgehzeit,
☞ Ihren Sohn zum Sport bringen oder Ähnliches

können Sie im Einzelfall ›Tauschgeschäfte‹ vereinbaren. Das bedeutet nichts anderes, als danach zu fragen, was Ihr Sohn/Ihre Tochter im Austausch für besondere Leistungen ihrerseits zu tun bereit sind. Es kann sich um freiwillige Leistungen für die Schule oder Gartenarbeiten oder sonstige Tätigkeiten handeln, die Ihnen wichtig und angemessen erscheinen. Für beide Seiten gilt: Vereinbarungen kann man eingehen oder man kann sie ablehnen. Denken Sie daran, dass es für Sie im Ergebnis unmittelbar überprüfbar sein sollte, ob und wie das Tauschgeschäft, wenn es einmal vereinbart wurde, korrekt erledigt ist.

Anfangs mag es großes Gemaule geben, denn solche Umstellungen werden die Kids natürlich nicht kampflos akzeptieren. Doch wenn Sie konsequent dabei bleiben, wird der Anreiz oder die Bequemlichkeit, zum Beispiel abgeholt zu werden, die Oberhand gewinnen.

Sie ersparen sich dadurch endlose Diskussionen um immer die gleichen Themen. Zusätzlich haben Sie eine Form, die beiden Seiten Klarheit der Erwartungen und einen Rahmen für Verhandlungen auf der Basis gegenseitigen Respekts bietet und bei mehreren Kindern für jeden gleich ist. Besonders nützlich an Tauschgeschäften ist, dass die Kids wie die Eltern damit einen flexiblen Rahmen haben. Dadurch können die Jugendlichen regulär etwas erhalten, was über ›das Normale‹ hinausgeht, anstatt dafür die Regeln brechen zu müssen.

So ein Modell, das Wünsche und eigenes Bemühen in Beziehung setzt, lässt sich natürlich auch auf einen Rahmen wie die Schule oder Freizeiteinrichtungen, die außerhalb der Familie stehen, übertragen. Es muss nur ein Anreiz geschaffen werden, der stark genug ist, die Jugendlichen zu motivieren, und der von ihnen beim Erreichen des Zieles als greifbarer Erfolg erlebt werden kann.

Wenn Sie herausfinden, was die Jugendlichen interessiert, haben Sie einen guten Anknüpfungspunkt gefunden. Zum Beispiel ist es denkbar, als Lehrer mit der Klasse einen Flohmarkt zu veranstalten, dessen Erlös für eine besondere Klassenfahrt oder einen Flipper, einen Kicker oder Ähnliches verwendet werden kann. Erst einmal müssen die Kids Flohmarktartikel herbeischaffen, also Eigeninitiative zeigen. Dann muss gemeinsam geplant werden, Tische und Transportmöglichkeiten besorgt werden, was für Action und Aufregung sorgt. Verantwortung wird vergeben und wahrgenommen. Schließlich sorgt der Flohmarkt selbst dafür, dass die Gruppe sich als Gemeinschaft von Individuen in einem anderen Zusammenhang erlebt und bewähren muss und dadurch enger zusammenwächst. In der anschließenden Reflexion können die Prozesse und Vorgänge in der Gruppe und in den Einzelnen für alle bewusst gemacht werden.

👍 **Überlebenstipp:**

»Tauschgeschäfte« ersparen endlose Diskussionen um immer die gleichen Themen. Sie bieten eine Form, die beiden Seiten Klarheit der Erwartungen und einen Rahmen für Verhandlungen auf der Basis gegenseitigen Respekts bietet.

Sie ist bei mehreren Kindern für jeden gleich. Eltern wie Kinder haben damit einen flexiblen Rahmen. Die Jugendlichen können auf diese Weise regulär etwas erhalten, was über »das Normale« hinausgeht, anstatt dafür die Regeln zu brechen.

Schaffen Sie einen Anreiz, der stark genug ist, die Jugendlichen zu motivieren, und der beim Erreichen des Zieles als greifbarer Erfolg erlebt werden kann.

Punktebogen

Ich habe gute Erfahrungen mit einem Punktesystem zur Motivierung von Jugendlichen gemacht, das Schule und Familienleben koppelt. In diesem System entspricht jeder Punkt einem Gegenwert, der sich aus dem Taschengeldrahmen ergibt. Im Beispiel unten handelt es sich um ein fünfzehnjähriges Mädchen, das zwanzig Euro Taschengeld ausgezahlt bekommt und das sich weitere zwanzig Euro durch Punkte »erarbeiten« kann. Um zu motivieren und besonderes Bemühen zu belohnen, sind bei Erreichen der Gesamtpunktzahl auch fünfzig Euro drin, also zehn Euro mehr als das reguläre Taschengeld. Sie können natürlich auch von vornherein einen höheren oder niedrigeren Sockelbetrag als

Taschengeld festsetzen plus einen Betrag, der darüber hinaus »verdient« werden kann.

Um den Überblick zu behalten, habe ich als Erstes zwei Spalten gesetzt, die darüber Auskunft geben, was »verdient« wurde und wie viel davon bereits ausgezahlt ist. Dem folgen die konkreten »Verdienste« im häuslichen Rahmen. Den Bereichen »Zeiten einhalten« und »Sauberkeit und Ordnung« wurde eine besondere Gewichtung gegeben, indem dort pro Tag je fünf Punkte »verdient« werden können. Der Bereich »Abrechnungen korrekt«, der dann folgt, bezieht sich auf Gelder zum Einkaufen und Ähnliches, die den Jugendlichen in die Hand gegeben werden. Dafür gibt es Punkte, wenn ordentlich mit Quittung abgerechnet wurde. »Ehrlichkeit und Aufrichtigkeit« und »Aktivität und Eigeninitiative« habe ich zweimal wöchentlich je fünf Punkte zugestanden, dem Punkt »Vereinbarungen halten« nur einmal fünf Punkte, weil er den wichtigen Bereich »Zeiten einhalten« nur ergänzt.

Es empfiehlt sich, dieses Schema lebendig zu halten und an die Bedürfnisse des jeweiligen Jugendlichen anzupassen. Das bedeutet, dessen Schwachstellen herauszufinden und die Gewichtung der Punkte darauf auszurichten. Leistungen an den Schwachstellen können so besonders belohnt werden. Kurz gesagt: Besonders da fördern, wo es nötig ist.

Dem Bereich »Schule« wird ein besonders breiter Raum gewidmet, weil ein Schulabschluss nun einmal in aller Regel die Grundlage dafür ist, ein selbstbestimmtes Leben aufbauen zu können. Jetzt werden Sie sagen: Wie sollen Eltern dies bewerten?

Sie können einerseits Hausaufgaben anschauen und sehen, ob sie ordentlich und vollständig gemacht wurden. Sie können auch einmal in der Woche ein kurzes Telefongespräch mit einem der Lehrer führen, um allgemeine Informationen zu erhalten und daraus die Bewertung abzuleiten. Sie können Hausaufgaben abhören. Sie können dieses System aber auch nutzen, um Ihr Kind in den Fächern, in denen es Schwierigkeiten gibt, zusätzlich zu unterstützen, indem Sie Leistungen, allgemeines Lernverhalten und Bemühen in diesen Fächern besonders stark mit Punkten honorieren.

Eine weitere Möglichkeit: Nehmen Sie Kontakt zu den entsprechenden Lehrern auf und lassen Sie sie wissen, dass Sie deren Bemühen unterstützen wollen. Bitten Sie die Lehrer dann Ihrerseits um Unterstützung bei der Ausfüllung des Punktebogens. Das kostet die Lehrkraft eine halbe Minute täglich und wird in den meisten Fällen als eine ungewöhnliche und lobenswerte Initiative seitens der Eltern gesehen werden.

Wichtig finde ich auch die Spalten »Eigeninitiative Schule« und »Besondere Leistungen«, weil den Jugendlichen dadurch die Möglichkeit geboten wird, etwas, was sie an anderer Stelle verbockt haben, durch Extraleistungen wieder auszubügeln.

Sie glauben, das funktioniert nicht? Jugendliche suchen aber die klare und faire, verbindliche Linie, weil sie ihnen Sicherheit und Orientierung gibt, und nehmen dies Modell nach anfänglichem Gezeter an – weil es ihnen auch Vorteile in Form gegenseitiger verbindlicher Absprachen und einem höheren Taschengeld bringt.

Punktebogen
Grundsumme Euro ...... pro Woche   von ...... bis ...... 200...

Einzahlung	Auszahlung	Stand	Datum	Zusatzpunkte

	Vereinbarungen halten	Zeiten einhalten	Sauberkeit & Ordnung	Abrechnungen korrekt	Ehrlichkeit / Aufrichtigkeit	Aktivität & Eigeninitiative
Mo		☐☐☐☐☐	☐☐☐☐☐	☐☐☐☐☐	☐☐☐☐☐	☐☐☐☐☐
Di		☐☐☐☐☐	☐☐☐☐☐			
Mi		☐☐☐☐☐	☐☐☐☐☐			
Do		☐☐☐☐☐	☐☐☐☐☐			
Fr	☐☐☐☐☐	☐☐☐☐☐	☐☐☐☐☐	☐☐☐☐☐	☐☐☐☐☐	☐☐☐☐☐
Sa		☐☐☐☐☐	☐☐☐☐☐			
So		☐☐☐☐☐	☐☐☐☐☐			

	Teilnahme Schule	Hausaufgaben	Mitarbeit Schule	Aufmerksamkeit	Motivation	Eigeninitiative Schule	Besondere Leistungen
Mo	☐☐☐☐☐	☐☐☐☐☐	☐☐☐☐☐	☐☐☐☐☐	☐☐☐☐☐	☐☐☐☐☐	
Di	☐☐☐☐☐	☐☐☐☐☐	☐☐☐☐☐	☐☐☐☐☐	☐☐☐☐☐		
Mi	☐☐☐☐☐	☐☐☐☐☐	☐☐☐☐☐	☐☐☐☐☐	☐☐☐☐☐		
Do	☐☐☐☐☐	☐☐☐☐☐	☐☐☐☐☐	☐☐☐☐☐	☐☐☐☐☐		
Fr	☐☐☐☐☐	☐☐☐☐☐	☐☐☐☐☐	☐☐☐☐☐	☐☐☐☐☐	☐☐☐☐☐	☐☐☐☐☐
Sa							
So							

Freiheit und Konditionierung

Für manchen mag das Punktesystem, das ich im letzten Kapitel ausgeführt habe, zu sehr nach Konditionierung und nach »Abrichtung der Jugendlichen« aussehen. Ich denke, das ist nicht falsch.

Aber: Das Leben aller Menschen bewegt sich in einem Spannungsfeld zwischen Freiheit und Konditionierung, zwischen Selbst- und Fremdbestimmung. Jugendliche lernen aus den Folgen ihres Handelns. Erst daraus entwickelt sich Bewusstsein, das die Voraussetzung für Freiheit ist. Freiheit in diesem Sinne heißt, sich bewusst für etwas entscheiden zu können. Das muss sich auf eine Pädagogik auswirken, die junge Menschen zu einem selbstbestimmten und verantwortlichen Leben befähigen soll.

Denn die Fähigkeit zur Freiheit muss man sich erarbeiten. Der Mensch wird zwar in Freiheit geboren, doch der Umgang mit ihr muss geübt werden. Sonst können die Jugendlichen Freiheit auf der körperlichen, geistigen, seelischen und gefühlsmäßigen Ebene nicht verstehen und keine eigenen Begriffe bilden, die ihnen Orientierung für ihr weiteres Leben sein werden. Die Erwachsenen haben großen Anteil daran, ob diese Fähigkeit verkümmert, aufblüht, verschüttet oder erweckt, brutal misshandelt oder im besten Sinne gefördert wird. Freiheit erfordert Mut und Training. Zu den eigenen Handlungen und auch zu denen in einer Gemeinschaft gehören untrennbar die Auswirkungen, die von jedem einzeln und allen gemeinsam zu tragen sind. Freiheit heißt eben nicht: »Ich will alles machen können und für nichts Verantwortung tragen.«

Jugendliche wollen anfangen, sich in ihre Freiheit zu stellen und die Verantwortung für ihr eigenes Leben, ihr Denken, Fühlen und Wollen und deren Folgen zu übernehmen. Die Aufgabe der Eltern, Lehrer und Pädagogen liegt darin, den ihnen anvertrauten oder durch sie auf die Welt gekommenen Wesen den Weg zur eigenen Freiheit und Verantwortung zu weisen.

Freiheit entsteht für die Jugendlichen in dem Maße, in dem sie aufhören können, anderen die Verantwortung für das eigene Leben zu geben.

👍 Überlebenstipp:

Die Fähigkeit zur Freiheit muss man sich erarbeiten. Jugendliche wollen anfangen, sich in ihre Freiheit zu stellen und Verantwortung für ihr eigenes Leben, ihr Denken, Fühlen und Wollen und deren Folgen zu übernehmen. Die Aufgabe der Eltern, Lehrer und Pädagogen liegt darin, ihnen den Weg zu weisen.

Elterliche Liebe, Freiheit und die eigenen Grenzen

Ist Liebe grenzenlos? Theoretisch ja – doch praktisch wandelt sie sich dort, wo die Erkenntnis der eigenen Grenzen oder der Grenzen des anderen zur Ernüchterung führt. Je nachdem, wie wir mit dieser Erkenntnis umgehen, kann die Liebe sich dadurch vertiefen oder auch beendet sein.

»Lass mich dich doch einfach lieben« – ein Satz, den viele Eltern ihren Kindern wohl gerne sagen würden – ein Stoßseufzer, der vielen wohl aus dem Herzen spricht, wenn die schwierigen Zeiten der Pubertät nahen. Doch sollte man sich auch ehrlich fragen, ob daraus mehr die eigenen Bedürfnisse sprechen, nämlich lieben zu dürfen. Mache ich den anderen zum *Objekt* meiner Liebe und halte ihn dadurch abhängig und klein oder ist es eine befreiende Liebe, die mitwächst? Hat die Liebe das Wohl des geliebten Kindes im Auge oder definiert sie das Wohl des Kindes danach, wie ich als Elternteil besonders viel Zuwendung erhalte? Das sind Fragen, die einen an die ureigenen Ängste heranführen, verlassen und allein gelassen zu werden – aber Kinder dienen nicht dazu, eigene Ängste zu überdecken. Es erfordert Kraft und Mut, sich diesen Fragen zu stellen. Ich möchte Sie ermutigen, auch an diesem Punkt ehrlich mit sich selbst zu sein. Und wenn Sie alleine nicht die Kraft aufbringen können, dem ins Auge zu sehen, dann ist es tapfer, sich Hilfe und Unterstützung zu suchen. Jeder Schritt, den Sie tun, um sich Ihren eigenen Ängsten zu stellen und über sie hinauszuwachsen, ist ein Schritt, den Sie auch für Ihr Kind tun.

Die nächste wichtige Frage im Zusammenhang mit elterlicher Liebe: Gibt es eine Liebe, die Grenzen setzt, oder ist das ein Widerspruch in sich? In einer gleichwertigen Partnerschaft beginnt die Liebe wohl damit, den anderen mit all seinen Beschränkungen anzunehmen. Doch damit beginnt die Reise zu dem geliebten Menschen erst, die weit in die Tiefe bis zu dessen und unseren persönlichen Grenzen und vielleicht darüber hinaus führen kann.

Partnerschaft setzt allerdings ein gleichwertiges Gegenüber voraus. Kinder können noch keine gleichwertigen Partner sein, da sie ihren Eltern in ihren Gefühlen, ihrem Denken und der körperlichen Existenz symbiotisch, lebensgemeinschaftlich verbunden und zunächst grenzenlos ausgeliefert sind.

Erst Jugendliche beginnen sich ihren Eltern gegenüberzustellen, um »erwachsene« Beziehungen und das Ziehen von Grenzen zu erproben. Sie lösen sich, bildlich gesprochen, aus der Struktur der Eltern und fangen an, sich selbst eine Form in eigenen Grenzen zu geben: Person zu werden. Dabei nehmen sie Teile des Erworbenen und Erlernten mit, nicht ohne sie Stück für Stück und Meter für Meter zu prüfen, soweit sie ihnen zugänglich sind. Ein Gutteil ihres Gepäcks ist allerdings so tief verbuddelt, dass es ihnen, wenn überhaupt, erst später erreichbar wird, gleichwohl es ihr Handeln, Denken und Fühlen weithin prägen mag.

Gerade weil sie noch kein Gegenüber sein können (da sie erst dabei sind, sich als solche um Kontur und Gestalt zu bemühen), brauchen sie jetzt die Erwachsenen, die ihnen gegenüber anhand ihrer eigenen Haltung erlebbar machen, was Grenzziehung mit der eigenen Glaubwürdigkeit und Lebendigkeit, bei sich selbst und anderen, zu tun hat. Beziehungen zu leben, Vertrauen zu schenken und zu erfahren und letztlich auch Liebe leben zu können hängen zuvorderst von der Fähigkeit ab, im Miteinander den Kontakt zu sich selbst nicht zu verlieren. Das ist das große Thema auf dem Schlachtfeld Pubertät, wo oft erprobt wird, ob nicht gar Selbstverleugnung und Erniedrigung nötig sind, um Liebe zu erlangen. Ich bin in meiner Arbeit immer wieder betroffen, wie viele Beziehungen unter Jugendlichen den Charakter von Warenaustausch haben und wie schwer es ihnen fällt, sich wirklich auf jemand anderen einzulassen, weil sie sich selbst als völlig konturlos und nicht liebenswert empfinden. Deswegen ist spätestens die Pubertät der Punkt, an dem es wichtig wird, dass Sie den Jugendlichen – bei aller bedingungslosen Liebe – die eigenen Grenzen und Bedürfnisse konsequent deutlich machen, um deren Persönlichkeitsbildung anzuregen. Einfach gesagt: Sie müssen ihnen klar machen, dass es noch andere Menschen außer ihnen selbst gibt. Jugendliche brauchen Grenzen von außen, bis sie gelernt haben, mit ihren eigenen Grenzen umzugehen, und bis sie erfahren haben, dass ihnen auch von innen her Grenzen gesetzt sind. Es ist wichtig für sie zu erfahren, dass es nicht den Verlust von Liebe bedeutet, wenn sie diese ernst nehmen. Grenzen können nicht einfach weggewünscht oder übergangen werden, ohne ernsthaften Schaden bei sich oder anderen anzurichten. Wenn die Jugendlichen diese verändern wollen – was grundsätzlich möglich ist – müssen sie sich ernsthaft und in der Tiefe mit ihnen auseinander setzen, um sie zu verwandeln.

👍 **Überlebenstipp:**

Jugendliche beginnen sich ihren Eltern gegenüberzustellen, um »erwachsene« Beziehungen zu erproben. Sie lösen sich aus der Struktur der Eltern und fangen an, sich selbst eine Form in eigenen Grenzen zu geben: Person zu werden.

Dabei nehmen sie Teile des Erworbenen und Erlernten mit, nicht ohne sie Stück für Stück und Meter für Meter zu prüfen, soweit sie ihnen zugänglich sind.

Deswegen ist spätestens die Pubertät der Punkt, an dem es wichtig wird, bei aller bedingungslosen Liebe gegenüber den Jugendlichen konsequent die eigenen Grenzen und Bedürfnisse deutlich zu machen, um deren Persönlichkeitsbildung anzuregen.

Der Überlebenskoffer: Mitgefühl und Humor

Die Leiden der Pubertät

Da stehen sie nun – allein gelassen und in die Welt hinausgestoßen, von niemandem, am wenigsten von sich selbst verstanden, in Gefühlen verschlossen, die sich dem Uneingeweihten nicht offenbaren, um dann explosiv hervorbrechen und danach gleich wieder in ratloser Tiefe zu versinken. Die Pubertät, ein Drama mit Millionen Zuschauern und einem Akteur, der mitunter unter dieser Last zusammenzubrechen droht.

Die Eltern finden sich auf einmal in der Rolle von Statisten wieder, die den Hauptdarstellern nur noch ab und zu das eine oder andere Utensil für ihre tragende Rolle reichen dürfen. Die Freunde werden zu Stichwortgebern des kindlichen Dramas und sind damit eigentlich in keiner besseren Lage. Der Unterschied liegt nur in dem verbindenden dramatischen Gefühl, das bei den Menschen gleicher Entwicklungsstufe natürlich eher gegeben ist und im Verhältnis zu den Eltern und Erwachsenen meist ebenso natürlich fehlt.

Wenn Sie Ihrem Sprössling den Nachtisch reichen, Vanillepudding mit Himbeersoße, was eigentlich seine Lieblingsspeise ist, und statt eines »Danke« ein »Mein Gott, müsst ihr mich denn immer bevormunden!« zu hören bekommen, ist es selbstverständlich berechtigt, Zweifel am geistigen Gesundheitszustand des eigenen Nachkommen zu entwickeln.

Pubertät ist ja auch eine Krankheit, ein vorübergehendes Irresein an sich selbst. Eine Krankheit, die ihre Heilmittel jedoch schon in sich trägt. Also alles halb so schlimm. Gegenüber Heilungsversuchen von außen ist sie dagegen immun.

Versucht man die Symptome mit Gewaltmitteln zu unterdrücken, macht man es nur schlimmer. Dann verlagert sich das Geschehen nämlich: bei eher nach innen gerichteten Menschen vollends nach innen mit der Gefahr der Gewalt gegen sich selbst oder, bei eher nach außen gerichteten Menschen, in Form von ungesteuerter Aggression vollends nach außen mit der Gefahr der Gewalt gegen andere. Vielleicht am gefährlichsten ist, dass der Einsatz von Gewaltmitteln den Zugang zu Jugendlichen verschüttet und es diesen ungemein erschwert, meist sogar unmöglich macht, den Wunsch nach Hilfe zu äußern, wenn die Welt wieder einmal in Trümmern liegt (wahrscheinlich so ungefähr das dritte Mal in dieser Woche …).

Der Pubertierende ist ein Werde-Wesen, das täglich, mitunter sogar stündlich, neu entsteht. Nehmen Sie Anteil an diesem Werdeprozess, indem Sie ihn liebevoll und durchaus auch mit Humor spiegeln. Mit etwas Abstand sollte es gelingen, auch durchaus das Komische an diesen Minidramen zu entdecken, die jedes für sich im krassen Gegensatz zu dem stehen können, was vor fünf Minuten, einem Tag oder einer Woche das beherrschende Thema des Lebens an sich und überhaupt war.

Dieses Auf und Ab, dieses Hin und Her ist in Ordnung so, denn ohne dieses Chaos der Gefühle und der Gedanken könnte sich keine neue, erwachsene Persönlichkeit bilden. Die Jugendlichen müssen sich von dem einfacher strukturierten Empfinden und Erleben als Kind verabschieden. Es muss im Innen wie im Außen alles auf den Kopf gestellt werden, alle Werte müssen umgewertet werden, damit sie schließlich wieder auf den Füßen landen können – aber diesmal auf den eigenen.

👍 **Überlebenstipp:**

Der Pubertierende ist ein Werde-Wesen, das täglich, mitunter sogar stündlich, neu entsteht. Nehmen Sie Anteil an diesem Werdeprozess, indem Sie ihn liebevoll, mit Geduld und durchaus auch mit Humor spiegeln.

Machen Sie sich ruhig mal lächerlich

Haben Sie den Mut, sich mitunter auch über sich selbst lustig zu machen. Es entkrampft nicht nur die Situation, sondern zeigt auch Stärke und Souveränität. Die Heranwachsenden wissen es zu schätzen. Hin- und hergerissen zwischen tiefem Lebensernst und der Empfindung absoluter Lächerlichkeit sind sie Ihnen für etwas Humor in der Beziehung dankbar.

Kennen Sie die Sendung »Bill Cosbys Familienbande«? Dort kann man sich viele Inspirationen dafür holen. Ich und meine Kids finden es jedenfalls schreiend komisch, wenn Herr Cosby sich bereitmacht, einen Nagel in die Wand zu schlagen. Da wird ein Papierhut aufgesetzt, ein Werkzeuggürtel umgeschnallt und ernsten Schrittes zum Ort der Tat gegangen. Dann schlägt er langsam und ganz sorgfältig Schlag für Schlag den Nagel ein. So sehen die Kids die Erwachsenen! Groß und manchmal lächerlich in ihrer Erhabenheit. Und ich glaube, wenn Sie ehrlich sind, fällt es Ihnen mitunter ganz schön schwer, den Kids gegenüber immer die Rolle des Vernünftigen und Abgeklärten spielen zu müssen. Das dürfen Sie ruhig auch mal zeigen!

Jeder Mensch hat viele verschiedene Facetten unter dem Dach seines erwachsenen Ich versammelt, die sich diesem unterordnen sollten, deswegen aber nicht einfach verschwunden sind. In jedem ist ein Teil Kind, ein Teil Jugendlicher, ein Teil Erwachsener und so weiter. Indem wir nun nicht so tun, als ob »erwachsen sein« ein abgeschlossener Prozess wäre, sondern zeigen, dass das ganze Leben ein Umbruch und ein Wachstumsprozess ist, in dem sich die einzelnen Teile mitunter aberwitzig mischen, nehmen wir den Kids eine Riesenlast von den Schultern. Dies kann man am besten durch Humor erreichen und indem man hin und wieder auch sich selbst nicht so bitterernst nimmt.

Gerade bei Jugendlichen mit geringem Selbstwertgefühl, deren ganzes Denken von der Anerkennung durch andere bestimmt wird, kann so ein Verhalten wahre Wunder wirken.

Stellen Sie sich einen Jugendlichen vor, der von der Kleidung (natürlich nur Marke xyz) bis zur Gestik, Mimik und der Sprache von seiner Clique geprägt ist. Deren Maß an Anerkennung = Anpassung bestimmt in seinem Erleben seinen persönlichen Wert. Humor, vor allem über sich selbst lachen zu lernen, und deutliche Unterstützung von außen können etwas von der enormen Angst davor, was passieren könnte, wenn er sich von dieser Norm entfernt und seine persönlichen, nicht vorgefertigten Maßstäbe entwickelt, auffangen und Mut machen für die nächsten Schritte hin zur Eigenständigkeit.

Indem Sie zeigen, dass Sie über sich selbst lachen können, zeigen Sie auch, dass Erwachsenwerden nicht Erstarren und Sterben bedeutet, sondern dass Lebendigkeit mitwachsen und sich wandeln kann.

👍 **Überlebenstipp:**

Zeigen Sie, dass »erwachsen sein« kein abgeschlossener Prozess ist, indem Sie sich auch selbst hin und wieder nicht so ganz bitterernst nehmen. Sie nehmen den Kids damit eine Riesenlast von den Schultern.

Eltern werden ist nicht schwer —
Eltern sein dagegen sehr

Für fast alles im Leben, bei dem man verantwortlich handeln muss, braucht man ein Training oder eine Ausbildung. Es ist ja auch nur vernünftig, dadurch möglichem Schaden vorzubeugen.

Nur beim Elternsein anscheinend nicht. Hier erwartet man offenbar, dass mit der Geburt und dem ersten Blick auf das meist schrumplige Etwas namens Baby die pädagogischen Fähigkeiten sich so natürlich und vor allem von selbst entfalten wie die Milch, die in die Brüste der Mutter schießt.

Den Eltern kann man daraus am wenigsten einen Vorwurf machen; sie sind es ja, die allein gelassen werden und denen man alles aufbürdet, ohne sie darauf vorzubereiten. Dabei ist es nun nicht so, dass pädagogisches Grundwissen so kompliziert zu vermitteln wäre, dass nicht die Möglichkeit bestünde, für diese Aufgabe von entsprechend gut vorbereiteten und erfahrenen Eltern oder Pädagogen an Schulen zum Beispiel Gastkurse halten zu lassen – wie Verkehrserziehung etwa. Mittels Rollenspielen ließe sich die abstrakte Theorie sehr schnell konkret erfahrbar machen. Das Prinzip ›Vorsorgen ist besser als Heilen‹ sollte auch bei den angehenden Eltern gelten.

Angesichts dessen, dass die Folgen einer verunglückten Erziehung nicht wenige Leben – eigene und fremde – zerstören können und von der Gemeinschaft zu tragen sind, entlarvt sich der Einwand, dass Erziehung eine rein persönliche Angelegenheit sei, von selbst. Es ist ein Wunder angesichts dieser kollektiven Untätigkeit, dass es nicht noch mehr gestörte Kinder gibt – und es ist andererseits kein Wunder, dass immer weniger Kinder in Deutschland geboren werden, wenn die potenziellen Eltern Angst vor den persönlichen Folgen ihrer Entscheidung für eigene Kinder haben müssen.

Um es ganz deutlich auszusprechen: Mir geht es nicht um Anpassung und Normierung der Erziehung, vermehrte Kontrollen und Auflagen. Ich wünsche mir aber, dass die angehenden Eltern schon im Vorfeld die praktische Unterstützung und die Hilfen erhalten, die sie für die Bewältigung ihrer verantwortlichen Aufgabe brauchen.

Ich halte es für richtig, Erziehung wieder stärker zu einer gemeinschaftlichen Aufgabe zu machen, wie sie es früher im Sozialverband (der Familie, dem Dorf …) ganz natürlich war. Die Zielrichtung ist heute jedoch eine andere als damals: Es ist nicht mehr die primäre Aufgabe, den Kindern im Stammesverband durch Anpassung das Überleben in einem extrem feindlichen Lebensumfeld zu sichern. Heute geht es darum, die Heranwachsenden für ein erfülltes Leben in einer sich radikal wandelnden Welt fit zu machen; kurz gesagt, sie zur Freiheit zu erziehen.

Die Grundzüge einer erfolgreichen Erziehung zur Freiheit in der Pubertät lassen sich lehren und lernen. Sie sind wie alle guten Regeln einfach. Ich habe sie zu den »Zehn Säulen« zusammengefasst.

Bei der Auseinandersetzung mit der praktischen Anwendung kommen wir in der Folge zu den Schwierigkeiten, die zu meistern sind, um die Theorie erfolgreich umzusetzen.

Erziehung zur Freiheit — Die zehn Säulen

1. Zuneigung empfinden

Ohne sie wird jeder Versuch einer erzieherischen Einflussnahme vergeblich sein; ohne sie lässt sich kaum etwas bewirken. Fragen Sie sich anknüpfend an das, was ich weiter oben zur Aufrichtigkeit gesagt habe, ehrlich nach Ihren Motiven im Umgang mit den Jugendlichen. Besonders für diejenigen, die beruflich mit Jugendlichen zu tun haben, gilt etwas, was bei den meisten Eltern als selbstverständlich vorausgesetzt werden kann: Es braucht zumindest mitfühlendes Interesse an den Pubertierlingen – obwohl sie in diesem Alter anstrengend und nicht einfach sind. Zuneigung bietet sozusagen den Humus und die Nährlösung, die Wachstum möglich machen.

2. Eigene Bedürfnisse leben

Damit ist gemeint, die Heranwachsenden nicht für die Befriedigung der eigenen Bedürfnisse zu missbrauchen, nur weil man selbst nicht gelernt hat, diese zu äußern und zu leben. Die irrige Erwartung mancher Eltern, dass sie sich in selbstloser Liebe für ihre Sprösslinge aufzuopfern haben, führt nur dazu, dass den Kindern eine Riesenlast aufgebürdet wird. Wer möchte denn mit der Last, den Schuldgefühlen und den damit verbundenen unausgesprochenen Erwartungen leben, dass die Eltern auf ihr eigenes Leben verzichtet haben, nur weil man das Licht der Welt erblickt hat?

Schuldgefühle, die Eltern in ihrem Kind erzeugen, weil sie sich für es aufopfern und darauf auch gebührend hinweisen, geben diesen natürlich beträchtliche Macht. Damit können sie es zur Befriedigung eigener Bedürfnisse manipulieren.

Ein Klassiker: »Ich habe für dich jedes Opfer gebracht und jetzt lässt du mich, deinen armen alten Vater/deine arme alte Mutter, allein.«

Jemand, der erziehen will, muss als Erstes bereit und willens sein, Verantwortung für das eigene Leben zu übernehmen, wo immer dies möglich ist, und darf sie nicht den Kindern aufladen.

3. Vertrauen hüten

Vertrauen ist eine höchst kostbare Pflanze, die sorgsamst gehütet werden will und mit der man nicht leichtfertig umgehen sollte, auch wenn es einem gerade recht käme. Vertrauen hat etwas mit gegenseitiger Achtung zu tun. Finger weg von den Tagebüchern der Kinder! Es sei denn, sie zeigen sie den Eltern selbst.

Respektieren Sie also die Privatsphäre Ihrer Kinder. Und wenn Sie aus irgendwelchen Gründen, als Lehrer zum Beispiel, verpflichtet sind, vertrauliche Informationen, die sie von den Jugendlichen erhalten, weiterzugeben, dann sollten sie es offen sagen – vorher. Dann können die Schützlinge frei wählen, was sie erzählen. Und das wird immer noch viel sein, wenn sie auf ihr Wort vertrauen können. Natürlich geht das nicht immer vorher zu klären. Manchmal erfährt man vielleicht sogar Dinge, die man gar nicht wissen wollte, die einen aber zur Weiterleitung verpflichten. Dann sprechen Sie es auf jeden Fall persönlich mit den Betreffenden an und informieren Sie diese darüber, möglichst bevor Sie Schritte unternehmen. Selbstverständlich gehört zum Vertrauen auch, das, was man erfährt, nicht überall, schon gar nicht unter Kollegen oder den Freunden der eigenen Kinder, herumzuerzählen – es sei denn, man hat vorher klar gemacht, dass bestimmte Informationen weitergegeben werden müssen.

4. Konsequenz zeigen

Jede Handlung, auch jede Haltung hat ihre Konsequenzen. Das den Kids zu vermitteln bedeutet, ihnen damit ihre Freiheit in die Hände zu geben. Sie im Gespräch und durch pädagogisches Handeln dazu aufzufordern, sich darüber klar zu werden, dass sie beides, eine Handlung wie die daraus entstehenden Konsequenzen, selbst wählen, heißt Erziehung im besten Sinne zu betreiben. Wer sich als Opfer fühlt, wird Opfer sein. Wer um die Möglichkeit zu wählen weiß, wird seinem Leben und auch den Herausforderungen, die mit Sicherheit kommen werden, mit einer ganz anderen Haltung begegnen.

Konsequenz ist eines der ganz großen Leitthemen in der Pubertät und der rote Faden, der sich durch alle Handlungen der Älteren ziehen sollte. Klingt einfach, ist es aber nicht. Die Erziehenden stolpern im Übereifer zu leicht über ihre eigenen Füße, sobald sie meinen, endlich (!) ein Druckmittel in Form einer gerechtfertigten Konsequenz in der Hand zu halten, das sie gegen die aufmüpfige Brut einsetzen können.

Konsequenzen wollen bewusst gehandhabt werden, sonst werden sie schneller stumpf, als man schauen kann, und verlieren ihre Wirkung – zumindest die wichtigste, nämlich unterstützend Einfluss auf die Heranwachsenden nehmen zu können.

Behalten Sie immer im Bewusstsein, dass Konsequenz nicht Strafe meint. Strafe ist die letzte mögliche Konsequenz mit höchst zweifelhaften Erfolgsaussichten. Konsequenz ist Hilfe. Sie kann nur dann hilfreich wirken, wenn sie von

Ihnen persönlich begleitet wird. Anonyme Konsequenzen, die verhängt werden, bleiben bestenfalls wirkungslos oder erreichen oft das Gegenteil von dem, was erhofft wird. Wenn sich nicht Menschen, seien es nun die eigenen Eltern, Verwandte, Lehrer oder andere, des Jugendlichen annehmen und von diesem angenommen werden, nützen die schönsten Konsequenzen nichts.

Ich habe in meiner Arbeit oft mit Jugendlichen zu tun, die schon durch viele pädagogische Institutionen gegangen und dort gescheitert sind, weil sie deren Rahmen gesprengt haben.

Ein fünfzehnjähriger Jugendlicher, ich will ihn hier Tom nennen, ist mir dabei besonders im Gedächtnis und auch im Herzen geblieben.

Tom galt als extrem schwierig, mit Neigung zu unkontrollierten aggressiven Ausbrüchen, wenn er sich frustriert fühlte. Er warf Gegenstände an die Wand, trat gegen Türen und lief dann meist aus dem Raum. Die Schule fand also mehr ohne als mit ihm statt.

Gleichzeitig war Tom intelligent und wusste von seinem Problem, wenn er sich wieder beruhigt hatte, zumindest so viel, dass es ihm alleine nicht gelang, sein Verhalten zu steuern.

Mir war aufgefallen, dass Tom, was sein Taschengeld und andere finanzielle Dinge betraf, sehr genau war. Er rechnete sich immer genau aus, wenn man ihn dazu aufforderte, wie viel ihm noch blieb oder wie viel Geld für Lebensmittel noch bliebe, wenn wir zum Beispiel Pizza essen gehen wollten.

Das brachte mich auf die Idee, ihn statt zu strafen, was natürlich durch sein Verhalten gerechtfertigt gewesen wäre, zu motivieren – und zwar mit Geld. Ich probierte damals das erste Mal so etwas wie den Punktebogen aus. Da die größten Probleme für ihn zuallererst in der Schule lagen, begannen wir dort. Sein Verhalten hatte ihm in allen Fächern schlechte Noten eingebracht. Vielleicht ließ sich das ja ändern.

Ich besprach also zuerst mit Tom den Punktebogen. Wir stellten gemeinsam fest, wo sein Verhalten die größten Schwierigkeiten für ihn brachte. Wir machten also eine Art Hitliste vom ersten bis zum zehnten Platz. Und legten fest, wie viel Punkte eine Änderung, von Punkt eins angefangen, bringen müsste. Für jede Verhaltensbesserung gab es Punkte und damit Geld – maximal um die zwanzig Euro pro Monat.

Toms erste Frage war: »Und wenn ich es nicht schaffe, werde ich dann bestraft?« »Nein«, war meine Antwort, »du verdienst dir nur nichts dazu, wenn du keine Punkte erreichst.« Das war entscheidend, um Tom zu gewinnen, denn er selber war ja überzeugt, sich nicht steuern zu können. Danach sprach ich mit den Lehrern, die sofort bereit waren, uns zu unterstützen, denn sie sollten es sein, die die Punkte auf Tims Bogen eintrugen.

Was dann kam, hätten weder ich noch meine Kollegen oder die Lehrer so erwartet. Tom kam jeden Tag stolz aus der Schule und rechnete uns vor, wie viel er verdient hatte. Die Lehrer konnten ihn auf einmal loben. Er kam innerhalb eines halben Jahres in den meisten Fächern von fünf oder sechs auf eins oder zwei und machte einen der besten Abschlüsse, wodurch er auch sofort einen sehr guten Lehrplatz bekam. Natürlich hatte er nach wie vor frustrierende Erfahrungen, aber er verlegte seine Ausbrüche dorthin, wo sie nicht schaden konnten. So kam er einmal aus der Schule, sauer, weil er ›nur‹ eine Zwei hatte, und schmiss eine hart gefrorene Butter mit solcher Kraft gegen die Wand, dass ein Loch im Putz war. Aber er begann seine Aggressionen und damit sein Leben in den Griff zu bekommen!

Konsequenzen, die man setzt, sind das kostbare Mittel, mit dem Erfahrung für die Jugendlichen in einem pädagogischen Schonraum erzeugt werden kann, bevor das harte Leben als Lehrmeister mit seinen unbarmherzigen Folgen droht. Gehen Sie also überlegt und bewusst mit ihnen um.

Natürlich müssen wir uns als soziale Wesen in dem gesellschaftlichen Umfeld bewegen, in das wir geboren sind und in dem wir leben. Zu diesem Zweck ist es auch nötig, dass wir uns anpassen, indem wir soziale Regeln lernen. Aber man sollte nicht den Fehler machen, diese als Selbstzweck zu betrachten. Anpassung geht immer auf Kosten der Lebendigkeit. Ein glückliches Leben zeichnet sich dadurch aus, dass es gelingt, die eigenen Träume, Wünsche und Bedürfnisse mit der gegebenen äußeren Realität erfolgreich in Beziehung zu setzen.

Sinn der Erziehung muss es daher sein, den Heranwachsenden das Rüstzeug dafür in die Hände zu geben, dass sie sich in ihr Leben hinein ausdrücken und es erfüllt und mit Freude gestalten können. Den Mut dazu, die Fähigkeiten und die Träume finden sie nur in sich selbst. Das kann ihnen nicht von außen eingegeben werden.

Eltern, Lehrer und Erzieher gestalten und prägen das Umfeld für die Heranwachsenden. Sie haben ganz sicher entscheidenden Einfluss darauf, ob der eigene Mut und die Entdeckung der eigenen Fähigkeiten gefördert oder gehemmt werden, verkümmern oder wachsen können. Und sie vermögen vielleicht durch ihr Beispiel als Rankhilfe, als Inspiration und als Vorbild für die sich entfaltende Persönlichkeit zu dienen. Aber den Weg in ihr Leben müssen die Jugendlichen selber finden.

Der Weg zwischen (notwendiger) äußerer Anpassung und (notwendiger) innerer Selbstverwirklichung ist ein schwieriger Balanceakt, für den die Heranwachsenden unterstützende Begleitung brauchen, bis sie in der Lage sind, sich selbst zu steuern. Diese Unterstützung lässt sich am besten mit deutlich und bewusst gesetzten Konsequenzen geben, die allerdings begründet und nicht willkürlich gesetzt werden dürfen. Sonst erreichen Sie das Gegenteil.

5. Offenheit und Transparenz bieten

Transparenz und Offenheit fordern von uns, im eigenen Handeln klar und nachvollziehbar zu sein. Damit gibt man dem anderen Gelegenheit, das Handeln und die Motive, die einen bestimmen, nachzuvollziehen, und auch mögliche Konsequenzen verstehen zu können.

Diese Haltung bildet die Grundlage dafür, gemeinsam mit den Jugendlichen deren Handlungen und Motivationen zu hinterfragen und zu begreifen – also Erkenntnisse zu ermöglichen, die ihrerseits Voraussetzung für Entwicklung sind.

Das geschieht vor allem durch das eigene Beispiel: Setzen Sie sich mit den Jugendlichen genauso über Ihr eigenes Handeln auseinander, wenn dies notwendig erscheint oder gewünscht wird, wie Sie das auch umgekehrt von ihnen erwarten. Auch dann, wenn Sie selbst aus dem Bauch gehandelt haben sollten oder einfach einem Impuls gefolgt sind. Daran ist ja grundsätzlich nichts Verkehrtes. Doch Sie selbst sollten sich schon ehrlich damit beschäftigen, was die eigenen Motive betrifft, und sollten den Jugendlichen auch in dieser Beziehung nicht aus Bequemlichkeit oder Angst Sand in die Augen streuen.

Kaum einer kennt Sie so gut wie Ihre Kinder. Diese haben ein oft untrügliches Gespür dafür, wo Ihre wunden Punkte liegen. Schauen Sie doch das nächste Mal, wenn Sie sich von einer Äußerung getroffen fühlen und verletzt oder sauer reagieren wollen, was da in Ihnen so betroffen reagiert. Erwachsene reagieren oft ungerecht. Das ist nicht schlimm, wenn es nicht die Regel ist, weil es nur allzu menschlich und keiner vollkommen ist. Aber fair den Kids gegenüber ist es, sich darüber Gedanken zu machen, warum das so ist. Sie dürfen sich auch gerne bei Ihrem Kind entschuldigen, wenn Ihnen nachträglich klar geworden ist, warum Sie so und nicht anders reagiert haben. Kids sind da sehr großzügig, weil sie das als Achtung und Anerkennung empfinden.

Zugegeben, das ist nicht ganz einfach, aber an diesem Punkt beginnt die spannende Reise zu sich selbst, die Pubertät, zu einer gemeinsamen Reise von Groß und Klein zu werden, die auch die Erwachsenen zu neuen Erkenntnissen und Einsichten führen kann. Indem man sich nicht auf den Thron der Unanfechtbarkeit zurückzieht und sich einnebelt, begegnet man den Heranwachsenden in der Erkenntnis, dass wir alle Suchende sind – unser Leben lang.

Irrungen und Wirrungen sind ja nun kein Privileg der Jugend. Wohl aber sind Erwachsene den Weg durch die Furt Pubertät schon gegangen und können, wenn sie bereit sind, sich auch mit sich selbst nachhaltig auseinander zu setzen, den verwirrten Nachkömmlingen Hilfen bieten, damit sie besser durch diese Zeit hindurchkommen.

6. Einfühlungsvermögen beweisen

Einfühlungsvermögen beruht auf der Fähigkeit, sich in die Jugendlichen und deren Denken und Empfinden hineinversetzen zu können – sich bildlich gesprochen in die Haut der Jugendlichen zu begeben.

Diese Fähigkeit ist generell von großem Nutzen, wenn es darum geht, Haltungen zu verstehen, die vor allem im Innenleben des Jugendlichen ihren Ursprung haben. Dort kann sie einen Zugang schaffen, wenn andere Mittel und Wege versagen. In Familien ist dies meist als mütterliche Intuition bekannt.

Gänzlich unverzichtbar wird das intuitive Einfühlungsvermögen bei schwierigen Kids, deren Vertrauen zu den Älteren bereits massiv geschädigt ist. Diese Kinder haben vor allem gelernt, sich jeder Erwartung zu widersetzen und sich jeder menschlichen Annäherung zu entziehen. Ihr Grundvertrauen ist so verletzt, dass sie sich durch dieses Abwehrverhalten vor weiteren Verletzungen schützen wollen. Sie sind meist auf ein bestimmtes automatisiertes Muster von Aktion und Reaktion eingestellt, das durchaus auch selbstzerstörerische Züge haben kann.

Ein sehr engagierter Kollege von mir kümmert sich mit großem Einsatz um die, wie er es nennt, »am meisten verletzten Seelen«. Er war anfangs frustriert darüber, wie wenig Dankbarkeit und Anerkennung er dafür von den Jugendlichen selbst erhielt. Im Gegenteil, er hatte das Gefühl, dass er mit zunehmenden Bemühungen im gleichen Maße wachsende Ablehnung und Widerstand erntete. Es schien widersinnig, doch er versuchte sich einzufühlen und verstand dann allmählich. Es ist bei manchen Kids so, als wollten sie testen, ob er sich auch noch um sie bemüht, wenn sie sich so abstoßend und negativ geben wie nur möglich. Es dauerte, bis er lernte, damit umzugehen. Langsam kamen die ersten Erfolge und manche Jugendliche begannen, nachdem sie meinen Kollegen auf diese vordergründig widersinnige Weise auf Herz und Nieren geprüft hatten, sich vorsichtig zu öffnen. Aber es blieb menschlich fordernd und ist schwer auszuhalten.

Es gibt Jugendlichen zumindest eine Illusion von Macht, wenn sie in einem stereotypen Muster Erwartungen und Forderungen unterlaufen können.

Anna ist eine recht großzügige Mutter und erlaubt ihrer Tochter Kathrin, vierzehn, vieles, was Altersgenossinnen von deren Eltern meist noch nicht erlaubt wird. Dazu gehörte auch der samstägliche Besuch in der Disco ab und an bis ein Uhr morgens. Statt dafür dankbar zu sein, kam sie mehrfach erst um einiges später. Anna stellte sie natürlich zur Rede, denn schließlich hält sie Vertrauen in der Beziehung zu ihrer Tochter für sehr wichtig. Kathrin bemühte erst alle möglichen Ausreden, warum sie nicht zu der verabredeten Zeit zu Hause sein konnte. Anna zerpflückte ihr jede einzeln und entlarvte sie als fadenscheinig. Kathrin unterstellte daraufhin Anna, sie vertraue ihr nicht. Anna ließ sich nicht darauf ein, denn Kathrin hätte zur Not auch anrufen können und sie hätte sie dann geholt. Daraufhin holte Kathrin die große Keule raus und sagte heulend zu ihrer Mutter: »Immer muss ich ausbaden, dass Papa sich von dir getrennt hat. Du kannst froh sein, dass ich keine Drogen nehme!« Dann rauschte sie auf ihr Zimmer.

Jede Mutter wird froh sein, wenn ihr Kind keine Drogen nimmt. Mag auch sein, dass Anna die Trennung von ihrem Mann noch nicht verwunden hat und Kathrin das spürt. Vielleicht ist Anna aus diesem Grund auch manchmal ungerecht zu ihr. Anna weiß das selbst. Und Kathrin weiß, dass Anna das weiß und sie dadurch ihre Mutter treffen kann. Also nutzt sie dieses stereotype Muster, um sich Annas Erwartung, Verabredungen einzuhalten und Vertrauen zu verdienen, entziehen zu können.

Anna schluckte; aber weil sie klug war, ließ sie das Gespräch damit nicht auf sich bewenden. Sie bestand auf einer Fortführung des Gesprächs am nächsten Morgen, und zwar so lange, bis eine für beide gute Lösung gefunden war, die sicherstellte, dass Verabredungen in der Zukunft wieder funktionierten. Und sie bot Kathrin danach ein Gespräch darüber an, was Anna anders und besser machen könne, damit Kathrin sich nicht als ›Opfer‹ zu fühlen brauchte. Anna war es in diesem Moment gleichgültig, ob die Vorwürfe gerechtfertigt waren oder nicht. Ihr ging es darum, den Stier bei den Hörnern zu packen und weiteren unfairen Angriffen ihrer Tochter die Grundlage zu entziehen. Da es ein gutes und aufrichtiges Gespräch wurde, konnten und mussten beide alles auf den Tisch packen. Wenn Kathrin danach unzufrieden war, musste sie konkret werden und Anna auf eine Art begegnen, die fairer war.

Von außen betrachtet wirkt manche Verhaltensweise von Jugendlichen, da man sie zu den möglichen äußeren Ereignissen nicht recht in Beziehung setzen kann, gestört. Sie ist es aber nicht, wenn man bedenkt, dass jedes Verhalten seine innere Logik und seine Geschichte hat. Oft sind diese jedoch zunächst nicht offensichtlich und es braucht Zeit, Geduld und Liebe, sie zu entdecken.

Für Jugendliche zum Beispiel, die mit viel elterlicher Liebe und Zuwendung aufgewachsen sind, ist es normal, Zuwendung zu erhalten. Wenn Jugendliche dieses Glück als Kinder nicht oder kaum hatten und nun plötzlich jemand kommt, der ihnen mit aufrichtiger Zuneigung entgegengeht, sie vielleicht aus diesem Grund sogar mit Zuneigung überschüttet, reagieren sie zunächst meist feindselig und ablehnend, weil sie damit nicht umgehen können. Sie können die ihnen entgegengebrachte Liebe weder verstehen noch abschätzen. Bleibt die Zuneigung trotzdem beharrlich und konstant, stürzen die Jugendlichen in innere Konflikte zwischen Angst und Sehnsucht, die erhebliche Schwierigkeiten verursachen können. Vielleicht schlagen sie sogar Scheiben ein oder so etwas, um ihren großen inneren Druck abzubauen. Weil ihnen jemand Zuneigung entgegenbringt! Aber sie wissen sich eben zunächst nicht anders zu helfen. Auch der Umgang mit Liebe will geübt sein.

Das ist sicherlich ein extremes Beispiel. Es zeigt aber, dass sich solches und oft auch weniger dramatisches Verhalten erst dann dem Verständnis öffnet, wenn es gelingt, Zugang zu der Innenwelt der Jugendlichen zu finden. Denn dort liegt der Schlüssel.

👍 Überlebenstipp:

Spielen Sie doch mal mit Ihrem Einfühlungsvermögen! Beginnen Sie mit einem Foto Ihres Jugendlichen. Schauen Sie, was für Gedanken und Gefühle in Ihnen aufsteigen, wenn Sie sich innerlich zurücklehnen und die Haltung, den Gesichtsausdruck, die Gestik aufmerksam betrachten. Lassen Sie für eine bestimmte Zeit, vielleicht eine Viertelstunde, alles, was Sie tun wollten, sollten und müssten, beiseite und konzentrieren Sie sich nur auf das Foto. Vergessen Sie für einen Augenblick, was Sie über ihn oder sie zu wissen meinen. Lassen Sie jeder Geste, jeder Empfindung ihre Bedeutung und werten Sie nicht. Aber halten Sie alles fest, man vergisst es sonst leicht wieder. Vielleicht notieren Sie Ihre Eindrücke? Wiederholen Sie das an anderen Tagen. Zunächst werden Sie überrascht sein, was Sie an Neuem entdecken. Und das, obwohl Sie Ihr Kind so gut zu kennen meinen. Später können Sie diese Übung am lebenden Objekt üben. Nutzen Sie eine Viertelstunde, in der Sie Ihren Jugendlichen unauffällig, aber konzentriert betrachten können. Mit der Zeit wird aus diesem Puzzle aus Eindrücken ein neues Bild entstehen, in dem die einzelnen Teilchen eine sinnvolle Verbindung zu einem tieferen Verständnis eingehen. Sie werden erstaunt sein, wie viel besser Sie nun auch manche typische abstruse pubertäre Verhaltensweise verstehen können. Und: Wer weiß, wo es brennt, kann besser damit umgehen und ist nicht länger auf Rätselraten angewiesen.

7. Selbstverständliches hinterfragen

Pubertät wird nicht aus vernünftigen Überlegungen gespeist. Sie bricht wie ein Vulkan eruptiv aus, härtet an der Luft aus, bricht von neuem aus und so weiter. Bis schließlich die eruptive Phase vorbei ist und der jugendliche »Berg« seine Rohform gefunden hat.

Wundern Sie sich deswegen nicht, wenn etwas, das gestern noch fest gefügt zu dem Bild Ihres Kindes gehörte, im nächsten Moment nicht mehr zu gelten scheint und radikal in Frage gestellt wird. Das muss so sein, weil die Pubertät ein von Grunde aufwühlender Prozess der Wandlung ist.

Das kann ziemlich an den Nerven der Eltern zerren. Aber man kann sich auch darauf einstellen und dem Ganzen dadurch etwas von seiner Sprengkraft für das eigene Leben nehmen. Ein Weg dazu ist, lieb gewordene Sichtweisen auf sich und das Kind zu hinterfragen; sich zu öffnen für neue Möglichkeiten, die das eigene Bild erweitern und ganz neue Facetten aufzeigen können.

Gerade wenn Dinge lautlos und von selbst zu laufen scheinen, lohnt es sich, daran zu denken, dass die Pubertät eine Zeit ist, in der alles in Bewegung begriffen ist. Fragen Sie sich doch mal, ob manches vielleicht nur aus Gewohnheit so gut läuft. Ist es wirklich noch stimmig und gültig?

Sich selbst, die persönliche Sicht und das eigene Handeln immer wieder in Frage zu stellen und auf seine/ihre Gültigkeit zu prüfen bedeutet nicht Schwäche oder Wankelmut. Sie schulen damit die Fähigkeit, sich auf veränderte Situationen einzustellen und lebendige Überzeugungen zu bilden, statt in einem Bild der Wirklichkeit zu erstarren, das mit der lebendigen Wirklichkeit, wie Sie sie erleben und wie sie ständig neu entsteht, zunehmend weniger gemein hat.

8. Muster durchbrechen und überwinden

Es kann sehr erfrischend und wirkungsvoll sein, einmal das genaue Gegenteil von dem zu tun, was erwartet wird. Es irritiert die Jugendlichen, wenn etwas nicht so funktioniert, wie sie es sich ausgerechnet haben. Dadurch kommt Bewegung in festgefahrene Verhaltensweisen, denn es entsteht ein gewisser Druck für die Kids, sich mit der veränderten Situation und dem Gegenüber auseinander zu setzen, gerade dort, wo sie es möglicherweise vermeiden wollten und sich sicher glaubten.

Nun habe ich Ihnen ja geraten, mit klaren Konsequenzen für bestimmte Handlungen zu arbeiten – im Positiven und im Negativen gleichermaßen – und in dem, was Sie tun, sich um Transparenz zu bemühen. Da scheint ein Widerspruch zu sein. Der Widerspruch löst sich auf, wenn man sich klar macht, dass eines auf das andere aufbaut.

Die Grundpfeiler der Pädagogik werden dadurch nicht aufgehoben, sondern in speziellen Situationen ergänzt. Wenn Sie sich um konsequentes Handeln bemühen, sich der Auseinandersetzung darüber nicht entziehen und generell Transparenz und Offenheit im Umgang miteinander nicht verweigern, haben Sie unter normalen Umständen beste Voraussetzungen für eine gedeihliche Entwicklung des Verhältnisses geschaffen.

Aber die Pubertät ist nicht selten eine Aneinanderreihung von Ausnahmezuständen, die – besonders bei schwierigen Jugendlichen – eine erweiterte Vorgehensweise erforderlich machen können. Wenn Sie da die fest eingefahrenen Schienen der Kommunikation nicht verlassen, wird es manchmal nicht gelingen, mit den Jugendlichen ins Gespräch zu kommen.

Dann kann es erfolgversprechend sein, fest gefügte Aktions-Reaktions-Muster zu unterlaufen, die auf der Berechenbarkeit der Verhaltensweisen der Erwachsenen beruhen. Erreichen lässt sich das, indem man nicht willkürlich, aber konsequent diesen Erwartungen entgegenhandelt und sie damit aushebelt.

Ein einfaches Beispiel:

Ihr Sohn hat seit Tagen versprochen, den Rasen zu mähen, hat aber seit Tagen immer Wichtigeres zu tun: Comic lesen, Freunde treffen, Playstation spielen …

Ihnen platzt der Kragen und Sie fordern heute entsprechend deutlich sein Versprechen ein, zumindest einen Teil des Rasens zu mähen.

Darauf beginnt er quälend langsam den Rasenmäher aus der Garage zu holen und zu mähen. Für die ersten drei Quadratzentimeter braucht er zwanzig Minuten. Ihr Sohn weiß, dass es Sie wahnsinnig macht, so etwas mit anzusehen, und will Sie dadurch natürlich provozieren. Seine Hoffnung ist, dass Sie das nächste Mal die Arbeit gleich selber machen.

Normalerweise explodieren Sie irgendwann, Ihr Sohn sagt, Sie seien ungerecht, es gibt heftigen Streit und er verzieht sich auf sein Zimmer. Da wollte er die ganze Zeit schon hin und die Arbeit bleibt liegen. Vielleicht können Sie sich von Ihrem Ehepartner dann noch anhören, Sie dürften den Jungen nicht immer so hart anfassen.

Da Sie das alles schon x-mal durchexerziert haben, reagieren Sie heute mal anders, überraschend, auf diese Provokation. Sie gehen hinaus, stellen einen Gartentisch bereit, holen ein Stück köstlichen Kuchen aus dem Kühlschrank, machen einen Cappuccino und tragen beides hinaus und stellen es auf den Tisch.

Sie gehen zu Ihrem Jugendlichen und bewundern ernsthaft und ausführlich seine sorgfältige Arbeit, weisen ihn noch auf den einen oder anderen Grashalm hin, den er übersehen hat. Sagen Sie ihm, dass Sie sich freuen, dass er mit solcher Intensität und Genauigkeit arbeitet. Lassen Sie ihn wissen, dass Sie stolz sind, dass er sich solche Mühe gibt. Deswegen hätten Sie ihm Kuchen und Kaffee gemacht, damit er sich zwischendurch mal ausruhen kann, denn er wird ja sicher noch sehr lange brauchen, bis er fertig ist. Spielen Sie das Spiel ernsthaft und unschuldig. Sagen Sie ihm auf Nachfragen, dass Sie sich schon immer gewünscht hätten, einmal so intensiv den Rasen mähen zu können, aber Ihnen dazu leider die Zeit fehle, weil Sie immer noch so viel anderes zu tun hätten. Bieten Sie ihm an, nachts die Gartenbeleuchtung anzuschalten, wenn er bis zur Dunkelheit nicht fertig werden sollte.

Aber Vorsicht! Wenn man Ihnen die Absicht anmerkt, ist der Effekt dahin.

Fatal wäre es, wenn Sie berechtigte Klagen oder Kritik mit diesem ›Trick‹ auszuhebeln versuchen. Dadurch werden die Achtung vor Ihnen und das Vertrauen zu Ihnen nachhaltig beschädigt.

Wenn Ihre Tochter Ihnen vorwirft, Sie hätten nie Zeit für sie, weil Sie nicht bereit sind, nachts um drei fünfzig Kilometer weit zu fahren und sie abzuholen, weil sie sich mal wieder in einen Typen verguckt hat, der vielleicht in dieser Disco auftauchen könnte, dann dürfen Sie ruhig etwas verwirrend agieren. Zeigen Sie sich betroffen und bieten Sie Ihrer Tochter an, an den nächsten Wochenenden immer mit in die Disco zu kommen, damit sie wieder mehr voneinander haben.

Kommt Ihr Sohn und klagt darüber, dass Sie nie Zeit für ein Gespräch hätten, und Sie hatten in der letzten Zeit wirklich viel zu tun und sind meist erst spät und müde nach Hause gekommen und haben ihn dann vertröstet, sollten Sie das ernst nehmen. In so einer Situation sollten Sie aufrichtig antworten: »Ich verstehe, dass du sprechen willst. Mir ist das auch wichtig und es tut mir Leid, dass ich so wenig Zeit für dich hatte. Lass uns gemeinsam überlegen, wann wir uns zusammensetzen.«

9. Sich Freiräume schaffen und Beweglichkeit trainieren

Es ist eine Notwendigkeit und Ihr Recht, dass Sie sich regelmäßig Freiräume schaffen, die Ihnen erlauben, das pubertäre Geschehen mit etwas mehr Gelassenheit und aus einer gewissen inneren Distanz betrachten zu können.

Dazu gehört natürlich, dass man die Zeit einfordert, ein Buch lesen zu können, ohne gestört zu werden. Auch ein Bad, mit dem man sich (und den Partner?) verwöhnt, ohne sich mit aufsässigen Teenagern herumärgern zu müssen.

Aber ich ziele im Besonderen auf Methoden ab, die es einem mit einem Minimum an Zeitaufwand ermöglichen, maximale Entspannung und Abstand zum Alltag zu schaffen. Zeiten also, in denen man die eigenen Batterien wieder aufladen und sich regenerieren kann. Eine Art täglicher Schönheitsfarm von innen.

Ein Stück weit muss man sich diese Freiräume erkämpfen, denn die Jugendlichen sind so von ihrem inneren Erleben in Anspruch genommen, dass dies wenig Spielraum für anders geartete Bedürfnisse als die ihren lässt.

Doch es gibt viele Wege, die sich mit dem Alltagsleben und seinen Anforderungen in Einklang bringen lassen. Grundsätzlich gilt auch: Besser, Sie nehmen sich regelmäßig etwas Zeit, als auf »die Gelegenheit« zu warten, die sich dann doch nicht einstellt oder aber im letzten Moment zunichte gemacht wird.

Rekapitulation: Suchen Sie sich einen ruhigen Ort aus, an dem Sie abends für eine Viertelstunde ungestört sein können und an dem Sie sich besonders gerne aufhalten. Das kann ein Platz in der Natur, im Garten oder im Haus sein.

Ziehen Sie sich abends vor dem Schlafengehen an diesen Ort mit einem Block und einem Stift zurück und lassen Sie den Tag vor Ihrem geistigen Auge Revue passieren. Gehen Sie mit Ihrem Vorstellungsvermögen durch den sich neigenden Tag und scheuen Sie sich nicht, alles aufzuschreiben, was Ihnen einfällt. Seien Sie dabei gründlich und ehrlich zu sich selbst und notieren Sie möglichst viele Details Ihrer Eindrücke.

Nehmen Sie sich daraus etwas für den nächsten Tag als Aufgabe mit. Schauen Sie am folgenden Abend, wieweit es Ihnen gelungen ist, das umzusetzen.

Das ist wie eine seelische Wäsche, die dem entspricht, was Sie mit Ihrem Körper unter der Dusche tun. Sie werden sehen, dass Sie mit der Zeit gelassener mit dem Alltag umgehen werden, wenn Sie auf diese Art Rückschau üben.

Körperliche und seelische Entspannung: Es gibt eine Vielzahl körperlicher Übungsformen, die mittlerweile so gut wie überall zugänglich sind und die sehr wirkungsvoll für eine emotionale und seelische Entspannung und Erholung sorgen. Gleichzeitig kann man durch diese Übungen seelische Spannkraft und Gelassenheit entwickeln. Das hilft einem, den Anforderungen des Lebens mit weniger Kraftaufwand, gewissermaßen müheloser zu begegnen. Probieren Sie es ruhig einmal aus!

Yoga ist die wohl bekannteste Form neben Tai-Chi-Chuan. Diese beiden sind Bewegungsübungen, die durch ruhige und bewusste Bewegungsabläufe beim Übenden ein Gefühl des Fließens und tiefer Entspannung entstehen lassen. Andere wenden sich eher dynamischen Übungsformen wie Aikido oder Shaolin-Karate zu, in denen die Einheit von Bewegung und Bewusstsein gelehrt und geübt wird. Das ist letztlich eine Frage des persönlichen Geschmacks und der persönlichen Neigungen. Wichtig ist nur, dass Sie regelmäßig mindestens einmal die Woche über einen längeren Zeitraum, etwa ein halbes Jahr, üben, um nachhaltige Wirkungen zu erzielen.

Natürlich wirkt auch eine Massage körperlich und seelisch entspannend. Besonders eine Partnermassage mit liebevollen Händen, duftendem und angewärmtem Öl, Kerzen und der richtigen Musik im Hintergrund kann wahre Wunder wirken.

Aber sie bleibt eher passiv für den »Bearbeiteten«. Übungen, die man selber aktiv betreibt und die dennoch zutiefst entspannend sind, wirken nachhaltiger. Sie helfen uns, in der täglichen Aktivität loszulassen. Sie lösen Verkrampfungen und bringen Anspannung und Entspannung in ein dynamisches Gleichgewicht.

10. Erfolge gemeinsam feiern

Bei all der Mühe und in all den Kämpfen, inmitten all der Sorgen und Enttäuschungen vergessen Sie bitte die Erfolge nicht. Ihre Erfolge und die Ihrer Kinder und Jugendlichen. Sie wollen gefeiert und gewürdigt werden, die kleinen Schritte der Selbstüberwindung und Selbsterkenntnis bis hin zur Selbständigkeit. Geben Sie sich und den Kids Anerkennung für den Mut, den Einsatz und das Durchhaltevermögen, die dazu gehören, um diese Zeit durchzustehen.

Rolf hat früher viele Sachen angefangen und keine zu Ende gebracht. Beim Karate war nach zweimal Schluss, zum Gitarrenunterricht ist er genau dreimal gegangen, und mit dem sehnlich gewünschten Kickboard war er genau fünfmal unterwegs. Doch seit er sich in ein Mädchen verliebt hat, das in einer Skaterclique ist, ist er mit Eifer dabei, übt die neusten Tricks und fährt regelmäßig mit den anderen zu Skatertreffen. Da das jetzt schon seit drei Monaten so geht, beschließt die Familie, das als Erfolg zu feiern. Sein Lieblingsessen ist Pizza.

Ihm wird für den nächsten Samstag eine Überraschung angekündigt, ohne zu sagen, wofür. Am betreffenden Tag wird er ins Auto verladen und zum besten Italiener chauffiert. Nachdem alle sitzen, sagen ihm seine Eltern, dass und warum sie stolz auf ihn sind und dass sie ihn deswegen zu diesem besonderen Essen eingeladen haben. Verlassen Sie sich darauf, dass der Nachwuchs vor Stolz glühen wird. Man sollte allerdings nicht zu lange damit warten – wer weiß, wie lange die Energie vorhält …

Sie können das gerne öfter zur Motivierung machen. Eigentlich jedes Mal, wenn Ihr Nachwuchs einen größeren Schritt nach vorn gemacht hat, sich selbst überwunden oder endlich eine Erkenntnis in die Tat umgesetzt hat. Aber es muss etwas Besonderes bleiben und darf nicht alltäglich werden, sonst wirkt es nicht mehr.

Und Sie? Gönnen Sie sich einen Ausflug ins Thermalbad, wenn es Ihnen gelungen ist, aus einem Muster auszusteigen und anders zu handeln als gewohnt. Verwöhnen Sie sich mit einem besonders schönen Vollbad, wenn Sie über Ihren eigenen Schatten gesprungen sind. Gehen Sie mit Freunden ins Konzert Ihrer Lieblingsband, wenn Sie erreicht haben, dass Ihr Sohn zumindest so lange zur Schule geht, bis er einen Abschluss hat. Lassen Sie es sich öfter mal so richtig gut gehen!

Übung: Kraftplatz-Meditation

Kraft schöpfen, Energie tanken oder einfach mal Gefühle frei rauslassen, die man sonst bremsen muss, kann man besonders gut an einem Platz, der nur Ihnen gehört. Stellen Sie sicher, dass Sie für (mindestens) zwanzig Minuten nicht gestört werden — auch nicht vom Telefon. Nehmen Sie eine Packung Buntstifte oder Wasserfarben und einen Block mit. Legen Sie sich auf ein Bett oder auf den Boden, Hauptsache es ist bequem.

Schließen Sie die Augen, atmen Sie dreimal tief durch und beginnen Sie dann, sich Schritt für Schritt willentlich zu entspannen. Versetzen Sie sich dabei gedanklich in jedes Körperteil, das Sie entspannen wollen, hinein. Sie beginnen bei Ihrem linken Fuß (»Mein linker Fuß ist ganz entspannt«), entspannen dann den Unterschenkel, das Knie, den Oberschenkel, Ihr ganzes Bein, dann den rechten Fuß, das rechte Bein usw., gehen über zum Gesäß und zum Unterleib usw., immer höher bis zum Kopf. Wichtig: Vergessen Sie auch nicht die Augen, den Kiefer und die Kopfhaut. Die tatsächliche Entspannung dabei wird Ihnen von Mal zu Mal besser gelingen. Wenn Sie so Ihren ganzen Körper durchgegangen sind, stellen Sie sich vor, wie Sie vor sich eine kleine Pforte sehen. Sie öffnen die Tür und gehen hindurch. Nun stehen Sie vor einer Treppe, die Sie hinunter zu Ihrem ganz persönlichen Kraftplatz führt. Sie nehmen die Treppe und beginnen bei ihm angekommen mit dem Ausstatten dieses Platzes, an dem Sie sich völlig wohl, sicher und geborgen fühlen. Ob es sich um eine Blumenwiese handelt, eine Lichtung, einen Strand, ist allein Ihre Wahl. Gibt es dort Bäume, Blumen oder Gras? Einen Wasserfall, eine Quelle oder einen Fluss? Vertrauen Sie dabei ganz Ihren inneren Bildern und Ihrer Fantasie. Welche Sitz- oder Liegegelegenheit stellen Sie dorthin? Wenn Sie sich noch nicht geborgen genug fühlen, umgeben Sie Ihren Kraftplatz mit einer undurchdringlichen Dornenhecke, einem Baumkreis oder etwas Ähnlichem, das Sie schützt. Wenn Sie spüren, dass Ihr Kraftplatz perfekt ist, lassen Sie sich dort nieder und genießen Sie die Ruhe und die Geborgenheit dieses Ortes und fühlen Sie, wie Ihnen hier neue Kraft zuströmt. Prägen Sie sich so viele Einzelheiten wie möglich in Ihr Gedächtnis ein. Wenn Sie genug haben oder die Zeit um ist, verabschieden Sie sich, gehen Sie die Treppe wieder hinauf, treten Sie durch die Pforte, schließen Sie diese hinter sich und öffnen Sie langsam wieder die Augen. Nehmen Sie sich jetzt Ihren Block und die Stifte und malen Sie Ihren Kraftort mit Ihren Mitteln, so gut Sie es können. Hängen Sie sich das fertige Bild an einen Ort, an dem Sie es immer anschauen können, wenn Ihnen nach Ermunterung ist.

Sie können jetzt jederzeit an diesen inneren Kraftort zurückkehren. Die nächsten Male ist Ihr Kraftplatz ja schon eingerichtet. Sie können dann gezielt Ihr Anliegen verfolgen: Einfach hinlegen und Energie auftanken oder nur kurz mal von allem abschalten.

Sie können aber auch Gefühle dorthin tragen, die Ihnen zu schaffen machen und die Sie anders nicht loswerden. Dazu stellen Sie sich vor, wie Sie, nachdem Sie an Ihrem Kraftort angekommen sind, sich dort hinsetzen, -legen, -stellen, -knien und alles herausweinen, was Sie quält, ohne Hemmungen, denn hier dürfen Sie das ganz offen tun. Oder Sie lassen Ihrer Wut auf Ihr Kind oder den Partner freien Lauf.

Schimpfen Sie sich frei und sagen Sie all die Sachen, die Sie denken, aber real nicht aussprechen dürfen. Sie werden verblüfft sein, wie wohltuend für Sie auch nur eine ganz kurze Zeit an Ihrem Kraftplatz ist!

Außerdem werden Ihnen hier oft überraschend Lösungen und Ideen einfallen. Ein bisschen Übung braucht das Entspannen und Visualisieren schon, aber es dauert nicht lange und es lohnt sich. Wenn Sie geübt sind, können Sie die Entspannungsphase auch abkürzen und nur einmal ganz stark alle Muskeln anspannen, ein paar Sekunden halten und dann locker lassen – schon sind Sie an Ihrem geheimen Ort. Das geht so schnell, dass Sie zur Not auch mal unter dem Vorwand eines dringenden Bedürfnisses aufs Klo verschwinden können, um Ihrem Kraftplatz einen kurzen Besuch abzustatten und z.B. Dampf abzulassen. Übrigens: Wenn Ihnen mit der Zeit an Ihrem Platz etwas nicht mehr so gut gefällt oder etwas fehlt, dann ändern Sie es einfach.

Eltern sind unvollkommen

Wer Kinder auf die Welt bringt, wird eigentlich selbst auch neu geboren. Vielleicht ist das die größte Herausforderung, die man erfahren kann: sich selbst noch einmal neu zu begegnen von Anfang an im eigenen Kind. Noch einmal gehen und sprechen zu lernen, die Welt gleichzeitig mit den Augen des Kindes und denen eines Erwachsenen neu zu entdecken. Die ersten Regentropfen und den ersten Schnee zu erleben … um schließlich, unvermeidlich und notwendig, in die Pubertät zu kommen.

Immer bedeutet dies für die Eltern auch die Begegnung mit sich selbst, nicht nur, weil man sich an die eigene Kindheit erinnert, sondern besonders, weil einem das eigene Kind so nahe kommt wie eigentlich kein anderer Mensch auf der Welt. Wir sehen uns, unsere Sicht auf die Welt und unseren Zugang zu ihr, in unseren Kindern gespiegelt, schonungslos und nicht immer liebevoll hinterfragt. Manchmal geschieht dies, indem man in einem Gespräch aufgefordert wird, Stellung zu beziehen. Häufiger jedoch wird man durch provokantes Verhalten herausgefordert, das nicht selten genau auf die eigenen wunden Punkte abzielt. Das macht einen auch so wütend, trotz aller mühsam errichteten Schutzwälle und hinter allen Panzerungen sich so hilflos getroffen zu fühlen. Die Kinder wissen dabei nicht wirklich, was sie tun; sie handeln instinktiv und aus dem inneren Drang heraus, ihren eigenen Platz zu finden, Person zu werden und das, was sie am meisten prägt, zu prüfen.

Ich dränge immer wieder darauf, sich selbst in aller persönlichen Unvollkommenheit anzunehmen, sich selbst in jedem Alter als werdendes Wesen zu begreifen. Denn Vollkommenheit ist nicht menschlich, und wer meint, sie vorgaukeln zu müssen, stürzt sich selbst und die Kinder in entsetzliche Konflikte – ohne zu zeigen, wie man sich aus den eigenen Widersprüchen befreien könnte. Sich selbst annehmen als das unvollkommene Wesen, das man ist, heißt nicht, davon Abschied zu nehmen, etwas »Besseres« zu werden, sondern bedeutet, die Voraussetzungen dafür zu schaffen, dass man es erreichen kann. Sich selbst lieben zu lernen, wenn man es nicht ohnehin schon tut, ist vielleicht die wichtigste, vielleicht auch die schwierigste Aufgabe, die Eltern gestellt ist: trotz aller Fehler und Unzulänglichkeiten sich so, wie man ist, als genau richtig, liebenswert und besonders zu erleben – ohne dabei so zu tun, als wäre man vollendet. Dadurch dient man dem Nachwuchs als ein lebendiges und menschliches Beispiel für dessen eigenes Leben, das Wärme und Orientierung vermittelt.

Für alle Altersstufen gilt: Widersprüche und Gegensätze in einem selbst werden nicht dadurch überwunden, dass man sie verleugnet, sondern dadurch, dass man sie als wirklich anerkennt und sich mit ihnen befasst. Da es die ureigenen Gegensätze sind, begleiten sie einen ohnehin durchs ganze Leben. Werden sie verdrängt, kommen sie durch die Hintertür herein – häufig, wenn man sie am wenigsten erwartet.

👍 **Überlebenstipp:**

Pubertät bedeutet für die Eltern auch die Begegnung mit sich selbst. Nehmen Sie sich trotz aller Fehler und Unzulänglichkeiten so, wie Sie sind, als genau richtig, liebenswert und besonders an, ohne dabei so zu tun, als wären Sie vollendet – dadurch dienen Sie Ihrem Kind als ein lebendiges und menschliches Beispiel und vermitteln Wärme und Orientierung.

Was Sie Ihrem Kind abnehmen, wird es schmerzvoll und ohne Ihre Hilfe lernen müssen

Je früher man sich darauf trainiert, den Kindern keine Erfahrungen abzunehmen, desto besser ist es. Der natürliche behütende Reflex besteht darin, sie vor ihrer eigenen Unerfahrenheit beschützen zu wollen, indem man sich zwischen sie und ihre Erfahrungsmöglichkeiten stellt. Dadurch hindert man sie aber am Lernen.

Überväter und -mütter helfen den Kindern und erst recht den Jugendlichen nicht, sondern erhalten sie unselbständig. Überbeschützte Kinder und Jugendliche sind in der Regel viel anfälliger für Gefahren, weil sie nach genau den Erfahrungen lechzen, die ihnen fehlen, aber nicht gelernt haben, die Konsequenzen ihres Handelns abzuschätzen und mit ihnen angemessen umzugehen.

Jugendliche brauchen, um ein gesundes Urteilsvermögen, Entscheidungsfähigkeit, Tatkraft und Besonnenheit zu entwickeln, Eltern und erwachsene Bezugspersonen, die eher dem Bild eines Begleiters und Trainers entsprechen und die Erfahrungen in einem geschützten Rahmen, möglichst mit Gleichaltrigen, fördern.

Achten Sie doch im Alltag mal darauf, wie oft Sie sich aus Angst vor möglichen Konsequenzen zwischen eine Erfahrung und Ihr Kind stellen. Etwa, indem Sie bestimmte Dinge einfach verbieten. Abgesehen davon, dass man den Kindern dadurch Angst vor dem Leben vermittelt, können Sie davon ausgehen, dass der hoffnungsfrohe Nachwuchs mit an Sicherheit grenzender Wahrscheinlichkeit genau diese verbotenen und damit »magischen« Erfahrungen suchen wird. Diesmal aber heimlich und hinter Ihrem Rücken, ohne dass Sie heilsamen Einfluss nehmen könnten.

Was also tun? Man kann versuchen zu verstehen, was die Jugendlichen an einer bestimmten Erfahrung so fasziniert, und mit ihnen darüber reden. Regen Sie dazu an, selbst darüber nachzudenken. Machen Sie zur Bedingung für Ihre Zustimmung, dass alle nochmal darüber schlafen. Es kann bei der Sprunghaftigkeit in diesem Alter sein, dass sich das Thema am nächsten Tag gleich von selbst erledigt hat. Wenn nicht, reden Sie erneut miteinander. Geben Sie Ihren – selbstverständlich zu begründenden – Befürchtungen und Sorgen Ausdruck und suchen Sie gemeinsam nach einer Vereinbarung, in der Sie beidem – Wünschen und Ängsten – gerecht werden können. Wenn sich beides nicht vereinbaren lässt, begründen Sie dies und denken Sie gemeinsam über Alternativen nach.

Der Weg führt also für die »Großen« darüber, im täglichen Miteinander daheim und in der Schule eine Haltung zu lernen und zu trainieren, die ihre Kids schützt, ihnen aber nicht die Erfahrungen verweigert, die sie zum Wachsen brauchen.

Darüber hinaus sollte man die Neigung und Sehnsucht der Jugendlichen, durch dramatische und bewegende Erfahrungen in den Sonnenaufgang ihres Lebens zu reiten, gezielt ansprechen. Ein jugendgerechter Weg ist, ihnen Abenteuer zu bieten, die sie fordern, und ihnen Erfahrungen zu ermöglichen, die über das Alltägliche hinausgehen.

Dazu braucht es nicht viel von Ihnen:

☞ nehmen Sie einfache Aufgaben, die Sie selber in der Lage sind anzuleiten;

☞ kalkulieren Sie ausreichend Zeit für die Vorbereitung und die Durchführung;

☞ schätzen Sie Ihre eigenen Fähigkeiten realistisch ein;

☞ bringen Sie etwas Bereitschaft zum Abenteuer mit;

☞ denken Sie an die Anerkennung und Belohnung für die Kids.

Wenn man in einer so genannten Outdoorsportart selbst aktiv und erfahren ist, also beispielsweise Klettern, Wildwasserkajak, Radtouren oder Ähnliches betreibt, ist das von Vorteil, weil sich diese Aktivitäten gut für diesen Zweck eignen. Es ist die Verbindung elementarer Erlebnisse, die Begegnung mit der Großartigkeit der Natur, ihren Kräften, und der Einsatz eigener Fähigkeiten, die man vorher nicht einmal geahnt haben mag, die eine ungemein belebende, prägende und im besten Sinne erzieherische Wirkung haben. Wichtig ist, möglichst schon während der Vorbereitung daran zu denken, den Jugendlichen nach ihrer Kraft und Fähigkeit bei der Planung und Durchführung Verantwortung zu übertragen. Dabei sollte die ihnen übertragene Aufgabe immer etwas (aber nicht viel) größer sein als ihre derzeitigen Fähigkeiten, damit sie über sich selbst hinauswachsen können, ohne überfordert zu werden.

Im kleineren Rahmen sollte es für jeden möglich sein, derartige Erlebnisse zu gestalten. Ich denke da an zwei gemeinsame Tage Zelten in der Natur mit Lagerfeuerromantik, drei Tage auf einer Berghütte ohne Strom mit Wasser aus dem Bach oder etwas Ähnliches. Das muss Ihnen natürlich liegen, sonst wird es Ihnen schwer fallen, die Jugendlichen zu begeistern.

Auch wenn man sich selber dazu nicht in der Lage sieht, gibt es mittlerweile fast überall Angebote von Sportvereinen, Jugendeinrichtungen oder Jugendferienanbietern, die über das entsprechend geschulte Personal für solche Aktivitäten mit Jugendlichen verfügen. Da ist für jeden Geldbeutel etwas dabei. Ich habe Ihnen einige Adressen im Anhang zusammengestellt; eine laufend aktualisierte Liste mit Links finden Sie im Internet unter www.blauespferd.de.

👍 **Überlebenstipp:**

Jugendliche brauchen, um ein gesundes Urteilsvermögen, Entscheidungsfähigkeit, Tatkraft und Besonnenheit zu entwickeln, Eltern und erwachsene Bezugspersonen, die eher dem Bild eines Begleiters und Trainers entsprechen. Machen Sie also in dieser »Rolle« Erfahrungen in einem geschützten Rahmen, möglichst mit Gleichaltrigen, möglich.

Rhythmen, Krisen, Rituale

Das ganze Leben ist von wiederkehrenden Rhythmen durchzogen, die dem Fluss von Ereignissen Halt, Struktur und Bedeutung geben. Da sind im Äußeren zum Beispiel der Wechsel von Tag und Nacht, die Jahreszeiten, die Lebensphasen, Ebbe und Flut und so weiter.

Im Inneren ist es der Herzschlag, die Atmung, der Wechsel von Ruhe und Bewegung, Schlaf und Wachen und so fort.

Auch im Sozialen gibt es diese rhythmischen Ereignisse, die prägen. Auch wenn für viele Weihnachten z.B. zu einer sinnentleerten Handlung geworden ist, bleibt es doch für die meisten wichtig, weil es zeigt, dass es einen Rhythmus im Zusammenleben gibt, der auch unruhige Zeiten überdauert und durch seine verlässliche Wiederkehr einmal im Jahr als gemeinschaftliches Erlebnis einen Halt im Leben geben kann.

Wie wichtig und zentral Rhythmen sind, merken Sie spätestens dann, wenn Sie körperlich oder seelisch aus dem Gleichgewicht kommen. Wenn Sie z.B. über Jahre Tag und Nacht arbeiten und die Erholungs- und Entspannungsphasen vernachlässigen, kommen Sie über kurz oder lang in eine körperliche, seelische oder geistige Krise.

Die Jugendlichen sind nun ohne eigenes Zutun in eine Krise geraten, weil sie plötzlich aus ihrem gewohnten Rahmen und dessen Rhythmen herausgerissen wurden. Sie leben dabei so sehr im Moment, dass der ihnen stets als das Wichtigste erscheint. Das Leben bricht mit solcher Intensität über sie herein, dass ihnen alles, was nach Gleichmaß und Harmonie aussieht, höchst suspekt vorkommt und nur widerwillig akzeptiert wird. Es steht eben in krassem Gegensatz zu ihrem inneren Erleben.

Für Sie als Eltern ist es wichtig, da ein wenig gegenzusteuern, damit die Jugendlichen sich nicht in ihrem Erleben verlieren. Wie und wo Sie da im Alltag ansetzen müssen, hängt von der Persönlichkeit des Jugendlichen ab.

Jenny, fünfzehn, ist ein Partyhase. Keine Action ohne sie. Wenn es nach ihr ginge, bestünde das Leben aus Schminken, Kleideranprobieren, stundenlangen Telefonaten mit ihren Freundinnen und täglichen Feiern, bis der Arzt kommt. Sie ist eben sehr lebendig, lebenslustig und sie flirtet für ihr Leben gern. Damit ist das Leben ja nun wirklich auch angefüllt und sie kann nicht verstehen, warum ihre Eltern sie immer mit so langweiligen Dingen wie Schule, sinnvollen Freizeitbeschäftigungen oder anderem nerven. Dafür hat sie nun wirklich keine Zeit.

Ihre Eltern tun aber gut daran, sich direkt und regelmäßig bei den Lehrern in der Schule zu informieren, welche Hausaufgaben sie aufhat und wie ihr Leistungsstand ist. Sie sollten sich nicht auf die Aussagen von Jenny verlassen, denn die hat nur ein Interesse: dass die Eltern sie mit der Schule in Ruhe lassen und nicht mitbekommen, wie sehr sie diese schleifen lässt. Sie wird also Ihnen wie auch den Lehrern jeweils das Blaue vom Himmel erzählen, damit sie nicht zu spät zur Party kommt.

Auch sollten ihre Eltern sich die Freunde und deren Feste ruhig mal persönlich ansehen. Wenn ein Teenager wie Jenny drei Tage durchfeiert, spricht das zwar einerseits für ihre Kondition, andererseits können aber auch, heutzutage nicht selten, neben dem üblichen Alkohol auch Aufputschmittel wie Ecstasy oder Speed im Spiel sein. Es empfiehlt sich also, wachsam zu sein. Ihre Eltern verlassen sich auch da nicht auf Jennys Erzählungen, sondern machen sich selbst ein Bild, indem sie gelegentlich überraschend bei einer Party aufkreuzen.

Damit Jenny in ihren Aktivitäten nicht zu einseitig wird, bestehen ihre Eltern darauf, dass sie sich in einem Kurs für Karate oder Malerei einschreibt. Das ist nicht freiwillig, sondern als Tauschgeschäft zu verstehen: Jenny will auf die Party bis drei Uhr am nächsten Samstag, dafür schreibt sie sich beim Karate ein und geht dann auch hin. Sie wird zwar maulen und stöhnen, aber auf diese Weise erlebt sie andere Anforderungen – bei Karate Disziplin, beim Malen ruhige Konzentration – und erfährt auch da nach ihren Fähigkeiten Anerkennung. Sie wird also motiviert, über ihren derzeitigen Tellerrand, der mit Jungs garniert ist, hinauszuschauen.

Anders schaut es bei Paul, sechszehn, aus. Paul ist ein verschlossener Einzelgänger, der sich am liebsten in sich selbst und seine Höhle verkriecht, vorm Computer sitzt und wenig Freunde hat. Er war vielleicht dreimal auf einer Party, kam aber jedes Mal relativ früh nach Hause. Er wird ohnehin meist nicht eingeladen. Er sagt, das macht ihm nichts, weil die anderen eh alle blöd sind. Paul wohnt in Hamburg; dort gibt es mitten in der Stadt die Alster, einen großen See, auf dem man segeln kann. Also machen seine Eltern mit ihm ein Geschäft. Wenn er es schafft, dieses Jahr bis Weihnachten den A-Schein (einen Segelgrundschein) an einer Segelschule zu machen und erfolgreich zu bestehen, bekommt er dafür seine sehnlich gewünschte Playstation zu Weihnachten – sonst nicht. Dadurch ist er gezwungen, aus seinem Schneckenhaus herauszukommen, sich mit anderen zu beschäftigen und gemeinschaftlich etwas zu erleben, und erfährt dabei auch noch ein Erfolgserlebnis und Anerkennung. Es gibt übrigens auch Ferien-Segelkurse, die sich dafür sehr gut eignen. Seine Eltern könnten ihn auch an einem Kletterkurs teilnehmen oder Wildwasserkajak fahren lassen. Für Paul ist alles gut, was ihn aus seinem Schneckenhaus holt und gemeinschaftliches Erleben fördert.

In den alten Kulturen – bei den Indianern, den Kelten, in Afrika … – wurden und werden die wichtigsten im Äußeren sichtbaren Übergänge des persönlichen Lebens in Form von Einführungsriten in der Gemeinschaft zelebriert und gefeiert, weil dies den Menschen Halt, Geborgenheit und Orientierung vermittelt. Solche Rituale halten die Verbindung mit den gemeinsamen Ursprüngen lebendig und helfen in Umbruchzeiten – wie die Pubertät eine ist – sich nicht zu verlieren. Für die alten Kulturen selbstverständlich, ist dies bei uns fast völlig verloren gegangen.

Wie sieht ein zeitgemäßer Ritus für die Pubertierenden aus?

Bei einem Pubertätsritual geht es nicht darum, vorgefertigte Antworten zu bieten, sondern den Jugendlichen zu helfen, selber die wichtigen Fragen für die kommende Zeit, jeder für sich und alle gemeinsam, zu finden. Dazu widmet man einen bestimmten Zeitraum, meist mehrere Tage über ein Wochenende, in einer geführten Gruppe, ganz der Bedeutung und dem Gehalt dieser besonderen Übergangszeit. Es gilt, Abschied von einem Lebensabschnitt (der Kindheit) zu nehmen und das entstehende Neue (den jungen Erwachsenen) zu begrüßen. Der Rahmen wird schon so gestaltet, mit Fackeln z.B., dass eine feierliche Einstimmung auf dieses besondere Ereignis erreicht wird. Ein Teil der gemeinsamen Zeit wird in der Gruppe mit den anderen Gleichaltrigen verbracht, ein Teil der Zeit aber auch allein z.B. in der Natur. In der Gruppe trägt jeder die persönlichen Gedanken und intensiven Empfindungen dieser Zeit nach außen und teilt sie mit den anderen. Die Eindrücke und Gedanken werden gemalt, getanzt, oder szenisch gespielt ... Die Jugendlichen machen sich dadurch ihr inneres Erleben bewusst und teilen für eine Zeit ihr Leben, ihre Empfindungen und Wahrnehmungen miteinander. Allein macht sich jeder nach dieser Einstimmung und Vorbereitung auf die Suche nach seinem inneren »Ort der Kraft« in der Natur, um dort seiner »Vision« oder etwas Ähnlichem, das die vielen widerstreitenden inneren pubertären Welten zu einem kraftvollen Bild zusammenfasst, zu begegnen.

Damit wird der Übergang, die Pubertät durch das eigene Tun greifbar und gestaltbar, ein Erlebnis, das Sicherheit, Orientierung und Kraft in den stürmischen Zeiten des Wandels bietet. So einfach die Tätigkeiten sind, wie malen, Feuer machen oder in der Natur sein, so tief und nachhaltig prägen sie sich doch durch die herausgehobene Grundstimmung in die jugendliche Seele ein.

Wenn Sie Ihren Kindern das Geschenk einer solchen bewegenden, stützenden, verbindenden und orientierenden Erfahrung machen wollen, kontaktieren Sie mich einfach via Internet.

👍 **Überlebenstipp:**

Jugendliche leben so sehr für den Augenblick, dass dieser ihnen stets als das Wichtigste erscheint. Steuern Sie bei Einseitigkeit dagegen. Verhelfen Sie Ihren Kindern zu Erfahrungen, die ihnen Selbstsicherheit, Orientierung und Kraft in den stürmischen Zeiten des Wandels schenken.

Übung: Die Lebensbox

Machen Sie mit Ihrem Kind zusammen eine »Lebensbox«! Spannend wird es, wenn sie jeder für sich eine machen.

Eine »Lebensbox« ist ein Kästchen oder eine Schachtel, die unsere Wünsche, Träume und Hoffnungen für unser Leben enthält – natürlich in Symbolform.

Bringen Sie Stoffreste, bunte Bänder, Perlen, Dekomaterial, Klebstoff und Schere mit – und natürlich das Kästchen oder die Schachtel. Ein Schuhkarton ist dafür gut geeignet. Das Kästchen wird ausgefüttert, verziert, angemalt oder beklebt. Dann gehen Sie entweder in die Natur oder Sie suchen im Haus Dinge zusammen, die als Symbole dienen für alles, was ihnen für die Zukunft wichtig ist. Das können Familienfotos sein, auf denen alle lachen (für den Wunsch, dass alle möglichst harmonisch miteinander sind), ein kleines Stofftier (für Zärtlichkeit), eine Vogelfeder (für bestimmte Träume), eine getrocknete Rose (für Liebe), und und und – der Fantasie sind dabei keine Grenzen gesetzt.

Erklären Sie sich gegenseitig Ihre Symbole, aber betonen Sie auch, dass man ja nachher auch die Symbole für geheime Wünsche und Hoffnungen hineingeben kann und dass man sich aussuchen darf, worüber man erzählen will und worüber nicht. Spielregel: Wenn ein Wunsch in Erfüllung gegangen ist, nimmt man das entsprechende Symbol heraus. Ebenso legt man für neue Träume einen Gegenstand dazu. Es wird für Sie beide sehr aufschlussreich sein, was das Gegenüber in seine »Lebensbox« packt – und die Sachen, über die nicht gesprochen wird, sind am spannendsten!

Hier erfahren Sie direkt und indirekt eine Menge über das Innenleben Ihres Kindes. Es ist für den Jugendlichen übrigens auch eine gute Übung zu erfahren, dass eine Mutter und ein Vater auch Wünsche und Träume haben ...

Achten Sie auf das Wesentliche

Stürmische Zeiten erfordern besonnenes Handeln. Lassen Sie sich in Ihrer inneren Ausrichtung nicht von den täglichen kleinen Auseinandersetzungen mit den Kids bestimmen, sondern steuern Sie gegen. »Wie denn?«, höre ich Sie förmlich aufstöhnen. Die Antwort von mir lautet, wie könnte es anders sein: »Einfacher, als Sie denken.«

Man kann unmöglich an allen Fronten gleichzeitig ansetzen, dann verzettelt man sich. Also liegt das Geheimnis darin, sich auf wenige, erfolgversprechende Ansatzpunkte zu konzentrieren. Sinnvollerweise nimmt man sich dafür diejenigen heraus, die entweder am meisten in die Augen springen oder die einem am dringlichsten erscheinen bzw. die einem am wichtigsten sind. Damit erreicht man zwei Dinge: Man gönnt sich und den Kindern an einigen Stellen »Erholungsphasen« im »Erziehungskampf«, in denen man auch mal fünf gerade sein lassen kann, und man konzentriert seine Kraft auf ein oder zwei Punkte, was die Erfolgsaussichten beträchtlich erhöht.

Ist Ihr Sohn also ein Computerfreak, der bis nachts um zwei am Computer programmiert und mit Freunden chattet, dafür aber morgens regelmäßig verschläft und zur Schule meist zu spät kommt, dann würde ich in puncto Schule ansetzen. Schmiert er darüber hinaus regelmäßig seine Brote auf dem Kühlschrank und lässt das dreckige Messer dort liegen, verbraucht er das Klopapier und tut kein neues hin, ist er maulfaul und sein Zimmer ein Saustall, dann würde ich mich auf die Schule und auf einen Bonuspunkt, zum Beispiel das Klopapier konzentrieren. Bleiben Sie dabei hartnäckig und unerbittlich. Natürlich ist es auch entspannend, wenn der Kleine mal abwäscht, das tröstet auch ein wenig darüber hinweg, dass Sie ständig hinter ihm herräumen müssen. Ein weiteres Beispiel:

> Corinna, gerade fünfzehn geworden, kann nicht mehr leben, ohne jede Woche Party zu machen. Um nicht als Spielverderber dazustehen und weil, wie Corinna sagt, es alle anderen auch dürfen, und um zu zeigen, dass man als Kamerad und nicht als Feldwebel gesehen werden will, erhält sie die Erlaubnis, bis Mitternacht wegzugehen. Es ist eins, es ist halb zwei, Töchterchen ist noch nicht da, Sie machen sich Sorgen. Was alles passieren kann! Um zwei Uhr schleicht der Sonnenschein dann durch die Tür, hoffend, dass Mama und Papa schon schlafen. Das tun Sie natürlich nicht! Sie sind verletzt und wütend, traurig und gleichzeitig froh, dass dem dummen Ding nichts passiert ist.
>
> Ein beliebtes Mittel von Eltern in so einem Fall heißt: Ausgangssperre.

Aber will man wirklich, dass die Kinder ihre sozialen Kontakte nicht pflegen können? Will man wirklich, dass sie vor dem Gameboy oder dem Fernseher stumpfsinnig glotzen statt mit Gleichaltrigen Spaß zu haben? Ich habe selten erlebt, dass dieses Mittel wirklich eine Verhaltensänderung bewirkt, von Einsicht ganz zu schweigen. So etwas kann immer nur das allerletzte Mittel sein. Im Gegenteil: Die Kinder steigen heimlich aus und der Zugang zu ihnen wird schwerer. Meist beginnt damit eine Spirale der Hilflosigkeit, die alles schlimmer macht statt etwas zu bessern. Man macht es sich dadurch also schwerer statt leichter und erreicht in der Regel das Gegenteil dessen, was beabsichtigt war.

Ich habe Ihnen – nicht nur für dieses Beispiel – acht zentrale Punkte zusammengestellt, wie Sie geeignete pädagogische Maßnahmen ergreifen können.

Achtmal Erziehung richtig würzen:

1. Denken Sie gemeinsam mit Ihrem Partner nach, bevor Sie Ihren Teens etwas erlauben oder verbieten, warum Sie dafür oder dagegen sind. Überlegen Sie die möglichen Konsequenzen für Sie als Eltern und für Ihr Kind. Entscheiden Sie sich dann für eine Haltung. Vertreten Sie diese, wenn möglich, gemeinsam und stimmen Sie sich immer wieder ab!

2. **Lassen Sie sich nicht gegeneinander ausspielen!** Benutzen Sie die Kids nicht im Beziehungsgerangel, um Ihrem Partner eins auszuwischen. Die Jugendlichen nutzen das aus und sind letztlich die Leidtragenden. Auch Sie können so nur verlieren – Achtung, Liebe und Respekt.

3. **Wenn Sie sich für eine Haltung entschieden haben, bleiben Sie dabei.** Wechseln Sie nicht je nach Großwetterlage. Leben Sie Klarheit, Verlässlichkeit und Verbindlichkeit vor.

   Natürlich müssen Sie die Haltung immer wieder überprüfen und schauen, ob sie noch stimmig ist und ihren Zweck erfüllt. Wenn nicht, dann reden Sie mit Ihrem Partner darüber und einigen Sie sich gegebenenfalls auf eine neue Linie. Aber handeln Sie nicht aus dem Bauch heraus heute so und morgen so.

4. **Verkünden Sie keine Konsequenzen aus dem Bauch heraus,** auch wenn Sie sauer und getroffen sind. Handeln Sie besser am nächsten Tag und überlegt. Stimmen Sie sich nach Möglichkeit immer mit Ihrem Partner ab!

5. **Keine Pauschalstrafen!** Der Zusammenhang zwischen der »Untat« und der Konsequenz muss klar erkennbar, präzise benannt und begrenzt sein. Denken Sie daran: Nichts in der Pubertät ist so alt wie der Schnee von gestern, manchmal sogar der von vor einer Viertelstunde.

   »Nie mehr Party!« ist Unsinn; denn erstens halten Sie das nicht durch und zweitens dreht sich in dem Alter alles um Jungs bzw. Mädchen. Und wo sind die zu finden? Richtig: auf der Party. Darüber hinaus ist das Zusammentreffen mit Gleichaltrigen das persönliche soziale Trainingsfeld Ihres Kindes.

6. **Seien Sie nicht beleidigt.** Jugendliche sind nicht bösartig. Sie sind nur partiell gestört und oft von dem Erleben im Augenblick so überwältigt, dass ihnen alles andere völlig egal ist; und sie können die Konsequenzen ihres Handelns noch nicht verantwortlich abschätzen. Dabei sollten Sie Ihnen helfen, indem Sie sich Konsequenzen überlegen, die einen klaren inhaltlichen und formalen Bezug zu der gebrochenen Vereinbarung haben, und diese Gründe auch ansprechen.

7. **Handeln Sie nicht willkürlich!** Sie sollten Ihr Handeln dem Jugendlichen gegenüber immer aus dem Anlass heraus nachvollziehbar erklären können. Seien Sie bereit für den Dialog.

8. Aber: Verstecken Sie Ihre Gefühle nicht! Sie dürfen gerne sauer, verletzt, wütend und auch mal stinkig sein. Konfrontieren Sie Ihre Jugendlichen damit, sagen Sie, warum Sie so aufgebracht sind. Auch das gehört zu den Konsequenzen des eigenen Handelns, mit denen die Jugendlichen umzugehen lernen müssen. Das bedeutet nicht, sie anzuschreien wäre ein probates erzieherisches Mittel. Das ist es nie; ausrasten ist nur ein Zeichen von Hilflosigkeit und verschließt und verstört die Jugendlichen.

Unser Beispiel, nach diesen Regeln umgesetzt, könnte so aussehen:

1. Sie haben sich mit Ihrem Partner zusammengesetzt und über den Wunsch der Tochter, am Samstag bis zwölf auf die Party gehen zu dürfen, gesprochen. Sie haben sich im Jugendschutzgesetz informiert, in dem steht, dass Jugendliche unter sechzehn sich ohne Begleitung Erwachsener dort aufhalten dürfen. Sie finden die schulischen Leistungen in der letzten Zeit zwar nicht berauschend, Sie sehen aber die Chance für ein Tauschgeschäft, das lauten könnte: zwei Seiten Englischvokabeln gegen zwei Stunden längeren Ausgang. Sie wollen Ihrem Kind zeigen, dass Sie ihm vertrauen. Vertrauen gegen Vertrauen, Konsequenzen eingeschlossen. Sie haben sich den Ort des Geschehens vorher angeschaut oder kennen die Freunde, mit denen sich der Nachwuchs dort trifft. Es ist verantwortlich geregelt, wie Ihre Tochter wieder nach Hause kommt.

2. Sie haben sich auf eine gemeinsame Haltung geeinigt, die Sie so auch gegenüber den Kindern vertreten. Sie sagen nicht: »Dein Vater/deine Mutter wäre ja dagegen gewesen, aber ich habe ihn/sie überredet.«

3. Ihre Haltung gegenüber dem Partybesuch darf sich nicht dadurch ändern, dass Ihre Tochter den Rasen nicht gemäht hat, ihr Zimmer nicht aufgeräumt hat oder Sie aus einem anderen Grund auf sie böse sind. Sie haben für das Abfragen der Englischvokabeln (Tauschgeschäft) Freitag nach dem Abendessen festgelegt. Töchterchen hat brav gelernt, also darf sie gehen.

4. Aber sie ist nicht brav zur verabredeten Zeit nach Hause gekommen. Sie sind sauer, verletzt und haben sich große Sorgen gemacht. Das zeigen Sie auch deutlich, kündigen auch Konsequenzen an, die Sie sich aber in Ruhe mit Ihrem Partner überlegen wollen und erst am nächsten Tag verkünden werden. Gute Nacht!

5. Da Ihre Tochter eine Abmachung bezüglich der Zeit gebrochen hat, darf sie die nächsten zwei Male nur bis zehn Uhr auf Partys am Wochenende. Da das

mit dem Heimbringen nicht geklappt hat, wird sie dort von Ihnen abgeholt. Sie knöpfen sich diejenigen vor, die versprochen hatten, für Töchterchens Heimkunft zu sorgen, und zeigen denjenigen, was für blöde Konsequenzen sie jetzt zu tragen hat. Sie bedauern bei diesen Menschen und Ihrem Kind, sich nicht auf sie verlassen zu können.

6. Sie erklären Ihrem Partyhasen die gesetzliche Lage (Disco mit fünfzehn Jahren nur bis zehn Uhr) und warum das gezeigte Verhalten einen tiefen Vertrauensbruch darstellt. Sie bieten ihr nach den zwei Wochenenden die Chance, aus ihrem Fehler zu lernen und neue Verlässlichkeit zu beweisen.

7. Sie hören sich die Einwände und Erklärungen Ihrer Tochter an, reden mit ihr darüber und erklären ihr, warum Sie so handeln, wie Sie handeln. Sie machen auch deutlich, was Sie wollen: dass sich ihr Verhalten ändert und warum Sie es für wichtig halten. Ohne Zuverlässigkeit ist kein Vertrauen möglich – und darum geht es doch, oder?

8. Sie atmen tief durch und tun sich selbst etwas Gutes.

👍 **Überlebenstipp:**

Das Geheimnis einer wirksamen Erziehung liegt darin, sich auf wenige und erfolgversprechende Ansatzpunkte zu konzentrieren statt sich zu verzetteln.

Nicht Sie leisten die Arbeit in der Pubertät, sondern Ihr Kind

Ein Aufschrei der Empörung geht durch die versammelte Elternschar und man fragt sich, ob ich denn angesichts dieser Überschrift überhaupt wüsste, wovon ich rede. Doch, halt, rufe ich, ich möchte nicht den Einsatz und die Mühen schmälern, die Eltern auf sich nehmen, um ihre Kids durch die schwierige Zeit der Pubertät zu bringen. Ich möchte nicht den Verlust an Nerven in Abrede stellen, nicht die durchwachten Nächte und den fehlenden Dank.

Aber ich möchte auf einen zentralen Punkt hinweisen, einen Ausgangspunkt jeder erzieherischen Bemühung, der im Alltagsgetümmel nur allzu leicht übersehen und vergessen wird: Eltern sind von einem Prozess mitbetroffen, der im Wesentlichen jedoch nicht der ihre ist. Er berührt sie, aber er gehört ihnen nicht. Die Pubertät gehört den Pubertierenden und ist von diesen allein zu durchleben, zu bewältigen und zu meistern. Die Kids müssen die ganze Arbeit tun und nicht ihre Eltern.

Natürlich strahlen die pubertären Prozesse auf die Umgebung ab, fordern diese und lassen sie nicht zur Ruhe kommen, beunruhigen auch die nicht Betroffenen bis tief in die persönlichen Bereiche hinein. Doch der Kern des Geschehens liegt in den Jugendlichen und kann auch nur dort bewältigt werden. Was nicht im und vom Jugendlichen selbst gelöst wird, bleibt unverarbeitet. Nimmt man ihnen Eigeninitiative, eigene Aktivität und ihre notwendigen Entscheidungen in vermeintlich bester Absicht ab, so lädt man ihnen dafür ein gehöriges Päckchen unbewältigter Aufgaben auf, die immer wieder in den nächsten zehn, zwanzig, dreißig, vierzig Jahren als Hindernisse auf ihrem Lebensweg auftauchen werden. Wie mit allem im Leben wird es, je länger es dauert, dann umso schwieriger und schmerzhafter sein, sich diesen zu stellen und zu einer Lösung zu kommen.

Es nützt also zum Beispiel nichts, wenn Sie die Freunde für Ihr Kind aussuchen, weil es, wenn es Ihnen darin folgt, nur Gehorchen lernt, aber nicht Unterscheiden. Umso hilfloser wird es in der Zukunft vermeintlich guten Freunden ausgeliefert sein, die äußerlich an das von den Eltern idealisierte Muster angepasst sind, deren innere Motive und Beweggründe es mangels Erfahrung aber nicht wird begreifen können. Innerlich können das die größten Lumpen sein. Ohnehin führt das Verbieten von Freundschaften die Jugendlichen mit großer Sicherheit in eine provokante Abwehrhaltung.

Sinnvoll ist es hingegen, sich mit seinen Kindern über Freunde und Freundschaft auseinander zu setzen. Es ist den Kids absolut nicht gleichgültig, was die Eltern über die Freunde denken. Die Erwachsenen werden das auch so erleben, solange sie ihre Kinder und deren Entscheidungen respektieren und achten.

Es ist, als weiteres Beispiel, keine Unterstützung, sich einfach so in eine Auseinandersetzung zwischen Gleichaltrigen einzumischen, auch wenn diese körperlich ausgetragen wird – vor allem nicht als eigene Eltern. Die Angst um den Nachwuchs ist verständlich, aber Rangeleien und Auseinandersetzungen sind wichtige Schritte dahin, sich seinen Platz in der Welt zu erobern. Hilfreich ist es, sich mit den Jugendlichen über die Form und den Inhalt des Streites zu unterhalten, ihnen Alternativen aufzuzeigen und ihnen auch Alternativen in spielerischer und sportlicher Form zu bieten. Dies kann zum Beispiel Boxen und sportlicher Wettkampf oder eine andere Form von Wettbewerb sein, der es den Kids erlaubt, sich aneinander zu messen. Gibt es dabei auch entsprechende Preise zu gewinnen, die dazu angetan sind, das Ansehen in der Gruppe zu heben, spornt das ungemein an. Schon ist es gelungen, den Kampf auf eine sozial akzeptiertere Ebene mit bestimmten verbindlichen Regeln zu verlegen.

Natürlich gibt es Gefahren, vor denen man sein Kind schützen muss, indem man dazwischen geht, wenn es dazu selbst (noch) nicht in der Lage ist. Drei Beispiele:

☞ Kein Elternteil wird an einer Straße ruhig danebenstehen, wenn ein LKW kommt und der Jugendliche ansetzt, die Straße zu überqueren, weil er einen Walkman trägt und das Fahrzeug nicht hat kommen hören.

☞ Zieht ein Jugendlicher mit Heroinabhängigen herum, ist er in der Regel selbst stark gefährdet – da sollte man sich schnellstens mit der Drogenberatung und dem zuständigen Jugendamt in Verbindung setzen und auch bereit sein, einer Unterbringung weit weg vom gefährdenden Milieu zuzustimmen, wenn dort die geeigneten Hilfen vorhanden sind.

☞ Wenn in einer Schule eine Gang ihr Unwesen treibt und die Mitschüler mit Schlägen, Bedrohung und Messern gefügig zu machen versucht, wird man seinem Kind nicht nur den guten Rat, dass Gewalt nichts löst, mit auf den Weg geben wollen und den Rest dem Kind überlassen.

Da ist massive Einmischung gefordert, indem man sich mit anderen Eltern kurzschließt, ein Aktionsbündnis unter Einbeziehung der Schüler und Lehrer schmiedet, die entsprechenden Maßnahmen berät und dann Presse, Himmel und Hölle in Bewegung setzt, um Unterstützung zu mobilisieren.

Ermöglichen Sie den auffälligen Jugendlichen eine Betreuung, die auf deren spezielle Schwierigkeiten eingestellt ist – je früher, desto besser! Und das ist nicht ironisch oder zynisch gemeint: auch diese massiv gestörten, aggressiven und sozial auffälligen Kandidaten sind in erster Linie Jugendliche. Nur haben sie eine andere Biographie und wahrscheinlich nicht das Elternhaus, das Sie Ihren Kindern bieten können. Sie hungern gleichwohl nach aufbauenden Perspektiven für ihr Leben, nach Vertrauen und ehrlicher Zuwendung, viel mehr als Kinder, die dies von klein auf als selbstverständlich erlebt haben. Jugendliche wie sie sind meist noch formbar und können vieles nachholen, was für Erwachsene kaum noch zu schaffen ist.

Holen Sie sich Hilfe! Es gibt mittlerweile viele gute bis ausgezeichnete Angebote der Jugendhilfe, die eine echte Verhaltensänderung bewirken können und eine echte Chance für den Jugendlichen wie die Gesellschaft darstellen. Erwarten Sie nicht von der Schule und den Lehrern, den entsprechenden Jugendlichen die geeignete Betreuung zu ermöglichen – sie sind dazu weder eingerichtet noch ausgebildet und in der Regel auch relativ hilflos.

Es nützt nichts, in solchen Situationen über allgemeine gesellschaftspolitische Missstände zu klagen, denn in so einer Situation ist handfestes, überlegtes und zielorientiertes Handeln angesagt. Werden Sie gemeinsam mit anderen aktiv! Im

Anhang finden Sie einige Adressen, wo sie Hilfen erhalten können, oder Sie klicken auf www.blauespferd.de.

👍 **Überlebenstipp:**

Der Kern der Pubertät liegt in den Jugendlichen und kann auch nur dort bewältigt werden. Was nicht im und vom Jugendlichen selbst gelöst wird, bleibt unverarbeitet. Nehmen Sie den Kids daher Eigeninitiative, eigene Aktivität und ihre notwendigen Entscheidungen auch in vermeintlich bester Absicht *nicht ab* – Sie laden ihnen sonst ein gehöriges Päckchen unbewältigter Aufgaben auf, die immer wieder in den nächsten zehn, zwanzig, dreißig, vierzig Jahren als Hindernisse auf ihrem Lebensweg auftauchen werden.

Erziehung und Partnerschaft

Beziehungen zwischen Erwachsenen haben eine andere Dynamik als die nur auf den Augenblick gerichteten Bedürfnisse der Jugendlichen. Von den Teenagern Verständnis für die Beziehung der Eltern zu erwarten, ist wahrlich zu viel verlangt. Was nicht heißt, dass man es nicht einfordern kann, nur voraussetzen sollte man es nicht.

Die Kids, wie wir schon mehrfach im Laufe dieses Buches gesehen haben, sind so mit ihrer inneren Welt und ihren Dramen angefüllt, dass für anderes oder andere kaum Platz bleibt. Das trifft bedauerlicherweise auch deren Eltern. Sie müssen dieser eingeschränkten Wahrnehmungsfähigkeit Rechnung tragen, wenn Sie sich nicht zum Spielball der Interessen ihrer Kinder machen wollen. Für Jugendliche ist der gegenwärtige Wunsch immer der wichtigste ihres Lebens. Die Versuchung ist daher groß, die Eltern als »Wunscherfüller« gegeneinander auszuspielen, um die eigenen Ziele zu erreichen.

Für Erwachsene gibt es daher **sieben goldene Regeln,** wo auch immer sie mit Jugendlichen zu tun haben:

1. Stimmen Sie sich ab, zumindest in groben Zügen!

Es gibt einen zentralen Punkt im familiären Beziehungsgeflecht, der eine besondere Bedeutung für jede Form der Erziehung hat: die Abstimmung untereinander, das »An-einem-Strang-Ziehen« der Erwachsenen in Bezug auf die Heranwachsenden. Das gilt für jedes Alter. Doch in der Pubertät bekommt dieser Punkt zentrale Bedeutung.

Ich will Ihnen zeigen, warum man schwerwiegende Probleme an dieser Stelle nicht auf die leichte Schulter nehmen sollte und wie sich konstruktive Lösungen finden lassen. Damit meine ich nicht die Großmutter, die ihrem Enkel ab und an Schokolade zusteckt, obwohl die Eltern dagegen sind. Ich meine auch nicht den Becher Cola, den man dem Nachwuchs spendiert, obwohl man sich mit dem Partner eigentlich geeinigt hatte, »McDonald's ist heute nicht«. Man darf sich und den Kindern durchaus auch mal eine Pause von der strengen Linie gönnen. Probleme entstehen bei grundsätzlich fehlender oder verweigerter Abstimmung der Eltern untereinander.

Wie man damit umgehen soll, ist nicht so leicht zu beantworten, weil sich an dieser Stelle jede Menge Gefühle, Wünsche und Erwartungen bei den Beteiligten mischen. Eine Beziehung zwischen Erwachsenen, die darüber hinaus noch Eltern sind, ist ein in vielfacher Hinsicht äußerst komplexer und nicht immer einfacher Balanceakt. Wie gut man sich in anderen Bereichen des Lebens mit seinem Partner versteht, wirkt sich natürlich auch in allen graduellen Abstufungen auf die gemeinsamen Erziehungsbemühungen aus. Manchmal zieht nur einer, der andere aber zieht nicht mit. Manchmal kann man sich nicht einigen, manchmal will man es nicht. Es kann sogar sein, was nicht gerade selten ist, dass man eine heimliche oder offene Befriedigung spürt, wenn der Partner ins Leere läuft und scheitert.

Die Wirkung offensichtlicher oder verdeckter Uneinigkeit ist fatal für jedes erzieherische Bemühen – und fatal für die Kids. Sie lernen dadurch, Menschen gegeneinander auszuspielen, ja, mehr noch, sie werden darauf trainiert, gefühlsmäßige Verbundenheit auszunutzen, um sich eigennützig Vorteile zu verschaffen. Gleichzeitig verlieren sie, in dem Maße, in dem das funktioniert, die Achtung und den Respekt vor den Menschen, die sich so benutzen lassen. In diesem Moment verlieren die Eltern wie die Kinder viel: die Eltern die Möglichkeit der Einwirkung auf die Kids, weil sie nicht mehr ernst genommen werden, und die Jugendlichen, weil sie die Achtung ausgerechnet vor den Menschen verlieren, die für sie am wichtigsten und nächsten sind: ihren Eltern. Gleichzeitig sind sie über diesen Verlust zutiefst unglücklich und sehnen sich nach dem Gegenteil. Das schafft eine schwierige Grundlage für das Zusammenleben, wenn man bedenkt, dass Achtung und gegenseitiger Respekt die Basis nicht nur für Liebesbeziehungen und Partnerschaften bilden. Die Familie ist der Ort, wo man diese Grundhaltungen lernen kann – oder auch nicht. Hier wird der Grundstein gelegt – so oder so.

Gelingt es Ihnen also nicht, gemeinsame erzieherische Grundlagen zu finden, oder entzieht sich ein Partner nachhaltig verbindlichen Absprachen, dann ist es wichtig, dass Sie auch alleine aktiv werden:

☞ Bemühen Sie sich, was den eigenen Anteil an Vereinbarungen angeht, um Klarheit, Verbindlichkeit und Nachvollziehbarkeit. Bleiben Sie sich selbst treu und versuchen Sie nicht, Gleiches mit Gleichem zu vergelten. Sie können dadurch letztlich nur an Achtung gewinnen – und sei es Selbstachtung.

☞ Wenn sich zeigt, dass es kein vorübergehendes Phänomen ist, sondern sich auch auf Dauer überhaupt keine gemeinsame Grundlage finden lässt, holen Sie sich Hilfe, beispielsweise bei Erziehungsberatungsstellen. Vielleicht gelingt es einem Dritten, den Knoten zu öffnen, der Absprachen untereinander bisher im Wege stand. Manchmal gelingt es jemandem aus der »neutralen Ecke«, die neuralgischen Punkte zu benennen, die einer Einigung bisher unerkannt im Wege standen, und einen Neuanfang einzuleiten. Versuchen Sie, auch Ihren Partner für diesen Schritt des Sich-Rat-Holens zu gewinnen. Binden Sie ihn oder sie nach Möglichkeit ein.

☞ Kommen Sie untereinander dadurch immer noch auf keinen noch so kleinen gemeinsamen Nenner und mehren sich Auffälligkeiten bei Ihrem Kind (im Verhalten Ihnen und anderen gegenüber), wird es gar schon sozial auffällig, dann holen Sie sich tatkräftigere Unterstützung von außen.

Das ist kein Zeichen von Versagen, sondern von Liebe und Vernunft. Sie gehen ja auch zum Spezialisten, einem Arzt, wenn Sie eine Blinddarmentzündung haben, und kommen nicht auf die Idee zu denken, Sie hätten versagt, weil Sie es nicht selber schaffen, die Entzündung einzudämmen.

Es gibt mittlerweile viele qualitativ hochwertige pädagogische Anlaufstellen, die ein sehr gutes und breites Angebot an Beratungsmöglichkeiten und Hilfen für anfragende Familien und deren Mitglieder bereithalten und vermitteln.

Machen Sie sich dabei bewusst, dass niemand Ihre Probleme für Sie lösen kann. Berater können nur ihr ganzes persönliches Engagement und ihre Erfahrung mit einbringen, um mit Ihnen gemeinsam Wege aus der Misere zu finden, und Ihnen auf dem Weg helfen.

Gehen müssen Sie ihn letztlich selbst. Behalten Sie das im Auge: ohne Ihre Mitarbeit geht nichts.

Sie finden wieder Adressen im Anhang, an die Sie sich für Rat und Hilfe wenden können. Oder Sie klicken auf www.blauespferd.de.

2. Legen Sie die wichtigsten Punkte verbindlich fest.

Haben Sie sich mit Ihrem Partner/Ihrer Partnerin auf die wichtigsten Punkte Ihren Teenager betreffend geeinigt, sollten Sie diese zusammen schriftlich fixieren. Es wird einige Zeit dauern, bis diese Absprachen wirklich funktionieren. So etwas muss man regelrecht üben. Mündliche Absprachen verändern sich in der Erinnerung. Es hilft, Auseinandersetzungen konstruktiv und sachlich zu halten, wenn Sie sich diese kleine Mühe machen.

Wolfgang und Karin führen eine gute Ehe. Sie sind gewohnt, miteinander über die Dinge des Alltags zu reden. Natürlich sind sie nicht immer einer Meinung; manchmal sind ihre Auffassungen recht konträr. Sie haben eine Beziehungskultur entwickelt, in der sie beide genügend Raum zum Atmen haben. Da keiner von ihnen der Meinung ist, das Recht auf die richtige Meinung oder den richtigen Weg gepachtet zu haben, haben sie verschiedene Wege entwickelt, damit umzugehen.

Ihr Sohn Sebastian, vierzehn, liegt ihnen seit Wochen in den Ohren, dass er am Wochenende manchmal auch erst später als zehn Uhr abends zu Hause sein möchte. Wolfgang vertritt die Auffassung, dass zehn Uhr spät genug für einen Vierzehnjährigen ist. Er möchte, dass Sebastian sich auf die Schule konzentriert, da seine Leistungen in der letzten Zeit eh nicht mehr berauschend sind. Außerdem hat er Angst, dass ihnen der Junge entgleitet, vielleicht sogar durch Ältere mit Drogen in Berührung kommt.

Karin kennt die meisten Freunde von Sebastian und weiß, dass er sich in ein Mädchen aus der Clique verliebt hat, die etwas älter ist und deshalb immer erst später nach Hause muss. Sie kennt das Mädchen und glaubt, dass es Sebastian gut tun würde, wenn er eine Freundin hätte. Sie denkt, dass es sein Selbstwertgefühl stärken und damit auch in der Schule helfen würde.

Wolfgang hat zwar seine Zweifel, aber sie entscheiden sich, es versuchen zu wollen. Um Sebastian klar zu machen, dass es ein Versuch ist, soll er etwas dafür tun, um sich diese Ausnahme zu verdienen. Englisch ist sein schlechtestes Fach in der Schule. Sie sind nach Rücksprache mit dem Lehrer der Meinung, dass Extra-Hausaufgaben helfen können. Bedingung also: Einen Monat erstklassig erledigte Hausaufgaben in Englisch plus Zusatzaufgaben für zweimal länger weggehen.

Darüber reden sie mit Sebastian, der erst mault, dann aber einverstanden ist. Sie schreiben diese Vereinbarung schriftlich auf und sie vereinbaren, nach einem Monat zu schauen, ob sich die neue Regelung bewährt. Jeder unterschreibt.

3. Ein Regelwerk entwickelt sich; lassen Sie Raum dafür.

Peter und Clara haben sich für die Erziehung von Nadine auf eine grundsätzliche Linie geeinigt. Dazu gehören Punkte, die bei besonderen Schwächen von Nadine helfen sollen.

Ihnen ist aufgefallen, dass Nadine große Schwierigkeiten hat, sich längere Zeit zu konzentrieren. In der Schule sind sie deswegen schon mehrfach angesprochen worden. Außerdem bleibt Nadine meist nicht lange bei einer Sache.

Das ist zwar typisch für die Pubertät, aber so ausgeprägt, wie es bei Nadine ist, scheint es für Peter und Clara doch Anlass zur Sorge zu sein. Sie wollen unterstützend eingreifen.

Da Nadine jede Woche begeistert mit einem neuen Interessengebiet hereinschneit und Unterstützung in der einen oder anderen Form möchte (Geld, Skaterschuhe, Gitarre, Fahrdienste ...), haben sich die beiden überlegt, dort anzusetzen.

Sie sind sich einig, dass die Begeisterungsfähigkeit von Nadine etwas Positives ist, wenn sie lernt, diese gezielt einzusetzen. Sie wollen sie darin unterstützen, unterscheiden zu lernen, welche Interessen ihrer Begeisterung und ihres Einsatzes wirklich würdig sind und welche eben einfach nur interessant sind, aber ein Engagement nicht wirklich lohnen.

Um das herauszufinden, muss sich Nadine mehr als nur an der Oberfläche mit ihnen beschäftigen. Deswegen werden Peter und Clara in Zukunft Bedingungen für ihre Unterstützung stellen, die Nadine sich überlegen und zum Teil schon erfüllen muss, bevor sie zu ihnen kommt.

Nadine hat Schwierigkeiten in Deutsch, besonders im Aufsatz. Sie soll also vorher einen zweiseitigen Aufsatz schreiben, aus dem hervorgeht, um was für ein Interesse es sich handelt, was sie daran fasziniert, warum sie die Unterstützung der Eltern möchte, wie diese aussehen soll und was ihr selber zu tun möglich ist.

Das ist wichtig und darauf sollten Sie nie verzichten: Wie sieht der Beitrag Ihres Kindes aus? Es darf gerne ein Opfer an anderer Stelle sein, weil das die Kids zwingt sich zu überlegen, ob ihnen der Wunsch das wert ist. Zudem steigt die Wertschätzung des Gewünschten, wenn sie dafür Opfer bringen müssen.

Nadine muss sich verpflichten, mindestens drei Monate bei der Stange zu bleiben, danach kann sie ohne negative Konsequenzen wieder aussteigen. Peter und Clara vereinbaren mit ihr aber von vornherein ein Gespräch von einer halben Stunde über die Gründe, sollte sie sich dazu entscheiden, allerdings, um sie besser verstehen zu können, und nicht, um sie zu drängen. Außerdem ist sie dadurch gezwungen, sich die Gründe für ihr nachlassendes Interesse genauso bewusst zu machen, wie sie das bei der neu entflammten Begeisterung drei Monate zuvor durch den Aufsatz musste.

Nach einem Jahr bekommt Clara mit, wie Nadine einer Freundin einen Vortrag darüber hält, wie wichtig es sei, bei einer Sache zu bleiben, um herauszufinden, ob es einen wirklich interessiert.

Peter und Clara erkennen, dass es Zeit ist, die nächste Phase einzuläuten. Sie überlegen, wie sie dafür die Regeln modifizieren können.

Sie einigen sich darauf, wenn Nadine länger als drei Monate bei einer Sache bleibt, ihr nach jeden weiteren zwei Monaten als Anreiz fünfundzwanzig Euro in Aussicht zu stellen, die von ihnen für ein Jahr auf ein Sparbuch gelegt werden. Ende des Jahres kann sie sich von dem Verdienten dann etwas Besonderes leisten. Sie kann es aber auch ein weiteres Jahr auf dem Sparbuch lassen. In diesem Fall zahlen sie ihr zusätzlich eine Prämie von der Hälfte des Angesparten nach dem weiteren Jahr auf das Sparbuch.

In der Verwendung des Geldes ist Nadine frei.

4. Regeln entstehen im Konsens, sonst hält man sich nicht daran.

In der Erziehung gilt: Niemand ist mit der Weisheit letztem Schluss gesegnet. Erziehung ist letztlich ein Experimentieren mit Versuch und Irrtum. Denn jeder Jugendliche ist einzigartig und was bei zehn anderen funktioniert, muss bei dem einen nicht zwangsläufig auch das probate Mittel sein. Erziehen heißt Kreativität, Liebe, Wachheit und Zielgerichtetheit in der rechten Weise zusammenzuführen.

Sie haben sich mit Ihrem Partner über die Grundzüge der Erziehung im Konsens geeinigt und setzen sich auch regelmäßig zusammen, um zu sehen, ob Ihr System noch funktioniert oder sich Veränderungen ergeben haben, die eine Anpassung erfordern.

In Ihrer Beziehung wird mal der eine, mal die andere die Situation besser erfassen können und die erfolgversprechenden Wege daraus ableiten. Dabei werden Sie sich nicht immer einig werden können.

Auch wenn Sie sich noch so sicher sind, lassen Sie sich auch in pädagogischer Hinsicht gegenseitig den Raum, die eigene Wahrnehmung zu überprüfen. Vereinbaren Sie bei Uneinigkeit – und das wird öfter sein –, dass im Wechsel mal Sie und mal Ihr Partner seinen Weg für zum Beispiel einen Monat probieren darf. Vielleicht lernen Sie etwas dazu, oder Ihr Partner erkennt, dass Ihr Weg der richtige ist, oder Sie kommen gemeinsam auf einen dritten Weg.

Ihr Konsens bei Uneinigkeit über das probate erzieherische Mittel heißt also, dass Sie im Wechsel über einen begrenzten Zeitraum probieren dürfen, ob Ihr Weg oder der des Partners besser geeignet ist, der Aufgabe, die sich Ihnen stellt, gerecht zu werden. Wichtig ist in diesem Punkt die absolute Loyalität: Dabei unterstützen Sie sich, vor allen Dingen gegenüber den Jugendlichen, unbedingt – auch wenn Sie persönlich einen anderen Weg richtiger fänden.

Wenn in einer Beziehung einer der Meinung ist, das Recht auf allein selig machende Erziehungsmittel zu besitzen, und daraus auch das Recht ableitet, allein die Erziehungsgrundsätze zu bestimmen, besteht kein Konsens, sondern eine Diktatur der Prinzipien. Wie in jeder Diktatur führt das zu einer starken Opposition.

Die Partner arbeiten also in der Erziehung nicht miteinander, sondern gegeneinander. Machmal offen, manchmal verdeckt. Die Jugendlichen sehen sich auf einmal in der Rolle, Partei ergreifen zu müssen. Auf diese Weise laden die Eltern ihre Beziehungsprobleme auf die Schultern der Kinder. Diese werden sich zwar nicht scheuen, das für sich auszunutzen, um ein paar vordergründige Vorteile zu ergattern, aber sie werden darunter leiden.

Die Partner werden nur zu gerne dem Werben der Jugendlichen nachgeben, weil sie sich bestätigt fühlen, wenn sie dem anderen eins auswischen können, weil sie dessen Ansichten ja eh für falsch halten. Das spüren die Kids genau.

Das heißt im Endeffekt, dass Sie jedes erzieherische Bemühen vergessen können, weil die Kids Sie nicht mehr ernst nehmen. Wenn sich die Uneinigkeit mit Ihrem Partner so sehr in den Vordergrund schiebt, haben die Jugendlichen leichtes Spiel, Sie damit emotional und faktisch auszuhebeln. Die Kids werden Ihnen entgleiten.

5. Lieber weniger Regeln, an die sich beide halten, als viele, an die sich keiner hält.

Wenn Sie alle Regeln aufschreiben, versuchen Sie es so klar und einfach wie möglich zu machen. Schreiben Sie so und erklären Sie auch so, dass die Teenager verstehen können, was die Regeln bedeuten und warum sie wichtig sind. Sehen Sie es wie eine Vereinbarung, die Sie untereinander und mit Ihren Teens abschließen.

In der Regel wird es reichen, in ein paar Grundzügen die wichtigsten Punkte festzulegen. Sie sollen ja nicht auf dem Papier bleiben, sondern sie wollen gelebt sein. Wenn es zu kompliziert wird, klappt das meist nicht mehr so gut. Aber probieren Sie auch da den für Sie richtigen Weg aus. Manche Kids drängen auf detaillierte Regelung, haben vielleicht sogar regelrecht Spaß daran, jede einzelne Vereinbarung mit Ihnen ausführlich zu diskutieren. Dann können Sie das gerne ausbauen. Aber fangen Sie zunächst möglichst einfach an. Im Allgemeinen gilt, dass weniger mehr ist.

Behalten Sie dabei den wesentlichen Punkt im Auge: Regeln und die Auseinandersetzung mit Ihnen sollen den Jugendlichen helfen, auf dem Weg zu eigenen Maßstäben voranzukommen.

6. Liebe kann man nicht »kaufen«; wer es mit Bestechung versucht, verliert an Achtung und Respekt.

Manchmal fühlen Sie sich völlig überfordert: Sie waren in der letzten Zeit viel zu wenig für den Nachwuchs da, geschweige denn, dass Sie Zeit für sich selbst hatten. Vielleicht quält Sie auch etwas Besonderes, das Sie als ein großes Versäumnis Ihrem Kind gegenüber empfinden. Der Wunsch, Ihrem Kind als Ausgleich eine Freude zu machen, ist verständlich und in Ordnung.

Ich erwähnte ja schon mehrfach, dass niemand perfekt ist, am wenigsten diejenigen, die dies von sich behaupten. Solche Art von Überheblichkeit macht nämlich blind für sich selbst und andere, besonders für die eigenen Kinder.

Ihr Gefühl, den Ansprüchen an Sie als Eltern nicht zu genügen, ist andererseits ein wunderbarer Hebel für den Nachwuchs, um Sie manipulieren zu können. Denn der spürt das genau.

So tun, als wäre nichts, wäre eine Lüge. Fehler passieren und sie sind wichtig. Diese ungeschehen machen geht leider nicht. Es ist aber schlimm, wenn Sie nichts daraus lernen. Denn es nützt weder Ihnen noch Ihrem Kind etwas, wenn Sie sich in Selbstvorwürfen ergehen.

Vielleicht tröstet es Sie zu wissen, dass die Jugend ihre kapitalen Fehler noch vor sich hat. Was sie von Ihnen lernen kann, ist Ihre Art des Umgangs damit, etwas falsch gemacht zu haben.

Winken Sie jedes Mal mit Geld, wenn Sie das schlechte Gewissen überkommt, machen Sie dadurch nichts besser, eher im Gegenteil. Der Überbringer von »Schweigegeld« wird nicht geliebt, sondern verachtet und bekommt seine Rechnung später. Doch dann ist es vielleicht wirklich zu spät.

Sie sind nur dann Mensch, wenn Sie Fehler machen. Und um Menschsein und die Fähigkeiten, die es dazu braucht, geht es: Das ist es, was die Jugendlichen von Ihnen lernen wollen und sollen! Haben Sie keine Angst davor, persönliche Fehler zu erkennen und zu benennen. Verschleiern Sie diese nicht, sondern geben Sie aufrichtig Auskunft, wenn Sie darauf angesprochen werden. Lassen Sie die Jugendlichen an dem Mut teilhaben, den es braucht, sich seine Fehler einzugestehen, und den Sie aufbringen müssen, um einen neuen Versuch nach dieser Einsicht zu starten.

Es spricht nichts dagegen, wenn Liebe mitunter auch die Form von Geld annimmt. Aber Geld kann nie Liebe ersetzen, an die Stelle von Gefühlen treten oder wieder gutmachen. Schon gar nicht kann Geld Aufrichtigkeit, menschliche Begegnung oder Nähe ersetzen. Wenn Sie das versuchen sollten, machen Sie wirklich einen großen Fehler.

Manchmal leiden Eltern auch darunter, dass sie glauben, der Partner tue sich leichter mit dem Nachwuchs oder würde mehr geliebt. Dann versuchen sie, mit Geld den Jugendlichen zu beweisen, dass sie geliebt werden. Das kann nicht funktionieren, birgt eher die Gefahr in sich, dass die Jugendlichen verwahrlosen, weil sie ihre Maßstäbe bereits verlieren, bevor sie diese entwickeln konnten.

Versuchen Sie, dem Partner durch Geldgeschenke an den Sohn oder die Tochter eins auszuwischen, weil Sie wissen, dass er dagegen ist, stürzen Sie die Jugendlichen in große innere Konflikte. Denn Ihr Kind liebt Sie beide. Schlimm, wenn Sie die Liebe zu Ihnen einseitig als Waffe missbrauchen.

Oft ist kein böser Wille dahinter, wenn Sie von Ihrem Partner getrennt leben, Ihr Kind zwischen Ihnen pendelt und immer mit unabgesprochenen Geldgeschenken wiederkommt, die Ihnen die pädagogische Suppe versalzen. Sprechen Sie mit Ihrem (Erziehungs-)Partner darüber, stimmen Sie sich ab. Vielleicht geben Sie ihm oder ihr auch dieses Buch zu lesen, damit die Notwendigkeit einer klaren Linie verständlicher wird. Ihr Kind braucht Sie beide.

7. Eltern müssen ihre Konflikte und Probleme selber lösen.
Eltern können ihre persönlichen Beziehung zum Lebenspartner natürlich nicht einfach an der Garderobe des »Jugendtheaters« abgeben. Sollen sie auch nicht – die Familie ist nun mal der Raum, in dem alle Aspekte des Beziehungslebens stattfinden. Für die Entwicklung der Jugendlichen ist es sogar besonders wichtig, dass diese auch aktiv gelebt und miterlebt werden können.

Noch sind die Kids keine Partner – aber sie wollen es für andere werden. Um zu lernen, wie man mit anderen Menschen Verbindungen eingeht und gestaltet, brauchen sie die Erwachsenen, die es ihnen vorleben – mit allem Auf und Ab, auch mit Streit und Auseinandersetzungen, mit Verletzungen und Schmerzen, die sich Menschen in Beziehungen zufügen können.

Gefährlich wird es erst, wenn Eltern den Nachwuchs in ihre Auseinandersetzungen hineinzuziehen versuchen. Ein klassisches Beispiel ist der wechselseitige Versuch der Elternteile, die Kids jeweils auf die eigene Seite zu ziehen, um dem anderen eins auszuwischen oder einen Vorteil im Stellungskrieg zu bekommen. Eltern, die so eigennützig handeln, stürzen ihre Kinder in schwere Konflikte und sollten sich daher nicht wundern, wenn sie dafür später Ablehnung und Hass ernten.

Die Kinder und auch die Jugendlichen erleben ihre Eltern als Einheit, oft weit jenseits jeder Wirklichkeit, weil sie noch nicht in der Lage sind, die erwachsenen Beziehungen in ihrer Komplexität zu begreifen. Sie können sie aber verstehen, wenn man sie ihnen altersgerecht erklärt und ihren Fragen Raum lässt – und wenn man davon absieht, sie dazu aufzufordern, Partei zu ergreifen.

Ist die eigene Partnerschaft unerfüllend, unglücklich oder gescheitert, geschieht es leider oft, dass man versucht ist, sich beim eigenen Kind, das so vertrauensvoll geöffnet ist, die ersehnte Intensität und Nähe zu holen. Die Versuchung, die Liebe der Kinder für sich zu beanspruchen, ist eben so groß, weil sie einem innerlich so unauslöschlich verbunden sind. Das hat allerdings herzlich wenig mit Liebe seitens eines Elternteils für das Kind zu tun. Die Eltern laden damit die ganze schwere Last der eigenen unerfüllten Wünsche und Träume wie ein Phantom oder einen Alpdruck auf die jungen Schultern.

Sie benutzen Ihr Kind, wenn Sie so handeln, ohne ihm eine Chance zu geben, sich von dieser Last zu befreien und ein eigenes erfülltes Leben zu leben.

Es wird sicher darunter leiden, vielleicht sogar unter der Last zusammenbrechen, denn es ist ein Päckchen, das es nie wird stemmen können. Selbst wenn der Mensch es irgendwann in seinem Leben schaffen sollte, die unerfüllten Träume und Wünsche der Eltern zu verwirklichen, kann er dabei nicht glücklich werden, denn es sind nicht seine eigenen. Wahrscheinlicher ist nach diesem

»Erfolg« der Fall in eine tiefe Depression, weil nach dem Erreichen der fremden Ziele die ganze Vergeblichkeit und Leere des eigenen Handelns deutlich wird. Gleichzeitig wird im Rückblick klar, wie viele Jahre mit diesem vergeblichen Bemühen für das eigene Leben unwiderruflich verloren sind. Da muss man schon ein sehr starker Mensch sein, um nicht unter der Last dieser Erkenntnis in die Knie zu gehen.

Vielleicht schafft es das Kind auch, aus eigenem Bemühen und mit Hilfe von außen einen Weg aus dieser Verstrickung zu finden, aber es wird viel Zeit und Energie fordern, die auf Kosten des eigenen Lebens, seiner Ziele und Lebendigkeit gehen.

Denken Sie also immer daran: Jugendliche haben ein Recht auf ihr eigenes Leben.

Übung: Partner-Diade »Ich fühle mich als Mutter/Vater ...«

Setzen Sie sich mit Ihrem Partner auf zwei Stühlen gegenüber in etwa zwanzig Zentimeter »Knieabstand«. In Reichweite steht eine Eieruhr, die auf drei Minuten gestellt wird. Legen sie fest, wer beginnt. Der Erste muss nun bis zum Uhr-Klingeln erzählen, wie er sich in seiner Mutter/Vater-Rolle fühlt. Jeder Satz beginnt mit »Ich fühle mich als Mutter/Vater ...«.

Beide sehen sich dabei in die Augen. Der gegenüber Sitzende bestätigt jede Aussage mit einem »Ja«, ohne zu werten oder durch seinen Gesichtsausdruck eine Meinung kundzutun. Sie schauen also neutral und verziehen keine Miene. Auch wenn der andere sagt, er wisse nichts mehr oder ihm falle nichts mehr ein, dauert seine Sprechzeit die vollen drei Minuten. Auch wenn in dieser Zeit nichts gesagt wird. Mit dem Klingeln wird gewechselt. Nun erzählt der andere – drei Minuten lang – »Ich fühle mich als Mutter/Vater ...«.

Konkret sähe das so aus: »Ich fühle mich als Vater gut. Ich fühle mich als Vater ständig unter Druck. Ich fühle mich als Vater manchmal überfordert ...«

Nach diesen drei Minuten wird wieder gewechselt – so lange, bis jeder dreimal an der Reihe war. Der Sinn und die Wirkung dieser Methode liegt darin, dass wir bei so einer »Diade« im ersten Durchgang all unsere gängigen Meinungen und Gefühle wiedergeben, sozusagen die bewusste Oberfläche. Mit der immer wiederkehrenden Frage jedoch schraubt man sich gleichsam tiefer und es kommen Aussagen zum Vorschein, die so wichtig sind, dass wir sie normalerweise gut geschützt in irgendeinem Winkel unseres Inneren versteckt halten.

Eine fantastische Übung für tiefe gegenseitige Erkenntnis, Denkanstöße und Gesprächsimpulse. Sie werden staunen!

Grenzerfahrung Pubertät

Da sein und sich selber aushalten

Wenn man die Kindheit mit einer Nuss vergleicht, die an einem Baum heran-
reift, kommt in diesem Bild mit der Pubertät der Moment, an dem sie sich vom
Baum löst, fällt und sich zu öffnen beginnt. Vorher noch ein Teil der Ganzheit
des Baumes, ist sie auf einmal auf sich gestellt, Wind und Wetter ausgesetzt und
noch ohne eigene Wurzeln, mit denen sie sich in der Erde verankern kann, um
selber Baum zu werden. Der große Elternbaum kann ihr zwar, wenn sie nicht
zu weit fällt, durch sein Blätterdach Schatten und Schutz schenken und ihr auch
den einen oder anderen Ratschlag bei günstigem Wind zuraunen. Doch die
große Tatsache bleibt: Von jetzt an ist die Nuss auf sich gestellt und muss sich den
Herausforderungen, die auf sie zukommen, allein stellen und ihnen standhalten,
um sich selber verwurzeln zu können.

Sie mag diesen Augenblick herbeigesehnt haben, dennoch fällt sie in ihrer
grünen Hülle halbfertig vom Baum, ohne dass sie wüsste, wohin und wie es für
sie weitergeht. Regen, Sonne, Sturm, Hitze, Kälte und Hagel, denen sie ausgesetzt ist, befreien sie aus dieser Hülle. Diese äußeren elementaren Kräfte sind das
eine, was auf einmal unmittelbar auf sie einwirkt. Das andere sind die elementaren inneren Kräfte, die an ihr zerren und sich durch sie und in ihr entfalten und
ausdrücken wollen. Durch diese inneren und äußeren Kräfte wird sie in die
Richtung ihrer wesensgemäßen Bestimmung gestoßen.

Das Bild gilt im übertragenen Sinne für uns Menschen ebenso. Unser inneres und äußeres Erleben sind die Triebkräfte unseres Lebens. Sie treiben uns
manchmal mit, oft gegen unseren Wunsch und Willen voran. Sie sorgen dafür,
dass wir nicht stehen bleiben, sondern uns weiterentwickeln hin zu einem Ziel,
das irgendwo in uns liegen mag, selten bewusst angesteuert wird und wohl kaum
jemandem wirklich fassbar zu sein scheint. Gespräche über den Sinn des Lebens
werden nicht nur unter Erwachsenen, sondern gerade auch unter Jugendlichen
mit großem Ernst geführt. Manchmal bleibt vielleicht auch das Gefühl zurück,
von diesem numinosen Etwas, das uns beseelt und treibt, etwas erfasst und im
Griff zu haben. Über kurz oder lang jedoch reißt uns das Leben wieder aus dieser Gewissheit heraus und drängt uns weiterzugehen.

Die Pubertät nun ist der Punkt im Leben, wo sich diese bewegenden und ver-
ändernden elementaren Kräfte mit solcher Wucht und Macht im Jugendlichen
entfalten, dass das gesamte bisherige Leben auf den Kopf gestellt wird. Von einem
Moment auf den anderen ist nichts mehr, wie es war. Dazu kommen tief verun-
sichernde Empfindungen, die in einem aufbrechen und danach verlangen, gelebt
zu werden. Nichts um einen herum ist mehr, wie es schien. Man ist zu einem

Fremden im ehemals vertrauten Gebiet geworden. Schritt für Schritt muss man es neu entdecken und sich wieder vertraut machen. Manches wird man vielleicht wiedererkennen, aber vieles wird auch ganz anders sein als vorher.

Die Besten sind die Unbequemen

Die Ich-Zentriertheit der Kids, ihre Verschlossenheit und vor allem ihre fordernde und unbarmherzige Auseinandersetzung mit der unmittelbaren Umgebung und den Menschen, die ihnen nahe stehen – das sind Dinge, die Pubertät aus der Sicht der Erwachsenen so schwierig machen. Bei allen guten Vorsätzen wird man um diesen Punkt nicht herumkommen: Die pubertierenden Kids kosten Kraft, sie nerven und man hat öfters das Gefühl, mit einer Parkuhr zu reden.

Da ist man natürlich froh, wenn man ein pflegeleichteres Exemplar vor sich hat, und es ist verständlich, wenn man zu den anstrengenderen Jugendlichen, seien es die eigenen oder fremde, etwas mehr Distanz hält. Sicher ist es gerechtfertigt, sich vor Überforderung zu schützen.

Ich möchte hier nur nachdrücklich dafür plädieren, »schwierig sein« nicht automatisch mit »versagen« gleichzusetzen. Selbst Jugendliche, die jegliches Regelwerk in Frage stellen und mit besonderem Nachdruck Grenzen austesten, haben oft ein ungemein großes Reservoir an positiver Kraft und Liebesfähigkeit, das bloß darauf wartet, geweckt zu werden, um sich zu aller Wohl entfalten zu können.

Man könnte alle Jugendlichen auf einer Schnur aufreihen, die zwischen zwei Polen gespannt ist: zwischen Anpassung und Rebellion. Natürlich ist aus Sicht der Erwachsenen der Angepasste angenehmer, weil er eher bereit ist, Autorität zu akzeptieren, Regeln zu befolgen, und einsichtiger scheint. Ob dies nun aus Geschicklichkeit, Bequemlichkeit, Trägheit oder wirklich aus Einsicht geschieht, erscheint oft weniger wichtig als die Erwartung, dass diese Jugendlichen voraussichtlich auch später im Leben erfolgreich ihren Weg gehen werden. Der rebellische Jugendliche hingegen scheint zum Scheitern verurteilt, da er sich mit dem elementarsten Element des Zusammenlebens, nämlich dem Einhalten von Regeln, nicht vertraut machen will oder kann. Das kann ja dann nur böse enden, oder?

Ich möchte Sie zu einer anderen Sicht auf diese unruhigen Gesellen und Gesellinnen einladen, weil ich meine, dass es sich wirklich lohnt – für uns alle.

Diese Kandidaten sind Grenzgänger. Für sie ist es wichtig, sich mit ihren inneren und äußeren Grenzen auseinander zu setzen. Ihr forderndes und unangepasstes Verhalten kann aus innerer Notwendigkeit entstehen oder in prägenden äußeren Erfahrungen seinen Ursprung haben.

Innere Notwendigkeit kann zum Beispiel heißen, dass Intelligenz die Fähigkeit verleiht, über vorgegebene Grenzen hinaus zu denken. Es kann auch bedeuten, dass die ausgeprägte Empfindsamkeit einer künstlerischen Seele es z.B. nicht verträgt, sich in Grenzen wiederzufinden, die einer Entwicklung der eigenen Anlagen entgegenstehen. Für manchen ist die Erfahrung von Grenzen eng verbunden mit tiefer Erfahrung von Lebendigkeit. Solche Menschen können Pioniere sein, wenn sie es schaffen, ihre Grenzsuche in eine schöpferische Tätigkeit zu verwandeln, die neue, erweiterte Möglichkeiten für uns alle sichtbar und damit möglich machen kann. Sei es nun als Weltumsegler, als Wissenschaftler, als sozialer Pionier, als Künstler, als Extremkletterer oder als Arzt. Sie sollten also bei sozial auffälligem Verhalten nicht von vornherein mit Ablehnung reagieren. Es lohnt sich, genauer hinzuschauen, um herauszufinden, worin dieses Verhalten seine Ursprung hat.

Diesen Jugendlichen werden Sie mit Bestrafung und Anpassungsdruck kaum beikommen. Solche Maßnahmen verhärten die Ausgrenzung und verschütten Potenzial statt es zu fördern.

Denn diese Kids brauchen Aufgaben, die sie in ihren Anlagen und Fähigkeiten ansprechen und fordern – viel mehr als Regeln, die sie bremsen. Wenn Sie ihnen auf diese Weise begegnen, werden Sie erleben, dass sich das Einhalten von Regeln auch mit einem einfachen »bitte« erreichen lässt, wo vorher drastische Sanktionen nichts bewirken konnten.

👍 Überlebenstipp:

Geben Sie den Kids Bedingungen, an denen sie wachsen können, statt sie klein zu machen! Wenn Sie einen Revoluzzer in der Familie haben, diskutieren Sie mit ihm über soziale Utopien und lassen Sie es auch zu, dass Ihre gesamte Lebensführung in Frage gestellt wird. Es kann doch auch ganz spannend sein, die festen Säulen der eigenen Überzeugung und des eigenen Lebens mit dem Nachwuchs zu zerpflücken, gerade weil sie so selbstverständlich scheinen.

Wenn Sie ein Physik- oder Chemiegenie in der Familie haben, reden Sie doch mal mit dem Fachlehrer oder jemand anderem, der kompetent ist, darüber, wie Sie diese besondere Begabung unterstützen und fördern können.

Geht Ihr Kind gerne körperlich an seine Grenzen, schauen Sie sich nach Sportarten wie Klettern, Wildwasserkajak, Segeln, Windsurfen oder Ähnlichen um, die bei Ihnen in der Gegend angeboten werden. Vielleicht probieren Sie es gemeinsam aus?

Häufig sind äußere Erfahrungen der Ausgrenzung, Gewalt und Ablehnung in der Familie und der Gemeinschaft Ursache dafür, dass jemand sich als Grenzverletzer einen Namen macht. Diese Jugendlichen haben die Überzeugung entwickelt, nichts oder weniger als andere wert zu sein und nicht dazuzugehören. Sie fühlen sich durch die »allgemeinen Regeln« ausgeschlossen. Der Wunsch nach einer starken und stützenden Gemeinschaft, die einen anerkennt und gegen Ausgrenzung und Ablehnung in Schutz nimmt, ist in diesen Fällen oft die stärkste Triebfeder des eigenen Handelns. Nicht umsonst gilt »Respekt« als die höchste Anerkennung unter Rappern. Die Rebellion gegen die Gemeinschaft entpuppt sich als die Sehnsucht, in ihr aufgehen und an ihr teilhaben zu dürfen.

Diesen Gegensatz erlebe ich in meiner Arbeit mit Jugendgruppen oft: Jugendliche, die sozial extrem auffällig sind und sich jeder Regel widersetzen, aber gleichzeitig in ihrer Clique angepasstes Verhalten bis zur Selbstaufgabe an den Tag legen, um dazugehören zu dürfen. Wirkliche Freundschaften können so natürlich nicht entstehen, eher Zweckbündnisse, die aller Treueschwüre zum Trotz von einem Moment auf den anderen in ihr Gegenteil umschlagen können.

Wenn man trotz ihres Verhaltens zu diesen Jugendlichen steht und ihnen durch gezieltes Training hilft, ihr Muster der Selbstablehnung und -entwertung zu durchbrechen, können sie sich auch nach und nach erlauben, konstruktive Beiträge zur Gemeinschaft zu leisten. Es ist allerdings meist kein leichter und schneller Weg, sondern einer, der allen Seiten viel abverlangt. Es gilt, den Teufelskreis aus Destruktivität und Ablehnung zu überwinden. Bei einigen mag es nur eines kleinen Anstoßes bedürfen, bei manchen mag es ein Prozess über mehrere Jahre sein, andere wiederum mögen so verhärtet in ihrem Unglück sein, dass sich jegliche Liebesmühe als vergebens erweist. Den Versuch jedoch ist es allemal wert, da jemand, der weiß, wie es ist, ausgegrenzt und abgelehnt zu sein, sich für eine Gemeinschaft, so er sie gefunden hat, ganz anders einsetzen wird, als jemand, der mit ihr als selbstverständlichem Gut aufgewachsen ist.

👍 Überlebenstipp:

Häufig sind äußere Erfahrungen der Ausgrenzung, Gewalt und Ablehnung in der Familie und der Gemeinschaft Ursache dafür, dass jemand sich als Grenzverletzer einen Namen macht.
Eltern fühlen sich gegenüber ihren renitenten und gewalttätigen Kindern oft hilflos. Manchmal nehmen sie das, was den Außenstehenden offensichtlich erscheint, auch nicht wahr oder verdrängen es. Zu sehen, wenn etwas im Argen liegt, und zu handeln ist für Sie als Eltern aber wichtig, wenn Sie in einer Sackgasse stecken und nicht mehr weiterwissen. Holen Sie sich jemanden von außerhalb,

der Ihnen helfen kann zu sehen, was ist und wo Sie ansetzen können. Das ist der erste Schritt zur Veränderung der Situation hin zum Besseren. Keine Angst vor Erziehungsberatungsstellen oder Jugendämtern! Sie sind dafür da, Sie zu beraten und zu unterstützen und Ihnen Hilfen anzubieten.

Sie können aber auch etwas zusammen mit anderen Eltern oder in Ihrer Rolle als Lehrer in der Schule tun. Geben Sie den Jugendlichen Gelegenheit, ihr Anerkennungsdefizit aufzufüllen. Eine gute Idee ist es zum Beispiel, dem ausgegrenzten und renitenten Mädchen die Hauptrolle in der Schulaufführung von »Romeo und Julia« zu geben. Nehmen Sie das ernst; unterstützen, fordern und trainieren Sie das Mädchen richtig auf den Erfolg der Aufführung hin, auch wenn sie immer wieder alles hinschmeißen möchte. Sie werden von ihrer Verwandlung und der Aufführung überrascht sein.

Für aggressive Jungs können ein professionelles Boxtraining oder Kampfsport das richtige Mittel sein, den Wunsch nach Anerkennung in konstruktive Bahnen zu lenken. Dort können die Jugendlichen ihre Aggressionen ausleben – aber nach strengen Regeln. Es geht dort eben nicht ums Prügeln, sondern um die Kunst des Kampfes. Natürlich sollten Sie sich die Trainer und das Training vorher genau daraufhin anschauen, ob sie dieser Aufgabe gewachsen sind.

Musik ist auch ein tolles Mittel. Vielleicht können Sie einen bekannten Musiker für ein Rap-Seminar gewinnen? Dem geht ein Rap-Wettbewerb an der Schule voraus, dessen zehn Beste die Teilnahme an dem Seminar gewinnen. Oder Sie setzen die Aufzeichnung eines Titels auf CD als ersten Preis aus.

Wenn der aggressivste Junge der Klasse, der größte Profilierungsneurotiker Türke oder Russe ist – warum machen Sie nicht die nächste Klassenfahrt in das Herkunftsland dieses Jungen? Beteiligen Sie ihn nach Kräften an der Vorbereitung der Reise. Geben Sie ihm Verantwortung! Und Anerkennung – denn er ist es, der seine Heimat zeigen oder sie mit den andern entdecken kann. Das wirkt sich mit Sicherheit positiv für die Klasse und die ganze Schule aus.

Pubertät — Zielscheibe der Werbung

Die Pubertät ist in vielfachem Sinn eine Orientierungs- und Neufindungsphase. Das war sicherlich schon immer so, nur findet sie heute unter anderen Vorzeichen statt. Noch nie in der mir bekannten Geschichte ist die Altersgruppe der Teenager so systematisch einer wirtschaftlichen Auswertung unterzogen worden wie in unserer Zeit. Natürlich sagt die Industrie, sie befriedige nur die bestehenden Bedürfnisse. Das mag für die Herstellung manchmal auch stimmen, für den Vertrieb und das Marketing stimmt das mit Sicherheit nicht. Der Zynismus, mit dem das Geschäft der Erzeugung und Kontrolle von Bedürfnissen betrieben wird, steht dem früherer Zeiten sicher in nichts nach. Doch die Methoden haben sich verfeinert, die Motive haben sich gewandelt und die Instrumente haben sich wesentlich verstärkt. Ohne Fernsehen und Rundfunk wäre die weltweite Massensuggestion des Konsums schlichtweg nicht durchführbar.

Die Jugendlichen werden systematisch und umfassend einer Propagandamaschinerie ausgesetzt, die nur ein Ziel kennt: die Sehnsüchte und Träume jeder nachwachsenden Generation möglichst frühzeitig für eine wirtschaftliche Nutzung zu formen. »Ich konsumiere, also bin ich!«, lautet die Botschaft, die unaufhörlich in die Hirne der noch formbaren Kids gesendet wird.

Die heutigen Jugendlichen müssen sich also nicht nur mit ihrem inneren Aufbruchschaos und mit den Menschen ihrer unmittelbaren Umgebung auseinander setzen. Die Welt stürmt in einer massiv manipulativen Weise auf sie ein, die es ihnen bestimmt nicht leichter macht, den Weg zum Ich, zu eigenen Überzeugungen und einer eigenständigen Position im Leben zu finden.

Jugendliche, denen erlaubt wurde, ein positives Selbstwertgefühl zu entwickeln, werden damit besser zurechtkommen. Kids, denen eher Erfahrungen der Abwertung und Ablehnung in der Familie und der Gesellschaft vertraut sind, tun sich damit schwerer. Ihnen wird die Entwicklung einer gesunden und starken Persönlichkeit, die sich selbst wertschätzen kann, durch den auf Konsum ausgerichteten Anpassungsdruck noch zusätzlich erschwert. Man braucht sich nur auf den Straßen, in den Schulen oder unter jugendlichen Außenseitern und Underdogs umzusehen, um das bestätigt zu finden: Kinder und Jugendliche, die keinerlei Peilung für ihr eigenes Leben haben, aber Markennamen herunterleiern wie ein Evangelium: kein Fuß ohne Nike oder Adidas.

Es ist spannend und aufregend für die Kids, wenn sich jemand die Mühe macht, ihnen Marketing und Werbung zu erklären. Sie finden es meistens verblüffend, wenn sie erfahren, wie systematisch Vermarktung auf bestimmte Zielgruppen hin betrieben wird. Ob man sich zu diesem Zweck mit der Produktplatzierung im Supermarkt beschäftigt oder mit dem werblichen Rahmen bei »The Dome« oder »Top of the Pops«, eine Hilfe für die Jugendlichen, sich nicht völlig von dieser Werbemaschine einlullen zu lassen, ist es in jedem Fall.

Vom Rollenspiel zum Spiel des Lebens

Der Weg zur eigenen Persönlichkeit führt über das Spiel von Rollen, die man zeitweise trägt und die man wechseln kann wie Kleidungsstücke. Genau wie diese sind sie auch sich laufend ändernden Moden und Trends unterworfen. Heute in, morgen out.

Das können politische Überzeugungen sein, die radikal und grell bis in Kleidung und Haarschnitt vorgetragen werden. Lassen Sie sich doch bei Gelegenheit von einem sich national-deutsch gebenden Jugendlichen seine Überzeugung erklären. Sie werden in neunzig Prozent aller Fälle außer ein paar Allgemeinplätzen nichts Erhellendes zu hören bekommen. Der Grund: Die Jugendlichen sind nicht national gesinnt, denn sie wissen überhaupt nicht, was das heißt. Sie geben sich so, weil sie es für cool halten, weil das Mädchen oder der Junge, auf die sie scharf sind, dabei sind, oder weil ihnen der scheinbare Zusammenhalt in der Gruppe Familienersatz ist. Typisch pubertär eben.

Je weniger die Jugendlichen sich selbst akzeptieren und letztlich lieben können, desto mehr werden sie in grelle Antibilder flüchten, um sich wenigstens in der Ablehnung und Erregung der Umwelt spüren zu können.

Ich sah neulich einen Fernsehbeitrag über einen Bürgermeister in Brandenburg, der auch mit Skinheads konfrontiert war. Er nahm sich des Problems an, ging zu den Skins und setzte sich mit ihnen an einen Tisch. Er fragte sie nach ihren Träumen und Wünschen und erfuhr, dass sie gerne einen Raum hätten, in dem sie sich treffen könnten. Er stellte ihnen einen Bauwagen auf ein gemeindeeigenes Grundstück und schloss ihnen persönlich einen Fernseher an. Sie vereinbarten, dass sie sich bei Problemen und Fragen immer direkt an ihn wenden konnten. Er war jetzt »ihr Bürgermeister« und sie »seine Skins«. Es gab keine Randale mehr, weil sie es nicht mehr nötig hatten, auf den Putz zu hauen, um auf sich aufmerksam zu machen. Sie konnten zum Bürgermeister gehen, wenn sie Probleme, – auch mit Nachbarn und anderen Gruppen – hatten, und er schaute regelmäßig, auch ohne Anlass, auf eine Flasche Bier bei ihnen vorbei.

Viele Mädchen wie Jungs orientieren sich dank der starken Medienpräsenz an den Stars der Unterhaltungsbranche. Sie ahmen das nach, was sie für cool halten oder von dem sie den Eindruck haben, dass es auf das andere Geschlecht wirkt. Was Jennifer Lopez trägt und wie sie sich bewegt, wird vor dem Spiegel geübt, bis man fertig für den Auftritt im Theater der Schule oder der Disco ist. Bis Shakira kommt und es der Bauchtanz sein muss … Jungs sind da auch nicht besser. Die Hose auf Halbmast oder im Anzug wie P. Diddy ahmen sie die obercoolen Handabklatscher nach …

Manchmal versuchen sie sich auch in die Nachahmung eines Stars wie in eine »zweite Haut« zu flüchten auf der Suche nach Geborgenheit oder dem Schutz vor Verletzungen. Das kann bis zu einem Religionsersatz gehen. Der Popstar erklärt den Kids die Welt und sie lauschen hingebungsvoll.

Dass vor allem Musik und Film diese Wirkung auf Heranwachsende haben, liegt an der starken emotionalen Wirkung von Bildern und Musik auf die Seele. Das dürfte jeder von sich selber kennen. Pubertierende sind dafür noch um ein Vielfaches empfänglicher als Erwachsene.

Bis zur Pubertät sind die Kinder noch weitgehend in den Überzeugungen der Eltern beheimatet. Auch wenn es nicht so ausschaut, nähren sie sich von ihnen. Mit dem Eintritt der Pubertät werden sie aus diesem »Paradies der Unselbständigkeit« vertrieben und von ihren Hormonen auf recht nachdrückliche Art aufgefordert, sich in ihren Auffassungen und Standpunkten zu verselbständigen und auf eigene Füße zu stellen.

Schon kleine Kinder spielen gerne Erwachsenenrollen, indem sie sich verkleiden, mit Puppen spielen oder wie auch immer. Aber das war Spiel – jetzt wird es Ernst. Dieser Ernst im Kindischen ist mit ein Grund, warum Pubertierende für Erwachsene mitunter eine so dramatische und anrührende Komik entwickeln können.

Judith, dreizehn, ist unsterblich in Sven verliebt. Sie haben sich dreimal Briefe geschrieben und jetzt hat sie ihn mit einem anderen Mädchen aus der Klasse knutschen sehen. Heulend liegt sie im Zimmer inmitten ihrer Plüschhasen, Kuschelbären und Knuddeläffchen. »Ich kann ohne ihn nicht leben!«, heult sie. Drei Tage hört sie traurige Musik und läuft mit Leichenbittermiene durchs Haus. Sie schreibt tausendundeinen Brief an Sven, die sie alle zerreißt. Dann kommt Steve ... Natürlich war sie in Sven verliebt, aber damals (vor drei Tagen) wusste sie noch nicht, was echte Liebe ist. Jetzt weiß sie es! Danke, Steve.

Die Rollenspiele gewinnen an existentieller Bedeutung und werden mit einer Intensität und Hingabe gespielt, die ihnen einen Anschein von Wirklichkeit geben. Sie haben den Charakter von großen Gesten, die jedoch vornehmlich der Selbstdarstellung und der Selbsterprobung dienen und sich der Wirkung auf andere versichern sollen.

Verlieben und Streiten, Trennen und Wieder-Zusammenkommen werden mit Begeisterung vor der Clique und mit deren Beteiligung hoch dramatisch in Szene gesetzt. Doch werden die anderen lediglich als Reflektoren der eigenen Inszenierung wahrgenommen und kaum als Gegenüber. Dabei ist kein Mittel einschließlich Heulkrampf, Nervenzusammenbruch und Selbstmorddrohung zu billig, als dass man es nicht probieren könnte. Da dies in den jugendlichen Cliquen wechselseitig so funktioniert, fällt es untereinander auch kaum auf; und wenn, ist es meist nur der Start in eine eigene Inszenierung, in der die anderen ebenso zum Publikum gemacht werden, wie man es selbst vorher war.

Nutzen und Sinn solcher Übungen sind vielfältig. Sie erlauben zu erproben, wie es sich anfühlt, wenn man sich Überzeugungen und Haltungen zu Eigen macht, für die man im Unterschied zu früher auch von der Umwelt verantwortlich gemacht wird. Man wird ernster genommen und erlebt Reaktionen, die einem als Person gelten. Wie aufregend! Gleichzeitig kann man diese Überzeugungen auch morgen durch das Gegenteil ersetzen, weil keiner bei einem Teenager feste Überzeugungen und eine ausgereifte Persönlichkeit erwartet. Zu Recht!

Man hat also eine gewisse Narrenfreiheit in diesem Alter und lauthals vorgetragene Überzeugungen sollten auch unter diesem Blickwinkel gesehen werden: als Probezustände. Im Idealfall gewinnen junge Menschen dadurch an Einfühlungsvermögen für gegensätzliche Haltungen und Meinungen, auch wenn es nicht die ihren sind. Denn sie haben sich im Heranwachsen durch wechselnde Überzeugungen sozusagen Innenansichten verschiedener Gemütszustände, Haltungen und Einstellungen dem Leben gegenüber verschafft. Das ist Bildung im besten Sinne, bei der die Theorie durch eigene Erfahrung plastisch, anschaulich und lebendig wird.

Weil es diesem Alter so sehr entspricht, ist der Weg über inszenierte Rollenspiele von Eltern und Pädagogen auch sehr vielversprechend. Es bietet sich zum Beispiel an, die Jugendlichen im Rahmen eines Gesellschafts- oder Schauspiels in Rollen schlüpfen zu lassen, die ihren eigenen Überzeugungen entgegengesetzt sind, um ihnen die Erfahrung von Gegensätzen zu ermöglichen.

Jedes Theaterstück der Welt lässt sich auf ein paar wenige Grundcharaktere und eine Grundhandlung zurückführen, die als Basis für ein solches Experiment dienen kann. Anhand diese Grundgerüsts lässt man die Handlung und den Text von den Jugendlichen entwickeln.

Der gute König wird also z.B. von dem gespielt, der alle für fies halten. Den Fiesling gibt der Schöngeist oder der Weltverbesserer. Die strahlende Schönheit wird gespielt von der Unscheinbaren. Die Schönheit spielt die Rolle der grauen Maus. Und so weiter. Die Aufgabe des Regisseurs liegt darin, darauf zu achten, dass die Schauspieler nicht aus der Rolle fallen, sondern sich wirklich bemühen, in diese Rolle zu schlüpfen.

Das wird in einer Familie meist nicht gehen, aber nehmen Sie es als Anregung mit in die Jugendgruppe oder in die Schule. Der Film »Der Club der toten Dichter« mit Robin Williams in der Hauptrolle ist ein inspirierendes Beispiel dafür, wie bei Heranwachsenden ein Rollenspiel zur Suche nach der tatsächlichen Orientierung im Leben werden kann.

Oder man gibt ihnen Rollen, die ihnen ein konsequentes Erfüllen ihrer selbst ernannten Überzeugung abnötigen. In der Familie oder im Freundeskreis bieten sich dafür Abenteuer- und Rollenspiele wie das Fantasy-Spiel »Das schwarze Auge« an. In Jugendgruppen kann man ganze Theaterstücke oder einzelne Szenen aus dem reichen Fundus der Weltliteratur auswählen. Sehr schön sind auch Improvisationen anhand festgelegter Rollen entlang eines vorgegebenen szenischen Ablaufs. Sinnvollerweise wechseln sich Spielphasen mit Phasen der Reflexion ab. In der Schule wird man das möglicherweise im Rahmen des Geschichts-, Deutsch- oder Gemeinschaftskundeunterrichts machen – aber auch der Kunstunterricht bietet sich dafür an (Bühnenbild, Kostüme …).

👍 **Überlebenstipp:**

Gerade weil es diesem Alter so sehr entspricht, ist der Weg über inszenierte Rollenspiele sehr vielversprechend. Lassen Sie die Jugendlichen zum Beispiel im Rahmen eines Gesellschafts- oder Schauspiels in Rollen schlüpfen, die ihren eigenen Überzeugungen entgegengesetzt sind, um ihnen die Erfahrung von Gegensätzen zu ermöglichen.

Die Entdeckung des Geschlechtlichen

Als ob das alles noch nicht genug wäre, was die Pubertät da für die Jungen und Mädchen an Herausforderungen bereithält, hat sie noch einiges an magischen Bildern und Gefühlsstürmen in der Hinterhand, mit denen sie die jugendlichen Opfer hinterrücks niederstreckt.

Da drängen mächtige Träume im Schutz der Nacht hervor, die einen schwitzend, bangend und verwirrt zurücklassen. Gleichzeitig merkt man eine sehnsuchtsvolle Süße, die danach drängt, sich lustvoll zu entladen.

Da wird die Bluse der Lehrerin auf einmal zur Verheißung, die alle Aufmerksamkeit gefangen hält und mit der eigenen Fantasie auf weite Reisen geht. Da werden die singende Silikon-Barbie aus Amerika, der Boy aus der Band, die erotische Tante oder der Junge aus der Oberstufe auf einmal zu Wirklichkeit gewordenen Traumgestalten, an denen sich alle Sehnsüchte festmachen.

Wie mag es sich anfühlen, diese Lippen zu küssen und diese Brüste zu berühren? Wie mag es sich anfühlen, in den Armen dieses Jungen oder Mannes zu liegen und auf magische Art zärtlich berührt zu werden? Wie mag es sich anfühlen, mit Körper und Seele zu lieben und geliebt zu werden?

Für Jungs wie Mädchen geht es um die Entdeckung des anderen Geschlechts und der eigenen Sexualität. Und obwohl es letztlich um das Gleiche geht, gehen sie doch ganz verschiedene Wege.

Die Sexseiten im Internet sind eine Domäne der Jungs. Mädchen finden es selten stimulierend, nackte Männer anzuschauen, sondern meist eher lustig. Können Sie sich Mädchen vorstellen, die ein Loch in die Wand zur Jungsdusche bohren, um dahinter zu onanieren? Für Jungs ist das eine begeisternde Vorstellung. Jungs finden an nackten Frauen und Mädchen auf Pornoseiten Gefallen, weil sie in erster Linie über die Augen sexuell erregt werden. Mädchen kommen wohl kaum auf die Idee, vor dem Bild eines nackten Mannes zu masturbieren. Für Jungs in der Pubertät ist das (ersehnter) Alltag.

Pubertierende Jungs können täglich mehrmals onanieren, im wahrsten Sinne des Wortes so lange, bis die Vorhaut wundgerubbbelt ist. Sie sind in der Wahl des Ortes dabei nicht sehr wählerisch, unterm Tisch, in der Schultoilette, im Bett – egal. Mädchen legen viel mehr Wert auf Geborgenheit und die richtige Stimmung, sie baden oder gehen ins Bett. In der Toilette werden Sie vergeblich nach ihnen suchen.

In die kindlichen Seelen ist ein Sturm an Gefühlen und Sehnsüchten eingebrochen, der ihnen den Atem raubt und ihre Sinne schmerzvoll spannt. Wie befreiend, wenn sie einen Weg gefunden haben, diese Anspannung mit eigener Hand zu erlösen. Für die Jungs ist Selbstbefriedigung der Weg, diese Spannungen abzubauen, die Entladung dabei das – lustvolle – Ziel. Deswegen kommen sie auch auf aus Mädchensicht so blöde Ideen wie Wettonanieren, bei denen derjenige siegt, der am weitesten spritzen kann. Aber auf diese Momente der Entladung sind Jungs nun mal als Höhepunkt programmiert.

Mädchen onanieren auch, aber bei weitem nicht so häufig. Vielleicht einmal die Woche oder alle zwei Wochen und das meistens in Bezug auf einen bestimmten Jungen und nicht stimuliert durch eine anonyme Onaniervorlage. Auch möglich, dass sie mit einer Freundin oder ihrer Schwester zusammen auf eine Entdeckungsreise der weiblichen Sexualität gehen. Das hat erst mal nichts mit sexueller Orientierung zu tun, es geht mit Jungs in diesem Alter meist nicht. Dasselbe gilt auch umgekehrt: Nicht jeder, der in der Pubertät mit einem anderen zusammen masturbiert, ist schwul. Es kommt sogar recht häufig vor, weil man die eigene Sexualität im Spiegel des anderen gleichgeschlechtlichen Artgenossen so viel besser kennen lernen kann.

Für Mädchen steht Beziehung im Vordergrund, wenn es um Sexualität geht. Jemand hat mal zugespitzt formuliert: »Frauen wollen Sex, um eine Beziehung zu haben. Männer wollen eine Beziehung, um Sex zu haben.« Das hängt mit der biologischen Programmierung und entwicklungsgeschichtlichen Prägungen zusammen. Es würde zu weit führen, hier darauf einzugehen, aber ich empfehle Ihnen das Buch *Warum Männer nicht zuhören und Frauen schlecht einparken* von Allen und Barbara Pease zur Lektüre.

Im Gegensatz zu Jungs stehen bei Mädchen nicht die Kopulation und der Orgasmus im Mittelpunkt des Interesses. Es geht ihnen viel mehr um Zärtlichkeit und Nähe, und die – durchaus auch sexuelle – Anerkennung vom anderen Geschlecht, Romantik, Geborgenheit und Liebe.

Doch selten und nur allmählich finden die Gefühle wirklich den Weg zum anderen. Erst einmal dient der andere nur als Leinwand, auf die sich die eigenen erwachenden Sehnsüchte und Gefühle projizieren lassen, ohne dass man tatsächlich Gefahr läuft, mit irgendeiner Art von Wirklichkeit konfrontiert zu werden. Die Bosse der Platten- und Filmindustrie wissen das und produzieren männliche und weibliche Projektionsflächen für Teenager in Serie.

Es ist in der Regel ein weiter Weg, bis man wirklich von Beziehung sprechen kann. Der erste Schritt heißt nun einmal üben, üben, üben und viel darüber reden, wobei das Zweite meist wichtiger und natürlich auch sicherer ist. Die Flügel der Gefühle müssen sich erst aus ihrer Eierschale befreien und an der Sonne trocknen. Dann müssen die Küken lernen, sie auszubreiten, sie müssen durch eifriges Schlagen gekräftigt werden und die Federn müssen wachsen, damit sie eines Tages ihren ersten Flug machen können. Gut, wenn sie Eltern haben, die ihnen dabei helfen und ihnen zeigen können, wie es geht. Vielleicht auch, weil sie sich daran erinnern, wie es bei ihnen war.

👍 **Überlebenstipp:**

Die Sexualität ist da! Klopfen Sie von jetzt ab an, bevor Sie ins Zimmer Ihres Kindes kommen, denn es ist jetzt ein Jugendlicher mit sexuellen Bedürfnissen und Handlungen. Und lassen Sie Ihren Jungen auf der Toilette in Ruhe, auch wenn es mal länger dauert.

Akzeleration – die frühere Reife

Waren die Jugendlichen früher in der Regel mindestens dreizehn Jahre und älter, bevor die Brunft über sie kam, ist heute das zehnjährige Mädchen, das zum ersten Mal seine Tage bekommt, keine Ausnahme mehr. Die geschlechtliche Reife kommt immer früher und derzeit ist noch kein Ende dieser Entwicklung abzusehen.

Die Betonung des Sexuellen bei den jugendlichen Idolfiguren tut das ihre dazu, dass der verbale und tatsächliche Umgang mit Sexualität früher einsetzt. Aber nur, weil eine Zehnjährige über Oralverkehr und die beste Stellung aus dem *Kamasutra* redet, heißt es noch nicht, dass sie versteht, worum es bei der (körperlichen) Liebe eigentlich geht.

Darauf angesprochen, wäre es natürlich höchst uncool zuzugeben, dass man eigentlich nicht viel über Sexualität und Liebe weiß. Wahrscheinlich hat jede Zehnjährige schon mal in der *Bravo* oder *Girl!* oder einer ähnlichen Zeitschrift über heiße Fesselspiele und Cunnilingus gelesen. Aber auch wenn eine Zehnjährige – das Gleiche gilt natürlich auch für Jungs – schon sexuelle Erfahrung mit einem Partner gehabt haben sollte – auch das heute keine Seltenheit mehr –

haben wir es in der Regel mit Kindern zu tun. Die körperliche Reife bringt eben nicht automatisch die persönliche oder seelische Reife mit sich.

Mädchen reifen zwar früher als Jungs, aber nähern sich mit einem viel langsameren Tempo dem anderen Geschlecht und ihrer Sexualität. Sie brauchen Gespräche mit ihren Eltern, der älteren Schwester oder mit anderen erfahrenen Bezugspersonen. Diese sollten ihr Selbstbewusstsein stärken und mit ihnen darüber reden, wie sie auf das Drängen von Jungen reagieren sollen bzw. dürfen. Die Mädchen haben Angst, dass ihr Schwarm sich von ihnen abwendet, wenn sie seinem Drängen nicht nachgeben. Es ist also gut, mit ihnen darüber zu sprechen, was hinter diesem stürmischen Drängen der Jungs steckt. Ist das Liebe, wenn er nicht warten kann, bis sie sich wirklich bereit fühlt? Ein guter Test für die Beziehungsfähigkeit des Jungen. Wichtige Fragen für die Mädchen in ihrem Gefühlswirrwarr: Was hat Liebe mit Sex zu tun? Ist ihr Busen zu klein? Ist sie attraktiv? Ist eine Frau für einen Mann eklig, wenn sie ihre Tage hat? Was suchen Jungs bei einem Mädchen? Worauf schauen sie zuerst? Wonach suchen sie sich eine Freundin aus? Sie dürfen dabei gerne aus Ihren Erinnerungen erzählen. Wie war bei Ihnen das erste Mal? Woran haben Sie gemerkt, dass er sie liebt? Wie war es, als sie sich das erste Mal geküsst haben?

Nur einen Themenbereich lassen Sie wahrscheinlich besser außen vor. Da die eigenen Eltern für ihre Töchter asexuelle Wesen sind, sind ihnen sehr intime Gespräche mit ihnen über Sex, in denen es wirklich ans Eingemachte geht, meist peinlich und unangenehm. Ist es wichtig, gleichzeitig zum Orgasmus zu kommen? Die Tante oder die ältere erfahrene Freundin sind besser dafür geeignet, über den Zusammenhang von sexueller Erfüllung und Penisgröße, langsame und schnelle Rhythmen beim Liebesakt, Intimpiercing und Ähnliches zu reden. Spannen Sie die für die Geschichten aus dem Nähkästchen ein. Fragen Sie, ob sie nicht mal mit dem Töchterchen reden könnten.

👍 Überlebenstipp:

Erinnern Sie sich noch, wie es bei Ihnen war? Machen Sie sich vor allem bei Mädchen bereit für die Gespräche, die unweigerlich kommen. »Woran merke ich, dass ich verliebt bin?« »Also, bei mir war das so mit Thomas ...« »Wer war Thomas?« »Thomas war der erste Junge, in den ich verliebt war.« »Wie alt warst Du da?« ...

Wenn Ihre Tochter geschlechtsreif wird und das erste Mal seine Tage bekommt, ist allerdings ein Wink der Mutter wichtig, daß sie jetzt auch in Ihren Augen »in den Club der Frauen« aufgenommen ist. Das ist ein so einschneidendes und wichtiges Ereignis, dass es in vielen Kulturen in besonderen Zeremonien gefeiert wurde. Wenn Ihnen danach ist und Sie eine Idee haben, wie Sie dieses besondere Ereignis mit Ihrer Tochter begehen könnten, nur zu. Wenigstens können Sie ihr ein Geschenkpäckchen mit frecher Unterwäsche und roter Schleife aufs Bett legen, um zu zeigen, dass Sie wahrgenommen haben, was da passiert ist, und dass Sie sich mit ihr darüber freuen.

Auch Jungs helfen Gespräche bei ihrem Hindernisrennen. Was hat Sex mit Liebe zu tun? Was wünscht er sich von einer Freundin und wie kann er es herausfinden? Worauf schaut ein Mädchen zuerst? Wie kann er einem Mädchen zeigen, dass er es mag? Wie war das bei Ihnen? Was mögen Mädchen? Was erwarten Mädchen? Bedeutet es Ablehnung, wenn das Mädchen ihn mit seinen Wünschen zurückweist? Warum will sie immer mit ihm reden? Warum sind so oft ihre Freundinnen dabei? Aber schenken Sie ihm keine Reizwäsche, um den Eintritt in die Pubertät zu feiern … Nehmen Sie besser die Uhr vom Großvater, fahren Sie (nur Vater und Sohn) zum Angeln am einen See, machen Sie ein Lagerfeuer und reichen Sie die Uhr feierlich an die nächste Generation weiter.

Eines sollten Sie sich in dicken schwarzen Lettern auf die Küchentür und an die Bürotür schreiben: Sie werden es nicht verhindern können, wenn Ihr Kind sexuelle Erfahrungen sucht und findet. Aber:

👍 **Überlebenstipp:**

Helfen Sie den Jugendlichen, Unterscheidungsvermögen und Verantwortung zu entwickeln, indem Sie miteinander über Sexualität, Partnerschaft, Liebe, Lust und Leidenschaft, Geschlechtskrankheiten und Verhütung sprechen. Lassen Sie sich dabei nicht durch ein:»Ich kenn mich da aus!« abschrecken. Reden müssen Sie miteinander, damit Sie als Eltern einen Eindruck davon gewinnen, wie Ihre Sprösslinge mit Sexualität umgehen. Das ist die Voraussetzung dafür, dass Sie wissen, wo und wann Sie unterstützend eingreifen müssen.

Natürlich ist das ein heikles Thema, das viel Fingerspitzengefühl erfordert und bei dem Rechthaberei und Kommandoton nichts zu suchen haben. Es ist nicht so einfach, hier den richtigen Weg im Umgang miteinander zu finden. Es gibt keine Patentrezepte im Sinne von: mit zwölf ist Geschlechtsverkehr o.k., mit elf würde ich abraten. Ich kann Ihnen nur ein paar Gedanken zu diesem Thema mit auf den Weg geben, die Ihnen hoffentlich Orientierung zu geben vermögen, ohne dabei den Anspruch auf Vollständigkeit erheben zu wollen.

Das kleine Sex mal Sex

1. Sexualität verbieten werden Sie nicht können. Gottes Natur ist groß und
weit. Ich weiß auch nicht, ob Sie dies sollten. Ist es nicht besser, Ihr Kind
macht seine ersten Erfahrungen unter Ihrem Schutz und mit Ihrem Wissen,
als irgendwo in der freien Wildbahn gegen Ihren Willen? Das bedeutet natürlich nicht, dass es Ihnen egal sein soll, ob Ihre Tochter oder Ihr Sohn jeden
Tag jemand anderen zum Frühstück mitbringt.

   Ich empfehle Ihnen, mit Ihrem Kind eine Abmachung zu treffen. Freund
oder Freundin können bei Ihnen übernachten, wenn es sich um eine festere
Beziehung handelt, beide es wünschen und die Eltern einverstanden sind.
Das kann nach zwei Monaten sein, in denen auch Sie den Freund oder die
Freundin Ihres Kindes etwas kennen lernen konnten. Zwei Monate sind in
der Pubertät viel.

   Jugendliche sind noch immer in wesentlichen Teilen kindlich, und haben
Ihren Rat und Ihre Zuwendung gerade in diesem verwirrenden Bereich
dringend nötig, um mit dem vielen, was da auf sie einstürmt, fertig werden
zu können.

   Wenn es Ihnen gelingt, ein vertrauensvolles Verhältnis zu Ihrem Nachwuchs aufzubauen, Sexualität und Liebe betreffend, werden Sie ein Team
werden, bei dem auch Verbote akzeptiert und verstanden werden.

2. Sie sollten darüber sprechen, dass es einen großen Unterschied zwischen
Liebe, Lust und Leidenschaft gibt und wie man das auseinander hält. Machen
Sie sich ein Bild von den Freunden Ihrer Kinder. Lassen Sie sich erzählen, in
wen sie sich verliebt haben und warum. Was gefällt ihnen an dem anderen so?

   Halten Sie keine Vorträge, sondern hören Sie vor allem genau zu. Die
Freunde müssen nicht Ihnen gefallen, sondern Ihren Kindern. Versuchen Sie
sich in Ihre Kinder und deren Sehnsüchte einzufühlen und reden sie darüber.

3. Sprechen Sie sachlich und nüchtern über Geschlechtskrankheiten, ihre Ursachen, wie man sie erkennt und was man zur Vorbeugung tun kann. Sicher
gibt es in der Schule Sexualkundeunterricht, aber für Sie ist es wichtig zu
wissen, was Ihr Kind weiß und wie es mit diesem Wissen umgeht. Auch wenn
Ihre Kids abwinken mit der Behauptung, sie kennen sich aus, so erweist sich
in der Praxis ihr Wissen meist als recht lückenhaft bis abenteuerlich.

   Sprechen Sie über Verhütung, die verschiedenen Wege, Vorteile, Nachteile
und Verfügbarkeit. Kaufen Sie Ihrem Kind ruhig eine Packung Kondome mit
Himbeergeschmack zum Geburtstag. Gehen Sie mit Ihrer Tochter gemein-
sam zum Frauenarzt und finden Sie eine geeignete Verhütungsmethode. Die
Pille ist zwar sehr sicher, aber nur, wenn man sie auch regelmäßig nimmt …
Ein Kondom hat auch zur Voraussetzung, dass man im entscheidenden

Moment eines dabeihat und sich nicht auf den anderen verlässt. Und dann muss man auch den Mut aufbringen, es einzusetzen …

Mädchen sehen eine mögliche Schwangerschaft oft sehr naiv, eher nach dem Motto: »Und dann sind wir eine kleine glückliche Familie.« Führen Sie ihr vor Augen, was es heißt, ein Baby zu haben. Lassen Sie Ihre Tochter oder Ihren Sohn ruhig ein paar Tage rund um die Uhr bei einer Freundin Babysitting machen. Bitten Sie Ihre Freundinnen, ungeschminkt über ihre Erfahrungen mit der Liebe, der Schwangerschaft und dem Großziehen von Babys zu sprechen, damit Ihre Kids ein realistischeres Bild davon bekommen, was es bedeutet, für ein Kind dazusein.

4. Es kann nicht schaden, wenn Sie auch über Ihren Umgang mit Sexualität, Liebe und Partnerschaft zu erzählen bereit sind. Sehr vorsichtig und mit der Einschränkung, dass Eltern meist als asexuelle Wesen empfunden werden und deren Sexualität die Kids in der Pubertät vielleicht eher verstört als ihnen hilft.

Auch was das Alleinseinkönnen betrifft, ist es wichtig, mit Ihren Kindern zu reden. Es ist kein Beweis der Liebe, wenn man den Freund oder die Freundin nicht mehr alleine lässt. Liebe heißt doch auch, einander den Raum zu lassen, den man braucht. Der andere ist nicht dafür da, die eigene innere Leere auszufüllen. Jeder hat da seine eigenen Erfahrungen – wichtig für die Kids scheint mir vor allem, zu verstehen, dass das zeitweise Alleinsein zur Liebe dazugehört.

5. Nehmen Sie Ihren Kindern den Druck, jetzt etwas Bestimmtes leisten zu müssen. Die Liebe ist eine aufregende neue Welt, in die sie eintauchen, und die sie in ihrem ganz persönlichen Tempo erkunden dürfen. Helfen Sie Ihren Kindern, sich von nichts und niemandem unter Druck setzen zu lassen und statt dessen bei sich selbst zu spüren, wann der richtige Zeitpunkt für einen nächsten Schritt gekommen ist.

Nehmen Sie Ihren Kindern auch den Druck, irgendeinen Blödsinn anstellen zu müssen, um aus einem zu engen Korsett von Verboten und Tabus, in das sie von Ihnen möglicherweise gepresst wurden, auszubrechen.

6. Sexualität und Liebe sind etwas Wunderbares und sie zu entdecken und zu feiern kann eine der schönsten Erfahrungen des Menschen sein. Tragen Sie durch Ihr Verständnis und Ihre Offenheit dazu bei, dass es für Ihr Kind eine wundervolle Erfahrung werden kann, mit dem Menschen seiner oder ihrer Wahl zu erleben, wie wunderschön es sein kann, zu lieben und geliebt zu werden. Dann haben auch Sie etwas Wundervolles geschafft.

Drogen

Eltern kommen heute nicht umhin, sich mit dem Thema Drogen zu beschäftigen, weil die Jugendlichen unwillkürlich mit ihnen in Berührung kommen. Die Auseinandersetzung mit illegalen Drogen ist heute zudem drängender als zu früheren Zeiten, weil ihr Gebrauch zu einem Massenphänomen geworden ist. Auch ist die Vielfalt an frei verfügbaren Drogen, die nahezu überall, wenn auch meist illegal, erhältlich sind, weitaus größer als noch vor zwanzig Jahren.

Sie als Eltern brauchen, um gewappnet zu sein, einen grundsätzlichen Einblick darin, was die Faszination von Drogen für Jugendliche ausmacht. Das klingt vielleicht zunächst befremdend, aber das Verständnis für die besondere Stimmung und die Bedürfnisse der Jugendlichen wird Ihnen helfen, stärkend und regulierend eingreifen zu können. Dazu gehört auch ein grundlegender Einblick in die Wirkungen, die von den verschiedenen gebräuchlichsten Drogen und Rauschmitteln ausgehen.

So wie die Wirkungen höchst unterschiedlich sind, so differenziert ist auch eine mögliche Gefährdung für den »User« wie für die Umgebung zu sehen. Statt in einem Horrorszenario zu schwelgen, hilft es Ihnen als Eltern mehr, wenn Sie in die Lage versetzt werden, Gefährdungen zu erkennen und zu wissen, wann Handlungsbedarf gegeben ist.

Der Gesetzgeber versucht seit Jahrzehnten, dem Drogenproblem durch Unterteilung in legale und illegale Drogen beizukommen. Diese Maßnahmen hatten bisher kaum Erfolg und konnten vor allem ein Ausbreiten des illegalen Drogengebrauchs nicht verhindern.

Es ist wichtig, dass Sie sich bewusst machen, dass es in jeder Kultur potenziell schädliche und gefährliche, aber akzeptierte und legale Drogen gibt. Bei uns sind das hauptsächlich der Alkohol, neben Koffein, Nikotin und Psychopharmaka.

Stellen Sie sich vor, Sie sitzen in Ihrem Lieblingsrestaurant und trinken zu einem köstlichen Essen einen guten Wein. Was würden Sie sagen, wenn Ihr Tischnachbar anfangen würde, Sie als Drogenabhängigen zu beschimpfen? Nach der herrschenden Argumentationslogik in der Drogendebatte wäre das gerechtfertigt. Denken Sie nur an die große Zahl von Alkoholtoten durch Leberzirrhose und an die vielen Verkehrstoten, vor allem unter Jugendlichen. Denken Sie an die alkoholbedingte Beschaffungskriminalität (Einbrüche, Überfälle) und an die zahlreichen anderen Straftaten unter Alkoholeinfluss. Und denken Sie an die zahlreichen Morde und Körperverletzungen, die mit Alkoholmissbrauch einhergehen.

Ich möchte Ihnen hier nicht Ihren Wein oder Ihr geliebtes Bier vermiesen, ich möchte Ihnen nur klar machen, dass pauschale Angriffe ihr Ziel verfehlen. Wahrscheinlich erreichen Sie damit bei Ihren Kindern das Gegenteil von dem, was Sie eigentlich beabsichtigen: Sie werden unglaubwürdig und zur Lachnummer. Eine Einwirkung auf Ihre Jugendlichen bezüglich Drogen ist dann nur noch schwer möglich.

Die Unterscheidung von Drogen in »gute« und »böse«, in akzeptierte und tabuisierte, ist zudem eine kulturelle Entscheidung, die etwas darüber aussagt, welche Eigenschaften und Wirkungen die betreffende Gesellschaft für wünschenswert hält.

Für unsere westlich orientierte Kultur stehen die Begriffe der Leistungsbereitschaft, deren Erhalt und Wiederherstellung im Vordergrund. Dem dienen die ritualisierten morgendlichen Kaffeerunden in der Firma, dem dient die verschworene Raucherrunde, die mittlerweile meistens draußen oder in speziellen Raucherräumen stattfinden muss, und dem dient auch der Einsatz von Psychopharmaka zur Dämpfung oder Steuerung unerwünschter seelischer Zustände.

Die gelegentliche exzessive Einnahme alkoholischer Produkte (das Besäufnis) hilft, die durch die starke Leistungsorientierung in der Gesellschaft entstehenden inneren Spannungen abzubauen und Ängste zumindest vorübergehend zu überdecken.

In Amerika ist die Leistungsfixierung noch ausgeprägter als bei uns; das heißt, der Wert eines Menschen für die Gesellschaft wird noch ausschließlicher über seine Leistungsfähigkeit bestimmt. Ist Ihnen einmal aufgefallen, dass in sehr vielen amerikanischen Filmen die erste Tat zu Hause das Einschenken harter Drinks ist? Alkohol ist eben trotz seiner schädlichen und potenziell gefährlichen Wirkungen kulturell akzeptiert und tief in der Gesellschaft verankert.

Für Haschisch gilt das nicht. Haschisch steht nicht für mehr Leistungsbereitschaft, sondern lässt eher Gleichgültigkeit gegenüber äußeren Anforderungen, besonders auch in der Schule, entstehen. Diese Droge sensibilisiert für das innere Erleben von Einzelheiten und betont den Moment mehr als die Bereitschaft, sich äußerem Leistungsdruck zu unterwerfen und sich anzupassen. Das ist gesellschaftlich nicht gewünscht, bedeutet aber nicht zwangsläufig, wie viele meinen, gesellschaftliches Versagen, Drogenabhängigkeit und Untergang.

Ich möchte Drogen einschließlich Alkohol nicht verharmlosen. Alle Drogen sind potenziell gefährlich, besonders in den Händen von Kindern und Jugendlichen, denn sie wissen noch nicht, was sie tun.

Aber ob nun Haschisch oder Alkohol – auch Sie werden aller Voraussicht nach nicht verhindern können, dass Ihr Kind mit diesen Drogen zumindest in Berührung kommt, selbst nicht, wenn Sie es wegsperren. Sei es in der Schule, durch Freunde, in der Disco, auf einer Party, im Ferienlager oder in der Verwandtschaft – wo ein Wille ist, gibt es in der Regel auch einen Weg.

Doch das ist kein Grund zur Panik, sondern zur Wachsamkeit. Denn Drogen – legal oder illegal – sind vor allem aus zwei Gründen gefährlich:

Erstens: Weil sie Macht über einen Menschen gewinnen können, indem sie ihn seelisch oder körperlich abhängig machen. Einigen, wie Crack oder Heroin, gelingt das sehr schnell. Bei Heroin kann eine einzige Spritze so süchtig machen, dass das gesamte Denken, Fühlen und Wollen auf die Droge fixiert ist. Alkohol führt bei exzessivem Gebrauch und entsprechender familiärer und persönlicher Veranlagung auch relativ schnell zur Sucht – immer häufiger schon bei Jugendlichen und Kindern. Selbst Haschisch kann bei jahrelangem exzessiven Gebrauch eine seelische Abhängigkeit hervorrufen.

Zweitens: Weil sie in psychische und seelische Prozesse eingreifen und dort schweren Schaden anrichten können. Es stimmt zwar, dass in anderen Kulturen, wie zum Beispiel bei Indiostämmen in Südamerika, bewusstseinsverändernde Drogen wie Ayuahasca gerade wegen dieser Wirkungen hoch im Ansehen stehen. Doch verteilt man sie dort auch nicht wahllos an unvorbereitete Teenager. Es gibt Jugendliche, die sich selbst in die Psychiatrie einliefern, weil sie mit Bildern, die von Drogen wie LSD hervorgerufen werden können, nicht fertig werden. Wenn die Erfahrungen nicht angemessen verarbeitet werden können, kann LSD zu Psychosen und Schizophrenie führen. Drogen gehören nicht in Kinderhände!

Doch so wie Sie mir zustimmen werden, dass nicht jeder, der in der Jugend so manchen kräftigen Alkoholrausch hat, später vom Alkohol abhängig wird, gilt das genauso auch für Haschisch, wobei eine körperliche Abhängigkeit bei Haschisch ohnehin nicht bekannt ist. Die Abhängigkeit bei Haschisch besteht eher in der dämpfenden Wirkung, ohne die der User nicht mehr auszukommen meint. Statt morgens den ersten Schnaps zu trinken wird dann eben ein Joint geraucht. Wie aber kommt es zu einer Abhängigkeit? Wann wird die Grenze zwischen Ausprobieren, Konsumieren und Abhängigkeit überschritten?

Um gefährdet zu sein, abhängig zu werden, braucht es neben der suchtauslösenden Droge auch eine entsprechende Disposition beim Konsumenten. Die wichtigste Ursache für Abhängigkeit liegt in der Regel in der Person bzw. der Biographie des Jugendlichen. Was Drogenabhängigkeit vorausgeht, ist ein überwältigendes Gefühl der Hoffnungslosigkeit, das wie ein großer schwarzer Schatten über dem Leben des Jugendlichen liegt. Und es gehören tiefe seelische Schmerzen und Verletzungen dazu, die vor allem den Griff zu harten Drogen verlockend erscheinen lassen.

Es sind nicht immer einzelne dramatische Auslöser, die zur Sucht führen. Aber wenn Sie ein Betäubungsmittel benutzen, wird es in der Regel etwas geben, das Sie betäuben müssen. Oft ist es eine Kette von Demütigungen und Verletzungen, die den Jugendlichen zutiefst entmutigt haben. Viele Drogenabhängige haben auch Gewalt und Missbrauch erfahren, familiäre Liebe und Geborgenheit kennen sie oft nicht. Jugendliche, für die dies ein selbstverständliches Gut ist, sind weniger gefährdet.

Pubertärer Rausch und Rauschdrogen

Der Schlüssel für die besondere Faszination und Wirkung, die Drogen auf Jugendliche ausüben können, liegt in deren besonderer Seelen- und Bewusstseinsverfassung. Sie ist in manchem einem Drogenrausch vergleichbar.

Die Pubertät ist eine Phase, in der vorher Festgefügtes sich auflöst, um für etwas Neues, das von den Jugendlichen mehr erahnt und erfühlt als begriffen und verstanden werden kann, Platz zu machen. Dennoch ergreift es mit Urgewalt von ihnen Besitz. Ihre Empfindung und Wahrnehmung sind ganz vom Augenblick bestimmt und bewegen sich zwischen den Extremen: Von himmelhoch jauchzend bis zum Tode betrübt – von einem Augenblick auf den anderen.

Jugendliche empfinden sich als absolut einzigartig und erleben alles, was sie tun, so, als ob sie der erste Mensch auf Erden wären, der dies je getan hätte. Sie erleben sich als Zentrum des Universums und sind von diesem Erleben ganz eingenommen. Weil sie sich so wahrnehmen, bezieht sich auch alles um sie herum auf sie persönlich, so absurd es Ihnen als Eltern auch mitunter erscheinen mag. Die Vorstellung eigener Großartigkeit wechselt sich ab mit dem Empfinden größter Unsicherheit und Lächerlichkeit. Bildlich stellt man sich in einer Minute auf ein Denkmal, um sich in der nächsten unters Bett zu verkriechen.

In der Pubertät lösen sich Grenzen auf und neue müssen sich erst herausbilden. Diese Zeit ist mit einem vibrierenden Gefühl von Lebendigkeit und unbegrenzten Möglichkeiten verbunden. Auch wenn sich mancher Jugendliche davon ausgeschlossen fühlt, erlebt er dies doch als Realität bei »den anderen« und als Mangel bei sich selbst mit. Jugendliche befinden sich in einer permanenten Aufbruchsstimmung.

Drogen setzen bei diesem Gefühlschaos und bei diesem Rausch der Möglichkeiten an und verstärken einzelne Aspekte davon so sehr, dass sie intensiver und wirklicher und damit verlockender erscheinen können als die normale Alltagswelt. Man fühlt sich also lebendiger und hat das Gefühl, noch intensiver zu leben als ohne Drogen. Das macht die Hauptfaszination von Drogen für Jugendliche aus.

Natürlich ist auch die Versuchung groß, sich über Drogen das von außen zu holen, was einem innen fehlt. Wenn das eigene Leben von Vergeblichkeit und Verzweiflung geprägt ist, liegt es nahe, mit ein paar bunten Pillen nachzuhelfen, um dem tristen Alltag zu entkommen.

Manche Dinge im Leben muss man eben auch als Einschränkungen akzeptieren können. Das fällt leichter, wenn dem Erfahrungen gegenüberstehen, die Mut und Zuversicht vermitteln. Der Weg, auf dem man sich das Fehlende Stück für Stück erarbeitet, ist nämlich hart und mühsam, erfordert viel Geduld und kann auch nicht immer erfolgreich sein. Der Weg über Drogen scheint manchem, der die Kraft dazu aus sich nicht aufbringen kann, einfacher, schneller, bequemer und vor allem nicht so schmerzhaft zu sein. Ist dieses eher trostlose Grundgefühl noch mit einer abgrundtiefen und verzweifelten Hoffnungslosigkeit verbunden, was die eigenen Bemühungen und Möglichkeiten betrifft, können Drogen so verlocken, dass die Jugendlichen nicht mehr von ihnen loskommen.

👍 Überlebenstipp:

Die beste »Immunisierung« gegen Drogen erreichen Sie als Eltern, indem Sie Ihrem Kind von klein auf durch Ihre selbstverständliche Liebe und Gegenwart helfen, das Gefühl zu entwickeln, geliebt zu werden und liebens-wert zu sein. Jugendliche brauchen Liebe und Grundvertrauen zu sich selbst, um ihre seelische und gefühlsmäßige Achterbahnfahrt durchhalten zu können. Das Zweite, was Sie tun können, ist, Ihrem Nachwuchs durch Ermutigung und gezielte Förderung zu helfen, seine Fähigkeiten zu entfalten und deren Einsatz lustvoll und erfolgreich zu erleben. So erwerben Kinder, gehalten und geschützt von der Liebe der Eltern, Vertrauen zu den eigenen Kräften und Freude an den Möglichkeiten, sie einzusetzen. Sie werden als Jugendliche weniger suchtgefährdet sein und auch weniger dazu neigen, den Glücksverheißungen bestimmter Drogen auf den Leim zu gehen.

Für diese Art der Immunisierung ist es nie zu spät. Haben Sie das Gefühl, bisher zu wenig dafür getan zu haben, fangen Sie jetzt damit an!

Die Realität heute ist, dass Drogen entgegen den Bemühungen der Gesetzgeber überall und in fast jeder Form frei erhältlich sind – die meisten davon natürlich illegal. Gehen Sie davon aus, dass wahrscheinlich auch bei Ihnen in der Kleinstadt oder auf Ihrem Dorf Drogen erhältlich sind.

Die Taktik, Ihre Jugendlichen von bestimmten gefährlichen Orten fernzuhalten und ihnen damit den Kontakt zu Drogen zu verbauen, kann daher heute nicht mehr funktionieren. Sie war ohnehin nie besonders erfolgversprechend.

Julian aus Berlin war in der neunten Klasse durchgefallen. Seine Leistungen hatten rapide nachgelassen. Er machte kein Geheimnis daraus, wie er es nannte, gelegentlich einen Joint zu rauchen. Was er den Eltern nicht erzählte, war, dass er eine Zeit lang fast jeden Morgen auf dem Weg zur Schule sich mit einem Schulkameraden traf, zu einem weiteren Freund ging und dort bis nachmittags oder abends kiffte. Er hatte also das Interesse an der Schule vollkommen verloren.

Als Julians Eltern das Zeugnis sahen, beschlossen sie, etwas zu unternehmen. Sie waren der Meinung, es sei das Beste, ihn in ein Internat möglichst weit weg vom gefährdenden Umfeld zu stecken, um ihm einen schulischen Abschluss zu ermöglichen.

Nach Julians anfänglichem Sträuben wurde das dann auch umgesetzt. Was machte Julian im Internat? Nach kurzer Zeit hatte er herausgefunden, wo es Haschisch gab, rauchte aber weniger, denn es gab LSD, das anfing ihn zu verlocken und leichter zu bekommen war. Trotz total geregelter Ausgangszeiten, reglementierter Lernzeiten und Aufsicht begann er also mit dem Konsum bewusstseinserweiternder Drogen. Interesse an der Schule hatte er immer noch keines. Aber aus Frustration über die eingeschränkten Lebensbedingungen und den Verlust der Freunde begann er das erste Mal in seinem Leben exzessiv zu saufen, denn das war dort üblich.

Um dem, wie er es sah, Stumpfsinn zu entkommen, machte er ein Geschäft mit seinem Vater. Wenn seine Noten sich bessern würden innerhalb des nächsten Jahres, dürfte er nach Berlin zurückkommen. Daraufhin hatte er zwar immer noch kein Interesse an der Schule, aber immerhin ein Motiv zu arbeiten. Innerhalb eines halben Jahres verbesserte er sich in sämtlichen Fächern von der Note Fünf oder Sechs auf Zwei oder Drei. Das war also ein kluger Schachzug seines Vaters gewesen.

Als er zurück nach Berlin kam, hätte jetzt nur etwas ähnlich Motivierendes folgen müssen. Das geschah aber nicht. So hatte er vor allem sein Repertoire an Drogen erweitert, sackte schulisch wieder ab und hatte durch den Schulwechsel auch seinen Freundeskreis verloren, mit dem er groß geworden war.

Besser wäre gewesen, Julians Eltern hätten, statt sich gegenseitig die Verantwortung zuzuschieben, engen Kontakt mit der Schule und den Lehrern gehalten und sich eingehend informiert. Es wäre besser gewesen, sie hätten sich überlegt, wie sie erfahren können, welcher Stoff in der Schule behandelt wird, welche Hausaufgaben dran sind und wann Termine für Klassenarbeiten sind. Und sie hätten regelmäßig kontrollieren sollen.

Besser wäre gewesen, sie hätten mit Julian darüber gesprochen, warum die Schule keinen Spaß mehr bringt, denn Julian ging früher mal gerne zur Schule. Vielleicht hätten sie auch seinen Wunsch, die Schule zu unterbrechen und einen handwerklichen Beruf zu erlernen, ernst nehmen sollen.

Sie hätten auch eine Abmachung mit Julian treffen können für die Zeit nach der Schule, wie zum Beispiel eine einjährige Reise durch Australien, wo es Verwandte gab, und so versuchen können, ihn zumindest so weit zu motivieren, dass er ein Interesse am schulischen Abschluss entwickelt hätte.

Ich schlage Ihnen daher etwas anderes vor:

👍 **Überlebenstipp:**

Drogen werden selten alleine genommen. Sie sind sozusagen ein soziales Ereignis, das zusammen mit Freunden oder mit der Clique unternommen wird. Schauen Sie sich also die Freunde Ihrer Kinder an. Reden Sie mit ihnen und lernen Sie dadurch kennen, wie sie denken, was sie bewegt und wovon sie träumen.

Wenn Ihre Tochter auf eine Party will, bestehen Sie darauf, denjenigen kennen zu lernen, bei dem die Party stattfindet, und lassen Sie sich die Nummer der Eltern geben – für alle Fälle. Sie müssen ja schließlich wissen, wo Ihre Tochter ist. Rufen Sie die Eltern an, fragen Sie, ob das mit der Party alles so stimmt. Machen Sie sich einen Eindruck von der Familie.

Informieren Sie sich also gründlich darüber, was Ihr Kind so treibt, mit wem es zusammen ist und wie es seine Freizeit verbringt. Verlassen Sie sich nicht alleine auf das Wort Ihres Sohnes oder Ihrer Tochter. Kontrollieren Sie ruhig mal nach, auch überraschend, wenn Sie unsicher sind oder meinen Grund zur Sorge zu haben, ob sie wirklich dort sind, wo sie es sagen.

Sie müssen das ja nicht jedes Mal machen; aber ab und zu erinnert es die Kids daran, dass es Ihnen als Eltern nicht egal ist, wo und mit wem sie sich herumtreiben. Es macht das Lügen schwieriger, auch wenn Mädchen da meist gewiefter sind als Jungs. Und es gibt Ihnen bei einem überraschenden Besuch einen Einblick darin, womit sich Ihre Kinder in Stimmung bringen, wenn sie mit anderen feiern.

Es geht nicht darum, sie zu überwachen, sondern es sollte Ihnen darum gehen, einen Überblick über die Aktivitäten und vor allem den Freundeskreis Ihrer Kinder zu behalten. Denn dann können Sie, wenn Sie das Gefühl haben, dass da etwas aus dem Ruder läuft, gegensteuern.

Wie kann dieses Gegensteuern aussehen? Wenn Sie den Verdacht haben, Ihr Kind raucht Haschisch, und laufen mit dieser Information zur Polizei mit der Bitte um Hilfe, wird man Sie dort wahrscheinlich milde lächelnd an eine Drogenberatungsstelle verweisen. In der Drogenberatung können Sie auf ganz konkrete Tipps im Umgang mit Drogen hoffen und auf Informationen darüber, wie Sie sich Gewissheit über vermuteten Konsum verschaffen können. Die Beratungsstelle wird Sie auffordern, zusammen mit dem Nachwuchs zu einem Beratungsgespräch zu kommen. Der wird sich wahrscheinlich aus mangelnder Einsicht dagegen sträuben und vielleicht eine Diskussion mit Ihnen über die Gefahren des Alkohols anzetteln und sich letztlich als moralischer Sieger fühlen. Das sollte Sie natürlich nicht davon abhalten, auf so einem Gespräch zu bestehen, und sei es nur, damit Ihr Jugendlicher sich informieren kann. Doch sehen Sie Drogenberatungsstellen zunächst als Hilfe und Anlaufstelle für Sie selbst, die Eltern, um sich zu informieren, wann Sie weitere Schritte mit fremder Hilfe einleiten sollten.

Behalten Sie darüber hinaus immer den Finger am Puls des Geschehens. Der Konsum findet in der Clique und mit Freunden statt. Wenn Sie sich in diesem Kreis als Eltern Vertrauen schaffen können, werden Sie auch Einfluss nehmen können. Ich erinnere Sie hier noch einmal an das Kapitel über Gesprächsführung mit Jugendlichen. Wissen Sie, wie viele oder wenige der Freunde Ihrer Kinder Eltern zu Hause haben, mit denen sie sich vertrauensvoll unterhalten können? Mit denen sie über alles reden können? Wenn Sie es schaffen, Ihren Kids und auch deren Freunden einen Raum zu bieten, in dem sie sich vertrauensvoll öffnen können, werden sie staunen, wie oft Jugendliche dieses Angebot annehmen und Ihnen ihr Herz öffnen. Missbrauchen Sie dieses Vertrauen nicht! Nutzen Sie es, indem Sie Einfluss nehmen auf die jugendlichen Wirrköpfe, im Falle der Freunde anders und manchmal besser als deren leibliche Eltern. Und durch die Freunde wirken Sie natürlich auch auf Ihre eigenen Kinder.

Jugendliche verlieren über einzelne Erlebnisse oft das Ganze aus den Augen, weil sie so erfüllt vom Moment sind. Das ist ja auch schön und sie werden um dieser Intensität des Augenblicks willen auch oft von Erwachsenen beneidet, so wie vielen die erste Liebe mit ihrem Zauber ja auch ewig im Gedächtnis bleibt. Aber helfen Sie ihnen, das Ganze im Blick zu behalten. Kontrollieren Sie die schulischen Leistungen und arbeiten Sie mit Ihren Kindern an Strategien, wie diese sich bessern lassen. Sorgen Sie dafür, dass ihnen andere Begegnungen ermöglicht werden als in immer demselben Dunstkreis von Freunden (Ferienprogramme usw.). Oder, wenn es Ihnen möglich ist, nehmen Sie sich die ganze Clique und machen Sie ein Kletterwochenende, gehen Sie Segeln oder machen Sie eine Fahrradtour mit Lagerfeuer und Übernachtung im Freien durch Südfrankreich oder entlang der Weser. Die Kids für so eine Aktion zu motivieren, ist zugegeben als Eltern nicht ganz einfach. Aber vielleicht finden und kennen Sie den richtigen Punkt zum Motivieren?

Das kleine Drogen-Einmaleins

Bei der Beschreibung der Wirkungen habe ich mich auf die subjektive Wahrnehmung durch den Konsumenten und auf das von Ihnen als unbefangenem Beobachter Wahrnehmbare beschränkt. Dadurch soll Ihnen ein Verständnis des Reizes, der in dem Konsum der verschiedenen Drogen liegt, ermöglicht werden. Andererseits möchte ich Ihnen die Möglichkeit geben, Verhaltensänderungen bei Ihren Jugendlichen auch daraufhin anschauen zu können, ob Drogen im Spiel sein könnten.

Haschisch, Marihuana und Haschischöl werden relativ häufig von Jugendlichen, teils sogar schon von Kindern mit zehn Jahren, geraucht oder in Form von z.B. Keksen gegessen.

Sie alle werden aus Hanf hergestellt und erzeugen eine andere Wahrnehmung von Raum und Zeit. Sie verlangsamen und intensivieren innere und äußere Wahrnehmungen und Empfindungen.

Entweder benutzt man spezielle Pfeifen mit einem kleinen Metallkopf, in dem das Haschisch pur geraucht wird, oder es wird mit Tabak gemischt in einer normalen Pfeife oder einem Joint geraucht. Es gibt auch spezielle Glaskolbenpfeifen oder große Wasserpfeifen, die gerne für den Konsum genommen werden. Beliebt sind auch Rauchrohre, so genannte Chillums, weil sie die Wirkung durch schlagartige Inhalation noch einmal verstärken.

Beim Konsumenten kann ein kleiner Ausschnitt der Umgebung, eine Fliege zum Beispiel, über lange Zeit in übersteigerter Weise die Aufmerksamkeit auf sich ziehen. Oft ist die überzeichnete Wahrnehmung einzelner Abschnitte der erlebten Wirklichkeit mit heftigen, für die Umgebung unverständlichen Heiterkeitsausbrüchen, regelrechten nicht aufhören wollenden Lachanfällen verbunden. Außerdem sind die Heißhungeranfälle berüchtigt, die unweigerlich auftreten, wenn jemand Haschisch konsumiert hat. Der Konsument bleibt aber ansprechbar. Die Augen sind deutlich gerötet wie bei einer Bindehautentzündung.

Wenn also Ihr Kind mit einem dümmlichen Grinsen, begleitet von gelegentlichen unmotivierten Heiterkeitsausbrüchen durch die Wohnung schlurft, knallrote Augen hat, dabei regelmäßig Attacken auf den Kühlschrank unternimmt und dauernd in seinem Zimmer lüftet, damit Mama und Papa den verdächtig süßlichen Geruch nicht so wahrnehmen, der gerne mit Räucherstäbchen erklärt wird, würde ich auf Haschisch tippen.

Meist geht mit dem Haschischkonsum eine gewisse Erschlaffung und ein Desinteresse an äußeren Aufgabenstellungen wie der Schule einher. Haschisch macht nicht süchtig, aber es kann zu einer Abhängigkeit von dieser Art der Realitätswahrnehmung kommen, die den Konsumenten denken lässt, ohne diese Droge nicht mehr auskommen zu wollen und zu können. Es kann bei intensivem Gebrauch über längere Zeit (mehrere Jahre) auch zu Realitätsverschiebungen bis hin zu Psychosen kommen. Das ist aber eher selten. Der intensive Gebrauch ist in der Regel eher ein Symptom für ein anderes Problem im seelischen Bereich, das behandelt werden müsste.

Es gibt aber auch viele, die den Konsum von Haschisch dem von Bier gleichsetzen und dabei beruflich und persönlich ihren Weg erfolgreich und konsequent gehen. Ein Trost: Für die Mehrzahl wird der Gebrauch von Haschisch ein vorübergehendes Phänomen sein, das zum Beispiel mit dem Beginn einer ernsthaften Partnerschaft, eigenen Kindern, einer beruflichen Herausforderung, einer örtlichen Veränderung oder etwas Ähnlichem an Bedeutung verliert oder ganz aufhört.

Alkohol in seinen verschiedenen Formen kennt jeder. Auch wie ein Rausch aussieht, brauche ich nicht zu erklären.

Nur vielleicht so viel zur Wirkung: Ein Jugendlicher, der sich unsicher fühlt, glaubt unter Alkoholeinfluss auf einmal unwiderstehlich zu sein und hält sich für den Größten. Alkohol wirkt eben lösend und enthemmend. Er kann natürlich nur da lösen, wo in den Jugendlichen schon etwas veranlagt ist. Somit könnten sie es also auch auf anderem Wege schaffen, Hemmungen, und zwar auf Dauer, zu überwinden. Doch das müssten sie sich zutrauen und sie müssten daran arbeiten. Trinken scheint da leichter und prestigeträchtiger.

Je nachdem wie tief diese Hemmungen und Unsicherheiten sitzen, kann Alkohol daher auch schon in jungen Jahren sehr gefährlich werden. Die Verbindung der sozialen Akzeptanz mit der vermeintlichen Stärke des Vieltrinkers in den Augen der Freunde führt bei vielen Jugendlichen, mittlerweile auch bei immer mehr Kindern von zehn, zwölf Jahren, zur Alkoholabhängigkeit.

Es sind meistens die, die immer lustig sind und für den Alkoholnachschub sorgen, die gefährdet sind, nicht mehr ohne zu können. Diejenigen, die jede Gelegenheit nutzen und immer zum Trinken animieren wollen, sind im kritischen Bereich.

Jugendliche, die ständig größere Mengen Alkohol im Haus haben und konsumieren, sind möglicherweise bereits gefährdet. Alkoholabhängigkeit ist etwas, das sich unmerklich und schleichend entwickelt. Zudem wird sie von dem Betreffenden geleugnet und von der Umgebung meist verharmlost. »Der feiert doch nur gern! So ein lustiger Kerl.«

Da Alkohol sich nicht nur in Weinanbaugebieten einer hohen Akzeptanz erfreut und für die meisten zum fröhlichen Beisammensein einfach dazugehört, sollten Sie schon sehr genau hinschauen, ob Ihre Jugendlichen noch ohne Alkohol feiern können oder ob schon erste Entzugserscheinungen wie Zittern und Ähnliches auftreten.

In der Wirkung ist Alkohol ohnehin ein Ersatz für wirkliche Lebendigkeit. Jugendliche, die sich etwas zutrauen und sich auch mit sich selbst zu beschäftigen wissen, laufen weniger Gefahr, auf dem Alkohol hängen zu bleiben. Kids, die einen Zugang zu ihrem Innenleben haben und sich für Aufgaben und deren Bewältigung begeistern können, die Freundschaften pflegen, die mehr als nur an der Oberfläche plätschern, haben genug, was sie den Alkoholräuschen mit ihrem schalen Nachgeschmack entgegensetzen können.

Kurz gesagt: Je mehr Trostlosigkeit und Stumpfsinn im Leben eines Jugendlichen herrschen, desto größer die potenziellen Gefahren durch Alkohol.

Beruhigungs- und Schmerzmittel werden meist in einem Cocktail mit anderen Drogen genommen. Viele von ihnen können bei intensivem Gebrauch abhängig machen.

Jugendliche oder Kinder, die regelmäßig z.B. Alkohol in Verbindung mit diesen Tabletten nehmen, brauchen therapeutische Betreuung. Bei diesen Kandidaten ist in der Regel eine erhebliche Tendenz zu Sucht und härteren Drogen gegeben. Dieser Hang zur Sucht liegt in der Person und dem Erleben der Jugendlichen begründet. Sie brauchen Hilfe. Denn wer schon als Kind oder Jugendlicher es nötig hat, sich zu betäuben, greift ohne Hilfe und therapeutische Einflussnahme über kurz oder lang wahrscheinlich auch zu härteren Mitteln. Wer ohne äußere medizinische Indikation zu Schmerz- und Betäubungsmitteln greift, hat meist innere (seelische) Schmerzen, die so stark sind, dass er meint, sie nicht mehr ohne diese Mittel aushalten zu können.

Sie sollten aufmerken, wenn Sie Packungen mit solchen Mitteln im Zimmer oder der Kleidung Ihrer Kinder oder im Müll finden. Dann kann ich Ihnen nur raten, schnellstens den Weg zur Drogenberatung in Ihrem Heimatort oder, wenn Ihnen das peinlich ist, außerhalb zu suchen.

Ecstasy oder MDMA sind in der Partyszene relativ gebräuchlich und verändern das Bewusstsein der User. Die meisten fühlen sich nach der Einnahme fit, in Einklang mit sich selbst und haben Empfindungen von Zärtlichkeit und Glück. MDMA vermindert die Wahrnehmung von körperlichen Warnsignalen. Symptome wie Durst, Schwindel, Kopfschmerz oder Herzjagen werden unterdrückt. Dadurch kann es zu körperlichen Zusammenbrüchen kommen.

Dies insbesondere dann, wenn im Rahmen von Tanzveranstaltungen über mehrere Tage nicht genug getrunken wird oder nicht genügend Ruhepausen eingehalten werden. MDMA wird oft in Kombination mit Haschisch (beruhigend, Ausklang), Alkohol (betäubend, Ausklang), LSD (Hallzinogen, verstärkend) und/oder Speed (aufputschend) und auch Kokain (aufputschend, erregend) genommen. In der Kombination mit anderen Drogen geht es dem User allein darum, erstens möglichst lange durchfeiern und tanzen zu können, und zweitens soll die psychedelische Komponente eine besonders intensive positive Einstimmung auf die »Location« und deren »Vibes« ermöglichen. Das Erleben des Ortes und der hoffentlich positiven Stimmung dort wird intensiviert, während gleichzeitig wilde Aktivität auch über lange Stunden und Tage möglich wird.

LSD, Psylocybin, Peyotl und verwandte Substanzen bergen eher psychische Risiken. In jedem Menschen gibt es ein reiches Innenleben an Licht und Schatten. Diese Drogen nehmen den Menschen mit auf eine Reise in die Innenwelt der Dinge und Menschen um ihn herum, aber auch in sich selbst. Zum Teil lässt sich das steuern, indem der User seine Aufmerksamkeit schweifen lässt und auf ausgewählte Eindrücke richtet. Zum Teil können diese Eindrücke aber auch so mächtig werden, dass sie einen förmlich mitreißen.

Das kann ein überwältigend schönes und glückhaftes Erlebnis sein. Dazu gehört zum Beispiel die immer wieder beschriebene Erfahrung der pulsierenden Einheit allen Lebens. Das kann aber auch eine Reise in die Abgründe der menschlichen Seele sein, der berühmte Horrortrip, der zu Panik und Angstzuständen und zu völliger Hilflosigkeit bis hin zum Selbstmord führen kann. Sicherlich ist das auch eine Frage der Dosis, die sich aber, da es das Zeug auf dem Schwarzmarkt gibt, nie genau, außer im Laborversuch, bestimmen lässt.

In den Kulturen, in denen diese Drogen zur Erforschung des Menschen und der uns umgebenden Welt eingesetzt werden, gibt man sie nicht an Kinder oder Jugendliche und auch nicht an jeden, der möchte, sondern an ausgewählte Kandidaten und immer in einem besonderen Setting, in dem erfahrene Zeremonienmeister oder Schamanen über den Ablauf wachen. Diese wissen auch, was passieren und wie in so einem Fall eingegriffen werden kann. Davon ist in unserem Kulturkreis jedoch in der Regel nicht auszugehen.

Nun gibt es jedoch auch viele, die in ihrer Jugend mit diesen Substanzen, vor allem seit den sechziger Jahren, experimentiert haben und heute exponierte Stellungen mit entsprechender Verantwortung innehaben. Es gibt aber auch nicht wenige, die in der Psychiatrie gelandet sind, weil sie mit den Erfahrungen nicht fertig wurden oder auf einem LSD-Trip »hängen geblieben« sind.

Um die Erfahrungen eines solchen Trips unbeschadet zu überstehen, braucht man innere Stärke und, um diese Erlebnisse im Anschluss zu verarbeiten, auch eine besondere Kraft. Viele Jugendliche nehmen diese Substanzen aber wie Kinder Smarties in völliger Verkennung der Macht dieser Drogen. Die Nachbearbeitung findet in der Regel überhaupt nicht statt – wo und mit wem denn auch?

Sven berichtete mir einmal über seinen Drogenkonsum, zu dem auch der Gebrauch von LSD zählte. Für ihn war das Wesentliche an LSD die Intensivierung der Farberlebnisse in der Umgebung. Nach dem Trip, der ein paar Stunden dauerte, war die Welt aber wieder grau – bis zum nächsten Mal. Ihm ging es also nur darum, dem Alltag und dem, was er in seinem Leben als bedrückend empfand, zu entfliehen. Da er sich selbst aber überall mit hin nehmen musste, brauchte er immer stärkere Mittel, um zumindest die Illusion eines farbigen, letztlich lebendigen Lebens aufrechterhalten zu können. Er hatte die zentrale Botschaft: »Du bist deines Lebens Schmied!« nicht verstanden und war daher auf dem direkten Weg in die Abhängigkeit von Drogen, um sich zumindest zeitweise glücklich fühlen zu können.

Drogen wie LSD können einem keine Wege abnehmen, aber sie können einem Wege öffnen, die man sich dann allerdings im Nachhinein in harter Arbeit zu erobern hat. Manchmal geht die Tür zu diesem Weg aber auch nicht mehr zu, auch wenn man es gerne hätte.

Es gibt viele Patienten in der Psychiatrie, die als Schizophrene diagnostiziert werden, weil sie Stimmen hören. Einige von diesen Menschen mögen auf einem LSD-Trip sehr viel Spaß daran gehabt haben, die Gedanken ihrer Umgebung lesen zu können. Das Dumme nur: es hörte nicht mehr auf. Der Ausknopf wurde sozusagen nicht mitgeliefert.

Es gibt ein paar Anzeichen, die auf die Einnahme von LSD hindeuten können. Am deutlichsten für Nichtkenner sind die wesentlich vergrößerten und erweiterten Pupillen. Außerdem kann die gesamte Aufmerksamkeit ausschließlich von einem Aspekt, wie einer Fliege, einem Grashalm oder einem Gedanken, in Anspruch genommen sein. Der Jugendliche kann unter Umständen für Stunden mit offenen Augen auf dem Bett liegen. Auffällig können auch noch komische und untypische Reaktionen auf eine Frage Ihrerseits sein. Es ist zum Beispiel möglich, dass Sie nur sonderbar angeschaut werden, wenn Sie fragen, ob Ihre Tochter etwas zu trinken möchte. Es ist aber auch möglich, dass sich Ihr Kind ganz normal mit Ihnen über Themen, die Ihnen vielleicht etwas sonderbar und ungewöhnlich vorkommen, unterhält. Hören Sie da ruhig auf Ihre innere Stimme. In der Regel spüren Sie eine Veränderung in der Haltung und dem Auftreten des Jugendlichen, wenn Sie diese auch nicht gleich fassen können.

Reagieren Sie nicht panisch, wenn Sie solche Beobachtungen machen, sondern ruhig und überlegt. Panik Ihrerseits kann eine an sich harmlose Erfahrung aufgrund der veränderten Wahrnehmung des Nutzers zu einem Horrortrip werden lassen. Wenn Sie den Verdacht auf LSD-Gebrauch haben, gehen Sie bitte zur Drogenberatung, schildern Sie Ihre Beobachtungen und lassen Sie sich raten, wie Sie damit umgehen sollen. In der Regel ist es am besten zu warten, bis der Trip abklingt, bevor Sie sich an ein Gespräch über Drogen machen. Vorher ist weder die Aufnahmefähigkeit gegeben noch eine sinnvolle Gesprächsführung möglich. Auch die Idee, den Jugendlichen in die Psychiatrie zur »Ausnüchterung« zu bringen, ist nicht sehr förderlich, solange nicht Gefahr für Leib und Leben besteht. Ein Mensch unter LSD-Einfluss ist äußeren und inneren Erlebnissen gegenüber besonders empfindsam, fühlt sich ihnen gegenüber mitunter sogar hilflos ausgeliefert.

An diesem Punkt wird etwas deutlich, nämlich:

👍 **Überlebenstipp:**

Informieren Sie sich bei der Drogenberatung darüber, was Sie tun können, wenn Ihr Kind Drogen nimmt – bevor es sie nimmt. Seien

Sie vorbereitet, damit Sie handeln können, wenn es notwendig werden sollte. Auch wenn Sie es niemals brauchen sollten, verhilft Ihnen das zu Handlungskompetenz und lässt Panik erst gar keine Chance. Warten Sie damit nicht, bis das Kind bereits im Brunnen ist.

Heroin: Diese Droge ist am gefährlichsten in Bezug auf eine suchterzeugende Wirkung. Heroin ist ein Opiumderivat, das beim ersten Kontakt süchtig machen kann. Es wird in der Regel über Spritzen in den Körper injiziert, seltener auch geraucht oder gesnieft, das heißt über die Nase eingeatmet.

Wenn es injiziert wird, gibt es Einstichstellen am Körper, dort wo Venen direkt an der Oberfläche sind. Das ist meistens in den Armbeugen, in den Kniekehlen und an den Knöcheln. Es gibt aber auch versteckte Stellen, unter der Zunge beispielsweise, wo die Einstiche nicht ohne weiteres sichtbar sind.

Heroin entführt die User in ein glückhaftes Rauscherlebnis, das von der Hölle auf Erden abgelöst wird, in der es nur darum geht, neuen Stoff zu besorgen, wo und wie und auf welche Art auch immer.

Deutlich sind Persönlichkeitsänderungen festzustellen, von den Suchterscheinungen wie Zittern, Magenkrämpfen, Schmerzen und kalten Schweißausbrüchen bei Entzug einmal ganz abgesehen. Der Heroinnutzer macht einen apathischen und abwesenden Eindruck, auch wenn er mit Ihnen spricht oder an Ihnen vorbeigeht. Ein leerer, glasiger Blick und schleppende Sprechweise, die sich beide deutlich von der Alkoholwirkung unterscheiden, sind auffällig. Ebenfalls auffällig ist häufiges Kratzen, wie man es sonst nur bei Neurodermitikern kennt. Am deutlichsten ist jedoch die seltsame Emotionslosigkeit beim Sprechen und im Blick. Es ist so, als ob die Droge alle Lebendigkeit herausgesaugt hätte und man es mit einem Zombie, einem Toten in einem lebenden Körper, zu tun hätte. Die Eltern, die meist mit hilfloser Liebe reagieren, erfahren oft eine Brutalität und Rücksichtslosigkeit im Beschaffen von Geldmitteln auch ihnen gegenüber, die den Eindruck hinterlässt, ihr Kind sei ein völlig anderes geworden. Es wird gelogen und gestohlen und eingebrochen, um an Geld zu kommen. Es ist so, als wäre ihr Kind von einem Dämon besetzt. In gewissem Sinne ist es das ja auch.

Es gibt einen ganz kleinen Prozentsatz von Abhängigen, die es schaffen, über längere Zeit den Anschein der Normalität aufrechtzuerhalten. Sie gehen zur Arbeit und führen ein weitgehend normales Leben, bis die Droge übermächtig wird oder der geregelte Beschaffungskreislauf, der Nachschub, unterbrochen wird.

Der Weg in die Beschaffungskriminalität und Prostitution ist bei Süchtigen eher die Regel als die Ausnahme, weil ihr Denken fast ausschließlich von der Notwendigkeit der Droge bestimmt wird. Die Gefahr einer Aids- und vor allem Hepatitis-Infektion ist leider auch keine Ausnahme, was mit dem Teilen unsterilen Spritzbestecks, Prostitution und den oft erbärmlichen hygienischen Bedingungen zusammenhängt, unter denen Abhängige nicht selten dahinvegetieren.

Deswegen: Wenn Sie den Verdacht auf Heroin haben, gehen Sie bitte sofort in eine Drogenberatungsstelle vor Ort und lassen sich dort beraten. In diesem Fall ist professionelle Hilfe unerlässlich.

Morphium und Opium sind bei Jugendlichen eher selten anzutreffen und wenn, dann meist in Verbindung mit anderen Drogen, wie Heroin. Sie führen alle relativ schnell und zuverlässig zur Sucht. Morphium und Opium machen beide gleichgültig und apathisch, wobei Opium noch mit wilden Traumdämmerzuständen aufwartet. Die Sucht hat in der Regel weniger dramatische Auswirkungen auf den Süchtigen als Heroin, führt aber dennoch zur Verwahrlosung und zur völligen gedanklichen Fixierung auf die Droge. Im Gegensatz zu Heroin ist es den Abhängigen jedoch möglich, meist längere Zeit den Anschein der Normalität aufrechtzuerhalten.

Kokain dagegen putscht den Konsumenten auf und lässt ihn in Größenfantasien schwelgen. Eigentlich eine Schickimicki-Droge für die leistungsbewusste und leistungswillige Oberschicht, kommt sie jetzt auch häufiger in anderen Kreisen der Bevölkerung vor und ist mitunter auch bei Jugendlichen anzutreffen. Meist jedoch in Verbindung mit anderen kostengünstigeren Drogen und selten allein.

Ihre Wirkung lässt sich vielleicht für einen Kenner beim Konsumenten beobachten. Wie schwer das jedoch für Laien ist, sehen Sie am Fall von Christoph Daum, der als designierter Bundestrainer und einer der Toptrainer der Bundesliga jahrelang unter weitgehender Beobachtung durch die Öffentlichkeit stand, ohne dass eine Drogenwirkung ohne weiteres sichtbar wurde.

Es gibt noch viele andere Substanzen, die sich einsetzen lassen, um in einen Rausch zu kommen, wie zum Beispiel **Stechapfel** oder **Fliegenpilz,** die in früheren Zeiten vorwiegend den »Eingeweihten« vorbehalten waren, die sie zur Visionssuche einsetzten oder um mit etwas, das sie als göttlich empfanden, in Berührung zu kommen.

Sollten Sie **Engelstrompeten** im Garten haben, empfehle ich Ihnen statt dessen Stiefmütterchen oder Primeln zu pflanzen. Dass Engelstrompeten ein – wenn auch giftiges – Rauschmittel sind, hat sich nämlich mittlerweile bei den Kids herumgesprochen.

Es können aber auch **Klebstoffe** wie Uhu oder **andere Chemikalien** wie Per aus der Reinigung geschnüffelt werden, indem die Gase in eine Plastiktüte einströmen und danach inhaliert werden.

Pädagogisches Handeln bei Drogenkonsum

Sie sind als Eltern nicht machtlos. Das gilt sowohl für die Zeit vor der Pubertät wie auch für die eigentlich kritischen Jahre. Durch Ihr Beispiel im Umgang mit Drogen legen Sie bereits ein Fundament, an dem Ihr Nachwuchs sich orientieren kann.

Die erste Frage geht also an Sie selbst: Was leben Sie durch Ihren Umgang mit Ihren Drogen Ihrem Kind vor? Denn auch an diesem Punkt sind Sie Rankgerüst für die jungen Menschen. Diese richten sich daran aus, was sie als Ihre Überzeugungen erleben und erfahren. Wenig bis überhaupt keine Wirkung hat das, was Sie lediglich plakativ verkünden oder mit Strafandrohung durchzusetzen versuchen, ohne es selbst vorzumachen.

Die zweite Frage, die Sie sich stellen sollten, lautet, ob Sie Ihr Kind ausreichend bei der Entdeckung und Entwicklung der eigenen Fähigkeiten unterstützen und fördern, wie ich es bereits vielfach in diesem Buch angeregt habe.

Ein Jugendlicher, der möglichst von klein auf die Erfahrung machen durfte, über ein reiches Repertoire an Fähigkeiten und Möglichkeiten zu verfügen, diese lustvoll entdecken durfte und dabei Ermutigung erfuhr, wird weniger gefährdet sein, den sterilen Heilsversprechen mancher Drogen zu verfallen, als ein Jugendlicher, dessen Leben eine Kette von Demütigungen und Entmutigungen eingebettet in Gleichgültigkeit war. Wenn Jugendliche ständig das Vergebliche all ihrer Bemühungen erfahren, sind sie Einflüsterungen durch Drogen, zu Gunsten synthetischer Glücksversprechen auf ihr Recht auf Lebensglück zu verzichten, zumindest schutzloser ausgesetzt.

👍 Überlebenstipp:

Letztlich ist bei Drogen die entscheidende Frage, warum es die Kids zu diesen hinzieht. An diesem Punkt können Sie als Eltern und Pädagogen einsetzen. Dazu gehört das, was ich vorher unter Immunisierung beschrieben habe, dazu gehört aber auch all das andere in diesem Buch, was sich unter dem Satz: »Für die Kids da sein« zusammenfassen lässt.

Aber: Es ist nie zu spät, um an diesem Punkt anzusetzen und den Jugendlichen erste positive Erfahrungen mit sich selbst und der Unterstützung durch eine Gemeinschaft zu ermöglichen. Das ist ein zentraler Punkt für die gesamte Pubertät und auch ganz besonders für dieses Kapitel. Jugendgruppen und Feriencamps mit Outdooraktivitäten sind eine Möglichkeit dafür. Es gibt »reisende Schulen«, die ein Schuljahr »on the road« ermöglichen mit all den sozialen Kontakten und Einblicken in das Zusammenleben von Menschen, die nicht zum gewohnten Umfeld gehören. So eine Erfahrung bewirkt in der Regel ein wirkliches »Aufwachen an der Welt«. Es gibt Sommercamps, die günstige Ferien mit Mitarbeit in sozialen oder gemeinnützigen Projekten verbinden. Das können internationale Workcamps in Frankreich oder Italien sein, die alte Gebäude wieder aufbauen, das können aber auch Ferien auf dem afrikanischen Kontinent sein, verbunden mit der Mitarbeit an einer Bewässerungsanlage für eine Dorfgemeinschaft. Dadurch erleben die Jugendlichen unmittelbar den Sinn ihres Tuns, soziale Integration und Akzeptanz, vielleicht das erste Mal in ihrem Leben, und sie erfahren, dass sie etwas Wertvolles für die Gemeinschaft beitragen können. Dafür ist es wahrlich nie zu spät – im Gegenteil, viele Therapien setzen dort an.

Noch etwas kommt dazu: Wenn bereits eine Gefährdung gegeben ist, kann es sehr heilsam sein, für ein Jahr aus dem gewohnten Umfeld und Trott herauszukommen und die Möglichkeit für ganz andere Erfahrungen mit sich selbst und der Welt zu bekommen. Natürlich sollte in dem Fall, dass es sich um eine Maßnahme mit längerer Dauer handelt und Ihr Kind noch schulpflichtig ist, für diese Zeit auch die Beschulung sichergestellt sein, damit Ihr Kind nicht zurückfällt. Oft gelingt es in so einem Rahmen durch die zusätzliche Motivation sogar, schulische Defizite aufzuholen.

Ein klassisches Internat kann ich Ihnen nur bedingt und nach genauer Prüfung empfehlen, weil hier die besondere Wertigkeit des eigenen Beitrags für die Gemeinschaft in der Regel fehlt oder völlig vernachlässigt wird. Damit fehlt das positive Element im Erleben.

Die meisten Internate tun zu wenig dafür, dass der Aufenthalt dort für die Jugendlichen zu einer besonderen Erfahrung wird. Ihre Leistungsbeschreibung konzentriert sich auf die Schule und ein paar Freizeitangebote. Die jugendliche Sehnsucht nach Aufbruch und Veränderung bleibt dagegen ungenutzt. Genau da setzen die guten und erfolgreichen Einrichtungen aber an. Wenn Sie an ein Internat denken, sollten Sie genau prüfen, welches pädagogische Konzept hinter der Einrichtung steht, und nicht nur auf die Hochglanzprospekte und deren Versprechungen vertrauen. Laden Sie doch mal einen der Jugendlichen, die dort wohnen, auf eine Tasse Kaffee oder zum Essen ein und informieren Sie sich aus erster Hand. Viel hängt auch von dem persönlichen Engagement der Pädagogen ab. Auch dort hilft ein Gespräch, das herauszufinden.

Die dritte Frage lautet: Erlebt Ihr Kind familiäre Liebe und Fürsorge oder muss es seine Sehnsucht nach Familie außerhalb stillen? Auch wenn Sie von Ihrem Partner getrennt leben, sollte Ihr Kind nach Möglichkeit nicht darunter leiden müssen. Jugendliche brauchen die Möglichkeit, sich mit beiden Elternteilen auseinander zu setzen, um zu einer stabilen Persönlichkeit im Leben werden zu können.

Manchmal ist natürlich auch Schutz vor einem früheren Ehepartner notwendig. Das kann bedeuten, dass eine direkte Begegnung nicht möglich ist, weil es für Sie oder Ihr Kind (bei Gewalt oder Missbrauch zum Beispiel) zu gefährlich wäre. Vielleicht lebt Ihr Partner auch nicht mehr oder ist aus anderen Gründen nicht mehr da. Dann können vielleicht andere Identifikationsfiguren aus dem Bekannten- und Freundeskreis, der neue Partner oder die neue Partnerin, sich anbieten und ersatzweise diese Auseinandersetzung ermöglichen. Wichtig ist, dass Sie sich der Auseinandersetzung mit den Heranwachsenden über ihre Eltern nicht durch Tabuisieren, Lügen oder Leugnen entziehen. Die eigene Auseinandersetzung mit beiden Eltern ist trotz all dem, was geschehen sein mag, ganz zentral und unverzichtbar für die Jugendlichen. Wer in diesem Punkt kein »zu Hause« hat, sucht sich seine Familie woanders.

👍 **Überlebenstipp:**

Sie sind als Eltern Drogen gegenüber nicht machtlos. Sie legen durch Ihr Beispiel im Umgang mit Drogen bereits ein Fundament, an dem Ihr Nachwuchs sich orientieren kann. Darüber hinaus ist es wichtig, den Jugendlichen Erfahrungen mit den eigenen Fähigkeiten zu ermöglichen. Entscheiden Sie, wo und wie Sie hier selber aktiv werden oder wie Sie fremde Aktivitäten wie Ferienfreizeiten, Auslandsaufenthalte, andere Projekte unterstützen können.

Auch wenn manche Drogen nicht süchtig machen, ist die **vierte Frage,** an der Sie in jedem Fall unterstützend ansetzen sollten, ob und wie es den Konsumenten gelingt, die durch sie ausgelösten Erfahrungen konstruktiv in ihre eigene Biographie zu integrieren. Die Erfahrungen müssen verarbeitet und bewältigt werden, sonst treibt man ihnen ausgeliefert willenlos dahin und verliert den Zugang zum eigenen Leben.

Ein guter Weg dafür ist die Kunsttherapie. Ein großer Teil unseres Erlebens spielt sich auf einer inneren bildlichen Ebene ab, die der Sprache kaum oder überhaupt nicht zugänglich ist. Viele Drogen arbeiten sehr stark auf der Ebene dieser inneren Bilder und lassen den User verwirrt und mitunter hilflos gegenüber dieser kraftvollen Bildmacht zurück. Mittels Kunsttherapie lassen sich die innerlich widerstreitenden Welten zu kraftvollen Bildern jenseits von Logik und Sprache zusammenführen. Es entstehen heilende Bilder, in denen die Erfahrungen und Eindrücke verarbeitet werden können.

Es gibt mittlerweile ein Netz von Kunsttherapeuten, die Sie bei dieser Aufgabe unterstützen können. Wenn Sie mehr darüber erfahren wollen, schauen Sie auf www.blauespferd.de.

Wenn Sie den Verdacht auf Drogenkonsum bei Ihrem Kind haben, im Gespräch aber Leugnung und Verweigerung erfahren, also nicht weiterkommen, gibt es verschiedene gute Verfahren, *Drogenscreening* genannt, mit denen man feststellen kann, welche Drogen in welchem Ausmaß in einem bis zu einem Jahr zurückliegenden Zeitraum konsumiert wurden. Dazu wird entweder der Urin oder das Haar Ihres Kindes analysiert. Ihr Hausarzt oder Drogenberatungsstellen können Ihnen verschiedene, auch anonyme Möglichkeiten dafür nennen, die unter Umständen auch von der Krankenkasse übernommen werden.

Natürlich ist dies nicht die erste Maßnahme, die Sie ergreifen sollten. Erst wenn Sie sich ziemlich sicher sind, angelogen zu werden, und Gewissheit haben wollen, womit Sie es letztlich zu tun haben, besorgen Sie sich Urin oder eine Locke vom Haupthaar Ihres Sprösslings und lassen sie analysieren. Zur Not gehen Sie halt mit zum Friseur oder sammeln ein paar Haare im Badezimmer auf.

Es hilft Ihrem Kind nichts, wenn Sie sich verrückt machen, hektisch werden und sich Sorgen machen, weil Sie nicht wissen, worum es geht, und weil der Nachwuchs Ihnen eine Auskunft darüber verweigert, welche Drogen konsumiert werden. Bedenken Sie, daß Vertrauen keine Einbahnstraße ist, die nur Ihr Kind fordern kann, ohne Ihnen Gleiches zu gewähren. Ungewissheit und Hilflosigkeit und die damit verbundenen Fantasien sind schrecklich; es ist besser, Sie wissen, worum es geht, und können angemessen reagieren.

👍 Überlebenstipp:

Nutzen Sie die professionelle Hilfe und den erfahrenen Rat, wie sie die Drogenberatungsstellen bieten, um verstehen zu können, was mit Ihrem Kind passiert, und um zu erfahren, wie Sie selber damit umgehen und wirksam helfen können. In Panik und Sorge zu verfallen hilft Ihrem Kind nicht weiter.

Die unter Jugendlichen mit am häufigsten konsumierten Drogen sind Haschisch und Alkohol. Hier noch mal in Kürze, was Sie dazu wissen sollten und was Sie tun können:
Haschisch: Die allgemeine Gleichgültigkeit gegenüber äußeren Anforderungen, wie sie beim Haschischkonsum entsteht, ist problematisch, weil sie der

schulischen Leistungsausrichtung und damit einem Abschluss entgegensteht. Dies ist nicht bei allen pubertierenden Haschischkonsumenten gleich stark ausgeprägt, aber eine Interessenverschiebung weg von der Leistung als Wert ist bei allen deutlich spürbar.

Die Einschätzung der eigenen Interessenschwerpunkte, der privaten wie beruflichen Ziele und der persönlichen Leistungsfähigkeit sind bei den Kids in der Regel andererseits noch nicht ausgeprägt genug vorhanden, als dass man sie an diesem Punkt einfach machen lassen könnte. Eltern sollten also ein wachsames Auge auf die schulischen Leistungen haben, um zu erkennen, wann sie einschreiten müssen.

👍 **Überlebenstipp:**

Suchen Sie das Gespräch mit den Jugendlichen. Sprechen Sie mit ihnen über Ihre Beobachtungen und bitten sie um ihre Sicht der Dinge. Dabei werden Sie sehr viel darüber erfahren, wie die Jugendlichen sich selbst erleben und sehen. Stellen Sie dem Ihre Wahrnehmungen gegenüber. Spiegeln Sie die Kids.

Es gibt sehr starke Abstufungen bei der Intensität des Konsums. Jemand, der gelegentlich konsumiert, wird anders zu betrachten sein als jemand, der die tägliche Schule mit einem Joint beginnt. Um Gefahren richtig einzuschätzen, hilft es, wenn Sie selbst sich etwas mit Drogen auskennen. Trotzdem sollten Sie sich nicht nur auf Ihre eigene Wahrnehmung verlassen. Den eigenen Kindern gegenüber hat man oft nicht die notwendige innere Distanz, um Gefährdungen oder Tendenzen richtig erkennen zu können. Deswegen ist es in jedem Fall ratsam, sich Rat und Beratung zu holen. Das gibt Ihnen größere Sicherheit im Umgang mit der Situation.

Sollte sich herausstellen, dass Ihrem Sprössling die Situation mehr und mehr zu entgleiten droht, ist gegebenenfalls auch eine Fremdunterbringung, zum Beispiel in einem Internat mit geeigneter pädagogischer Betreuung, zu erwägen. Achten Sie aber darauf, dass die Einrichtung Ihrer Wahl auf den Umgang mit Haschisch und Alkohol eingerichtet ist und diese Probleme nicht einfach nur totschweigt. Feststellen können Sie das, indem Sie nach Handlungskonzepten und Erfahrungen im Umgang mit Drogen fragen. Siehe dazu Seite 137.

Ein sehr kritischer Punkt ist das Alter der Konsumenten. Heutzutage sind Kinder mit zehn, zwölf Jahren oder jünger als Konsumenten keine Seltenheit mehr. Dass durch den Konsum in jungen Jahren eine gesunde Entwicklung behindert und verzögert werden kann, liegt auf der Hand. Deswegen ziehen Sie in so einem Fall unbedingt therapeutische und pädagogische Hilfe hinzu. Das gilt im Übrigen für alle anderen Drogen auch: Drogen gehören nicht in Kinderhände!

Die größte Gefahr ist der Konsum von Haschisch in Verbindung mit anderen Rauschmitteln, der leider auch weit verbreitet ist und ein deutliches Zeichen für eine weitergehende Gefährdung darstellt. Wenn jemand im Extremfall alle erreichbaren Drogen wahllos in sich reinstopft, ist es offensichtlich so, dass dieser Mensch die Realität, wie er sie erlebt, nicht aushält und ihr auf alle möglichen Arten zu entfliehen versucht: der klassische Kandidat für einen Drogenabhängigen.

Es nützt andererseits nichts, den Jugendlichen dauernd etwas von der Suchtgefahr und von Haschisch als Einstiegsdroge zu erzählen, weil dadurch das Gegenteil von Vertrauen erreicht wird. Es mag eine politische Linie sein, das so zu betrachten, aber es lässt Sie als inkompetent dastehen und macht Sie damit unglaubwürdig. So pauschal kommen Sie also nicht weiter. Reden sollten Sie aber mit dem Nachwuchs und ihn zum Nachdenken anregen. Informieren Sie sich! Es gibt mittlerweile einige gute Bücher zu diesem Thema und es gehört meist nicht viel dazu, sich besser auszukennen als die Jugendlichen. Reden Sie auch mit Menschen, die mit der Problematik gut vertraut sind, damit Sie den Grad der Gefährdung besser einschätzen können.

Unabhängig davon sollten Sie sich in jedem Fall für den Umgang mit Drogen fachlichen Rat und kompetente Unterstützung holen, damit Sie einerseits sicher sein können, auch bei diesem heiklen Thema für den Nachwuchs brauchbare Partner sein zu können, und damit Sie sich andererseits nicht heillos überfordern. Grundsätzlich braucht es neben dem professionellen Blick nämlich auch einige Erfahrung im Umgang mit den Konsumenten, um ihnen nicht auf den Leim zu gehen und Wunsch und Wirklichkeit unterscheiden zu können.

Es gibt keinen Grund, sich für den Drogenkonsum der eigenen Kinder zu schämen. Es ist heute eine weit verbreitete Erfahrung von vielen Eltern. Ganz im Gegenteil: Es zeugt von Verantwortungsbewusstsein, sich dem zu stellen, und von Mut, sich Hilfe zu holen.

Alkohol: Auch bei Alkohol werden die Konsumenten immer jünger. Eine Gefährdung wahrzunehmen oder den Schritt zur Sucht zu erkennen, fällt jedoch meist viel schwerer, weil Alkohol eine akzeptierte Droge ist und der Konsum als normal gilt. Bis aus demjenigen, der gerne feiert, im Bewusstsein der Umgebung jemand wird, der ein Alkoholproblem hat, dauert es meist lange. Dazu kommt, dass die Schwelle, ab wann der Alkoholkonsum zum Zwang, zur Sucht wird, sehr unterschiedlich angelegt ist.

Ein wichtiger Faktor für den Stellenwert von Alkohol im Leben ist das elterliche Beispiel. Wenn die Eltern vorleben, dass sie ohne Alkohol nicht leben können, sind sie ein anregendes Beispiel für die Jugend, es ihnen nachzutun. Es ist ohnehin so, dass Kinder von Alkoholikern gefährdeter sind, selbst schon in jungen Jahren süchtig zu werden.

Ich schlage Ihnen in Zusammenhang mit Alkohol sechs Aktionspunkte vor:

1. Achten Sie bei sich selbst auf einen verantwortlichen und bewussten Umgang mit Alkohol.

2. Alkohol in größeren Mengen sollte generell für Kinder unter fünfzehn Jahren tabu sein. Es sollten sich Ihnen sämtliche Haare aufstellen, wenn Kinder und Jugendliche mit zehn bis vierzehn Jahren oder jünger vorgeben, Alkohol zu brauchen, um feiern zu können.

Fühlen Sie sich außerstande, so ein Verbot durchzusetzen, dann braucht Ihr Kind weitere Hilfe von außen, denn es ist aller Wahrscheinlichkeit nach in hohem Maße gefährdet und wird mit seinen Problemen offensichtlich nicht alleine fertig.

Ob Sie zum Jugendamt oder zur Drogenberatung gehen, ob Sie eine externe Unterbringung außerhalb des gefährdendes Umfelds erwägen, Handeln ist jedenfalls angezeigt, solange Ihnen eine Einflussnahme noch möglich ist.

Auch Jugendliche, die mit achtzehn oder neunzehn Jahren übermäßig und regelmäßig dem Alkohol zusprechen, sind gefährdet, nicht mehr ohne ihn zu können. Hier empfiehlt es sich, ein wachsames Auge auf den Alkoholkonsum zu haben. Was der eine unbeschadet übersteht, kann für die anderen der Auftakt in die Abhängigkeit sein.

3. Jedes Wochenende sterben junge Menschen mit achtzehn, neunzehn Jahren auf dem Weg von der Disco nach Hause bei Verkehrsunfällen ohne eine erkennbare Einwirkung Dritter. Das liegt oft an der aufputschenden Mischung aus Alkohol, hämmernden Rhythmen und grellen Lichtreflexen, die sie im Rausch ihre Fähigkeiten im Verkehr nicht richtig einschätzen lassen.

Versuchen Sie, Einfluss auf die jugendliche Unvernunft zu nehmen, indem Sie zum Beispiel die Finanzierung des Führerscheins (für Mofa, Moped, Roller, Auto) an klare Bedingungen knüpfen, die bei Nichteinhaltung dazu führen, dass der elterliche Zuschuss zurückgezahlt oder abgearbeitet werden muss. Vielleicht vereinbaren Sie auch, wie bei jedem ordentlichen Kreditvertrag, ein Pfandrecht auf das Fahrzeug. Ich habe Ihnen einen Mustervertrag beigefügt, der dem Jugendlichen signalisiert: Ich werde erwachsen, bin jetzt selbst verantwortlich und habe die Folgen meines Handelns selbst zu tragen. Lachen Sie bitte nicht! So etwas wirkt, wenn Sie es entsprechend ernsthaft vortragen und einfordern können.

Vereinbarung

Herr Heinz Mustermann, Blätterteigweg 10, 77777 Krokantdorf (Vater)
und
Herr Leon Mustermann, wohnhaft ebenda (Sohn)
vereinbaren:

Der Vater unterstützt den Erwerb des Führerscheins des Sohnes durch einen Zuschuss von 1000 Euro. Der Vater stellt seinem Sohn diesen Betrag zinsfrei zur Verfügung.

Sollte der Sohn nicht verantwortlich mit dem Führerschein umgehen und z.B. nach Alkoholgenuss fahren oder sich allgemein nicht an die Straßenverkehrsregeln (besonders Geschwindigkeitsbegrenzungen) halten oder durch aggressives und unvernünftiges Fahren auffallen, kann der Vater nach seiner Wahl diesen Zuschuss entweder unverzüglich in bar oder durch Arbeitsleistungen, die mit zehn Euro pro Stunde angerechnet werden, zurückfordern.

Ergänzend kann der Vater die Eigentumsrechte an dem Fahrzeug mit dem Kennzeichen Kl-XX-2670 einfordern, um es zu veräußern. Eine Differenz zwischen dem Erlös und der tatsächlichen Schuld ist an den Schuldiger auszuzahlen.

Sollte sich nach dem Ablauf von zwei Jahren nach Erwerb des Führerscheins herausgestellt haben, dass der Sohn verantwortlich am Verkehrsgeschehen teilnimmt und vor allem obige Punkte beachtet (Verkehrsregeln beachten, kein Alkohol, Geschwindigkeitsbeschränkungen beachten, angepasstes, nicht aggressives Fahren), wird dem Sohn die Schuld erlassen.

Krokantdorf, den ....

Vater	Sohn	Zeuge

Natürlich ist die Jugend auch die Zeit des Feierns und der organisierten Unvernunft. Das war schon immer so und ist auch gut so. Doch sind die Jugendlichen früher nicht mit motorisierten Geschossen durch die Gegend gefahren, um sich gegenseitig zu beeindrucken. Fordern Sie an dieser Stelle Vernunft im Umgang ein, treffen Sie Abmachungen mit Sanktionsmöglichkeiten und kontrollieren Sie, ob diese auch eingehalten werden.

Zu Abmachungen, die Sie miteinander treffen, gehören unbedingt Vereinbarungen über Kontrollen und Sanktionen bei Nichteinhaltung. Das ist eine Kultur des Miteinanders, die sich einspielen muss. Wenn Sie das von klein auf so machen und konsequent durchhalten, werden Sie zu einem erprobten Team, das auch schwierige Situationen gut durchstehen kann, weil es weiß, dass es sich aufeinander verlassen kann. Außerdem geben Sie Ihrem Kind von Anfang an ein Gefühl für Verantwortlichkeit und Verlässlichkeit mit auf den Weg.

Doch letztlich ist es nicht so wesentlich, wann Sie angefangen haben, sich um eine klare Linie bei Vereinbarungen und Abmachungen zu bemühen. Die Hauptsache ist, Sie bemühen sich ab jetzt darum!

4. Sprechen Sie das Thema Alkohol an und schauen Sie, wie der Nachwuchs erst im Gespräch und dann in der Praxis damit umgeht. Welches Verhältnis hast Ihr Kind zu Alkohol? Wann ist es für es wichtig? Was gefällt ihm an Alkohol? Welchen Alkohol bevorzugt es und warum? Wozu gehört Alkohol einfach dazu?

Wenn Sie den Eindruck haben, dass Ihr Nachwuchs den Alkohol relativ wahllos bei jeder sich bietenden Gelegenheit in sich hineinschüttet, sollten Sie nachdenken, wie Sie Alternativen aufzeigen und Ihr Kind zu einem anderen Umgang anregen können. Vielleicht gibt es etwas, das Ihr Kind sich besonders wünscht, und Sie nutzen auch mal wieder die Gelegenheit zu einem Geschäft: »Wenn du die nächsten zehn Partys ohne Alkohol verbringst, kaufen wir dir ...«

5. Es kann auch nicht schaden, mit Jugendlichen einen Ausflug in eine Einrichtung zum Alkoholentzug zu unternehmen. Entweder Sie als Eltern finden eine Einrichtung in der Nähe, die so etwas ermöglicht, oder Sie regen das in der Schule im Rahmen des Elternbeirats zum Beispiel für den Deutsch- oder Gemeinschaftskundeunterricht an. Einige Einrichtungen, auch aus dem Drogenbereich, sind dafür recht aufgeschlossen, weil es auch ihren Klienten beim Verarbeiten eigener Erfahrungen hilft, wenn sie über diese sprechen können.

Ich halte eine Menge von der pädagogischen Wirkung solcher Besuche, z.B. auch in Gefängnissen, um die jugendlichen Hirne ein wenig mit den Auswirkungen des eigenen Handelns und deren Realität zu konfrontieren.

Ohnehin lassen sich solche Besuche sehr gut für engagierte Auseinandersetzungen im Unterricht oder in Jugendgruppen nutzen.

6. Vergessen Sie nicht, dass exzessiver Alkoholgenuss nicht normal ist. Auch wenn jeder schon einmal betrunken war, ist die Frage, wann das Maß voll ist, für jeden anders zu beantworten. Der Abhängige selbst gesteht es vor sich und der Umwelt meistens als Letzter ein, dass es ein Problem gibt – nämlich

nicht mehr ohne die Droge zu können. Alkoholiker versuchen in der Regel, die Abhängigkeit zu verniedlichen und auch vor sich selbst zu vertuschen. Das Eingeständnis der Abhängigkeit ist meist schon ein großer Erfolg.

Sie sollten das Thema, wenn Sie erkannt haben, dass es ein Problem gibt, nicht aus Scham totschweigen, sondern es ansprechen und geeignete Hilfe organisieren. Sonst arbeiten Sie der Sucht in die Hände.

Informieren Sie sich vor allem bei der Suchtberatung darüber, was jemandem hilft, der gefährdet ist. Das ist äußerst wichtig, weil der falsch verstandene Wunsch zu helfen sonst gegenteilig wirken und alles unter Umständen nur noch schlimmer machen kann.

👍 Überlebenstipp:

Besuchen Sie mit den Jugendlichen eine Einrichtung der Suchthilfe in Ihrer Nähe. Ihre Drogenberatung wird Ihnen Adressen nennen können.

Konfrontieren Sie die Kids konkret im Erleben mit den möglichen sozialen und persönlichen Konsequenzen ihres Handels und reden Sie dann mit ihnen darüber. Es lohnt sich!

Was Sie tun, wenn Sie nicht mehr weiterwissen

Wenn Kinder große Schwierigkeiten haben oder machen, sind Eltern geneigt, die Schuld außerhalb zu suchen, denn Sie tun ja alles, was in ihren Kräften steht, und trotzdem funktioniert es aus irgendeinem Grund nicht. Die Probleme werden vielleicht sogar von Tag zu Tag größer.

Da liegt es nahe, den Einfluss der schlechten Freunde als Ursache zu sehen. Vielleicht ist es auch der zerstörerische Einfluss oder die Gene des abwesenden Vaters oder der abwesenden Mutter. Oder es sind die schlechten Lehrer an der Schule, die das Kind nicht verstehen.

Das mag alles stimmen. Sie können als Eltern nicht für alles verantwortlich gemacht werden. Außerdem ist es nur logisch, woanders nach den Ursachen zu suchen, wenn Sie selber nicht mehr weiterkommen. Es mag Ihnen auch ein Gefühl der Entlastung geben, wenn Sie eine Ursache außerhalb Ihres Einflussbereichs benennen können.

Es wird Ihnen in der Regel nur nicht wirklich helfen und Ihrem Kind auch nicht.

Deswegen werde ich in diesem und den folgenden Kapiteln einen anderen Blick auf die Situation aus verschiedenen Richtungen versuchen.

Sind denn Eltern, die sich eingestehen, nicht mehr weiterzuwissen, schlechte Eltern? Haben sie in so einer Situation versagt?

Sie sind zunächst einmal überfordert und ratlos. Dazu können sie sich meistens noch das dumme Geschwätz der Nachbarn und die Vorwürfe der eigenen Eltern anhören. Die wissen eh alles besser, denn Erziehung ist ja soo einfach … Außerdem haben sie jetzt dieses Buch gelesen, da steht ja schließlich drin, wie man es richtig macht. Wenn es jetzt trotzdem nicht funktioniert, muss doch schließlich jemand schuld sein – oder?

Gott sei Dank oder leider – wie Sie möchten – funktionieren weder das Leben noch Erziehung nach diesem simplen schwarzweißen Muster.

Es kommt auf die Richtung an, in die Sie Ihre Blicke lenken. Die Frage, wie sich ein Weg aus einem Teufelskreis heraus finden lässt, ist viel nützlicher als die Frage nach einer Schuld. Die Frage nach einer Schuld ist eine Frage in die Vergangenheit, die schon geschehen ist und sich nicht mehr ändern lässt.

Statt auf jemanden mit dem Finger zu zeigen ist es also viel sinnvoller, gemeinsam zu schauen, wieso sich die Entwicklung der Jugendlichen in Ihrem besonderen Fall so schwierig gestaltet.

Die Frage nach dem Weg heraus ist eine Frage nach vorn, beginnend bei dem, wie die Beteiligten die Situation erleben. Sie führt zu einer gemeinsamen Wahrnehmung und über die Frage, was jeder dazu beitragen kann, dass es sich zum Besseren verändert, zu gemeinsamer Handlung und Verantwortung.

Es ist keine Schande, wenn Sie sich eingestehen, nicht mehr weiterzuwissen. Es ehrt Sie, wenn Sie sich trauen, die Dinge beim Namen zu nennen. Wer merkt, dass es alleine nicht mehr geht, und professionelle Hilfe und Unterstützung einfordert, zeigt darüber hinaus Mut. Das ist der erste Schritt aus dem Teufelskreis!

👍 **Überlebenstipp:**

Statt sich eine Schuld zuschieben zu lassen oder sie anderen zuschieben zu wollen holen Sie sich Hilfe und versuchen Sie herauszufinden, wieso sich die Entwicklung Ihrer Jugendlichen so schwierig gestaltet. Und dann handeln Sie gemeinsam und konsequent!

Kinder, die nicht funktionieren

Nehmen wir den Fall, Ihr Kind ist in der Schule immer schlechter geworden. Es kommt relativ häufig vor, dass in der Schule Schwierigkeiten auftauchen, die auf den ersten Blick nicht erklärbar sind. Sie haben sich als Motivationskünstler versucht, ein Bonussystem erfunden und das Taschengeld mit schulischen Leistungen verbunden. Sie haben nach Ursachen geforscht und sich bemüht, mit Ihrem Kind darüber in ein Gespräch zu kommen. Sie sind in die Schule gegangen und haben mit den Lehrern gesprochen, vielleicht auch mit dem Schulpsychologen und den Förderlehrern. Sie haben so ziemlich alle erreichbaren Bücher zu dem Thema gelesen und auch das eine oder andere davon versucht umzusetzen. Resultat: nichts.

Ihr Junior spürt natürlich, dass er Ihre Erwartungen nicht erfüllt, und leidet, wenn auch für Sie vielleicht nicht sichtbar, darunter. Irgendetwas jedoch hindert ihn daran, bessere Leistungen zu bringen. Vielleicht helfen Ihnen die folgenden Fragen weiter:

☞ Ist es vielleicht die Intelligenz? Sind die Anforderungen zu hoch oder sind Sie zu ehrgeizig mit Ihrem Kind?

☞ Ihr Kind ist ausreichend begabt für den Abschluss, den Sie sich erwarten? Die Schule ist der gleichen Meinung?

☞ Ist Ihr Kind in der Schule unterfordert? Ist es eines der hochbegabten Kinder, die vor Langeweile in der Schule nur noch schlafen oder unangenehm auffallen, weil sie in ihrem Potenzial viel zu wenig angesprochen werden?

☞ Haben Sie eine Scheidung hinter sich, die Ihrem Kind große Konflikte bereitet hat, vielleicht ohne dass es Ihnen bewusst ist?

☞ Hat es vielleicht einen ihm sehr lieben Menschen verloren und konnte sich nicht wirklich verabschieden?

☞ Wird Ihr Kind in der Schule von Mitschülern unter Druck gesetzt, ist es Gewalt oder Erpressung ausgesetzt?

☞ Sind Sie als Eltern viel beschäftigt und viel unterwegs? Haben Sie selten Zeit? Kann es sein, dass Ihr Junior sich als nicht wirklich wahrgenommen und geliebt empfindet? Holt er sich durch sein »Versagen« anstelle der positiven Zuwendung, die ihm fehlt, negative Zuwendung?

☞ Sie waren beim Psychologen, und auch der wusste nicht weiter?

☞ Stehen Sie als Mutter/Vater unter großem inneren Druck, haben Sie Angst, den beruflichen und/oder privaten Anforderungen nicht mehr gerecht zu werden und zu versagen? Versagt Ihr Kind möglicherweise aus Liebe zu Ihnen? Nimmt es Ihnen praktisch den Teil Ihres Lebenspäckchens ab, vor dem Sie die größte Angst haben – das Versagen?

Denn Sie vererben Ihren Kindern nicht nur Ihre Häuser, Wertpapiere und Grundstücke, sondern auch Ihre ausgesprochenen und unausgesprochenen, Ihre gelebten und ungelebten Träume, Bewältigtes und Unbewältigtes aus Ihrem Leben.

Die Fragen sollen Sie anregen, einmal über den Tellerrand zu schauen. Wir sind als menschliche Wesen viel komplexer, als wir gewohnt sind von uns zu denken. Dazu sind wir vor allem im Familiengeflecht auf mitunter unglaubliche Weise miteinander verwoben. Wenn die üblichen Erklärungsmodelle nichts mehr erklären und nichts mehr helfen, ist es sinnvoll, die Sichtweise auf die Gesamtsituation zu erweitern. Oft kann eine Veränderung des Blickwinkels und der Blickrichtung geeignete Ansatzpunkte zu Tage fördern.

Eine gute, lösungsorientierte Methode, um dem menschlichen Netzwerk an Beziehungen, Verpflichtungen, Aufträgen und Gefühlen besonders im Familienzusammenhang auf den Grund zu gehen und sich aus lähmenden Verstrickungen zu befreien, ist in den letzten Jahren als *Familienaufstellung* bekannt geworden.

Dabei stellt der Klient bestimmte Situationen nach, die als besonders belastend empfunden werden, und spürt mit Hilfe der Therapeuten den Verknüpfungen und Verstrickungen dieses Bildes nach. Nach und nach können diese Situationen dann durch simples Umstellen der Beteiligten gelöst werden. Mit jedem Schritt fließt dem Klienten neue Energie zu und Wege tauchen aus dem Nebel auf, die alle Beteiligten auch aus vorher aussichtslos erscheinenden Situationen herausführen können.

Ich kann Ihnen die *Familienaufstellung* und die lösungsorientierte systemische Familienberatung nur wärmstens ans Herz legen. Es würde hier den Rahmen sprengen, detaillierter auf diese Methoden einzugehen, aber sie finden wie gewohnt Buchtipps und Adressen zur weiteren Information im Anhang bzw. im Internet unter www.blauespferd.de. Schauen Sie mal rein!

👍 **Überlebenstipp:**

**Wenn Sie in einer verfahrenen Situation stecken und die
üblichen Erklärungsmodelle nichts mehr erklären und nichts
mehr helfen, versuchen Sie den Blickwinkel auf die Situation
und Ihre gewohnte Sichtweise zu verändern. Auf diese Weise
lassen sich Wege und Ansätze entdecken, die Ihnen vorher
verschlossen waren. Holen Sie sich dafür geeignete Unterstützung.**

Kindersegen und Kinderleid

Ich teile Ihnen vermutlich nichts Neues mit, wenn ich sage, dass Kinder nicht nur große Freude bringen, sondern auch eine erhebliche Belastung darstellen können. Nicht nur, weil sie anstrengend und fordernd sein können, sondern allein schon durch ihr Dasein. Auf einmal hat man Verantwortung für ein anderes Wesen. Manchmal ist diese Verantwortung eine Last, unter der die Eltern zusammenzubrechen drohen. Mitunter stellt sich heraus, dass Jugendliche, die auffällig sind, Eltern haben, die mit dieser Rolle und Verantwortung nie lernen konnten umzugehen.

Die Entscheidung für Kinder ist eine Entscheidung fürs Leben. Nicht immer sind Kinder gewünscht. Oft kommen Kinder auf die Welt, deren Eltern sich über die Tragweite dieser Entscheidung für neues Leben nicht im Klaren sind. Vielleicht sind sie zu jung, vielleicht suchten sie selber nur Geborgenheit und sind von diesem kleinen, abhängigen, lauten und fordernden Wesen, dem sie alle ihre Bedürfnisse glauben unterordnen zu müssen, überfordert. Ohne einen Rahmen, der ihnen, den jungen Familien, den Müttern vor allem, Schutz, Geborgenheit und Wärme gibt, ohne eine menschliche Gemeinschaft, die sie unterstützt, kann es leicht sein, dass die Eltern anfangen, gegen das Kind anzukämpfen, das sie nicht verstehen und dem sie sich hilflos ausgeliefert fühlen.

In so einem Fall erlebt das Kind, dass es abgelehnt wird und zwar aus Gründen, die es nicht nachvollziehen kann. Die erlebte Ablehnung kann es demnach auch nur auf sich als Mensch und Person als Ganzes beziehen. Ganz tief brennt es sich dem jungen Menschen in die Seele: Ich muss minderwertig sein, wenn die Eltern sich mir gegenüber so feindlich und abwehrend verhalten. Ich bin schuld, dass ich nicht liebenswert bin und nicht geliebt werde.

Da Eltern die überlebenswichtigen Bezugspersonen für ihr Kind sind, beginnt es um deren Aufmerksamkeit, Anerkennung und Liebe zu kämpfen. Auf diese zusätzliche Anstrengung reagieren die eh schon überlasteten Eltern mit noch mehr Abwehr, die das Kind als weiter verstärkte Ablehnung erfährt. Es verdoppelt seine Anstrengungen. Die Eltern ihre Abwehr – gleichzeitig wachsen die elterlichen Schuldgefühle und die Angst, in den Augen »der anderen« zu versagen. Das führt dazu, dass sie gegen denjenigen, den sie dafür verantwortlich machen, nämlich ihr Kind, noch mehr ankämpfen. Das Kind verstärkt seine Anstrengungen weiter, um seine Eltern doch noch dazu zu bringen, dass sie ihm zeigen, dass sie es so, wie es ist, lieben und wertschätzen. Gleichzeitig beginnt es seine Eltern dafür zu hassen, dass sie dies nicht tun. Es ist verzweifelt, weil es sie hasst, liebt und Angst hat, sie zu verlieren. Es fühlt sich schuldig und lehnt sich selbst immer mehr ab, weil es anscheinend grundsätzlich und egal, was es tut, die Liebe der Eltern nicht verdient … Ein Teufelskreis, der spätestens in der Pubertät, der Zeit der Befreiung aus dem elterlichen Kokon, seinen vorläufigen dramatischen Höhepunkt finden wird.

Es gelingt selten aus eigener Kraft, sich hieraus zu befreien. Aber vielleicht gelingt es in der Pubertät, am vorläufigen Höhepunkt der Krise, einen Anfang zu machen und einen Weg zu betreten, der herausführen kann. Spätestens jetzt wird es auf drastische Weise offensichtlich, dass es ein Problem gibt.

Eine heftige Krise wie die Pubertät bietet aber grundsätzlich auch gute Chancen auf Heilung, weil sie die Beteiligten zur Aufrichtigkeit und Ehrlichkeit mit sich selbst zwingt. Eine große persönliche Leistung liegt darin, wenn einer allein oder alle zusammen den Mut finden, sich das Problem einzugestehen, und sich in so einer verfahrenen und belasteten Situation um Hilfe bemühen. Der erste Schritt zur Heilung liegt darin, das Problem anzuerkennen, und in der Bereitschaft, die eigene Rolle darin anzuschauen, auch wenn es weh tun sollte, um daraus lernen zu können. Je länger es braucht, je älter die Menschen werden, bis sie diese Bereitschaft finden, umso schwieriger wird es sein, einen Weg aus diesen fatalen Verstrickungen heraus zu finden.

Wenn nichts geschieht, kann sich der Hass auf sich selbst und die Eltern als kleine Gemeinschaft, in der Zusammenleben geübt wird, übertragen, sukzessive dann auch auf die erweiterte Gemeinschaft der Bekannten, Freunde, Mitschüler, Kollegen, bis er schließlich alle Menschen, mit denen das Kind, der Jugendliche und schließlich der Erwachsene zu tun hat, umfasst.

Die Verstrickung in Hass und Liebessehnsucht macht den Menschen zum Gefangenen – innerlich wie äußerlich. Jemand, der sich als nicht geliebt, nicht verstanden und nicht gewollt erlebt, der von sich glaubt, nicht liebenswert, nichts wert zu sein, warum sollte der sich an irgendwelche Regeln einer

Gemeinschaft halten, die ihn offensichtlich ablehnt, sich gegen ihn wendet und in seinem persönlichen Erleben von sich ausschließt – und zwar grundsätzlich? Muss so ein Mensch sich nicht eigene Regeln schaffen, um überhaupt überleben zu können? Muss er nicht opponieren, um sich zumindest im Gegensatz zur ersehnten Liebe und Anerkennung – in der Ablehnung und dem Hass – als lebendig zu erfahren und lebensnotwendige, in diesem Fall negative Aufmerksamkeit zu erhalten? Nur um zu erfahren: Ich bin dir nicht gleichgültig? Ohne Liebe, Zuneigung und Hinwendung kann nämlich kein Mensch auf Dauer überleben.

Hilfe holen und Hilfe zulassen

Pubertät ist eine Krisenzeit, in der vieles an die Oberfläche kommt, das vorher noch im Verborgenen war. Auch bei Ihnen, den Eltern. Die Jugendlichen sind im Umbruch und halten in aller Unschuld und Liebe ihren Eltern einen Spiegel vor, in dem diese sich manches mal mehr als nackt gespiegelt sehen mögen. So manche Seite, die Sie an sich lieber nicht genauer anschauen würden, weil es vielleicht zu schmerzhaft ist, wird zielsicher vom Nachwuchs aufs Korn genommen. Das ist hart, aber auch eine tolle Möglichkeit für Sie als Eltern und Erwachsene, zu wachsen und zu lernen. Am besten bereiten Sie sich darauf vor, indem Sie sich Ihren Ängsten stellen.

Machen Sie sich zunächst klar, dass Sie nicht als Eltern geboren worden sind, sondern als Babys. Man wird nicht zu Eltern, weil man eine Prüfung bestanden hat wie einen akademischen Grad, sondern es kann jederzeit einfach geschehen. Immer dann, wenn die körperlichen Voraussetzungen gegeben sind und zwei Menschen unterschiedlichen Geschlechts sich körperlich vereinen.

Es ist Mutter Natur gleichgültig, ob Sie ein riesiges Päckchen an Unbewältigtem mit sich herumschleppen oder frei und freudig mit leichter Last auf Ihrer Lebensreise sind. Sie will nicht wissen, ob Sie reif oder unreif sind und auch nicht, ob Ihnen bewusst ist, was Sie tun. Sie fragt nicht danach, ob Sie als werdende Eltern die (süße?) Last (freudig?) tragen können oder unter ihr zusammenzubrechen drohen. Sie fragt auch nicht danach, ob das Baby vielleicht nur Mittel zum Zweck ist, um jemanden zu haben, der einem ausgeliefert ist und nicht so einfach weglaufen kann.

Mutter Natur und die Gebärende schenken dem Baby einfach das Leben. Und von einem Moment auf den anderen sind aus Ihnen Väter und Mütter geworden. Die kindlichen Wunden und die Narben in den Seelen der jungen Eltern sind aber dadurch nicht einfach verschwunden; sie sind nach wie vor vorhanden. Sie bleiben nicht nur, sondern können durch dieses zarte Wesen besonders schmerzhaft wieder aufbrechen. Es erinnert wieder an die eigene Verletzlichkeit als Kind, das neu geborene Baby mit seinen Bedürfnissen zu erleben.

Verletzlichkeit auszuhalten und zuzulassen gehört aber mit zum Schwierigsten in Beziehungen überhaupt, weil man sich durch sie schwach und dem anderen ausgeliefert fühlt. Man versucht sie also meist durch Gesten der Stärke zu verdecken oder auf andere Art zu übertünchen. Eigene Schwächen zuzulassen geht nur mit großem Vertrauen und – mit Liebe zueinander. Denn es bedeutet, sich fallen lassen zu können, ohne Angst haben zu müssen, fallen gelassen zu werden.

Wenn man sich sehr liebt in einer Partnerschaft, sind das gute Voraussetzungen. Wenn man gelernt hat, die Schwächen des Partners im Streit nicht als Waffe einzusetzen, ist eine weitere Bedingung erfüllt. Gelingt es gar, dass man nicht nur die Schwächen und Ängste des anderen artikulieren kann, sondern auch die eigenen zu benennen weiß, noch besser. Trotzdem gelingt es nur selten ohne Hilfe von außen, diese tiefen kindlichen Wunden im Erwachsenen zu heilen und von der Angst, wie auch immer sie heißen mag, frei zu werden.

Das hat verschiedene Gründe. Angst überwindet man nicht, indem man gegen sie ankämpft. Sie wird überwunden, indem man sie annimmt, sie sich genau anschaut, ihr nachspürt und erfährt, was ihr zugrunde liegt. Denn man kann seine Angst erst dann loslassen, wenn man sie anerkannt hat als das, was sie war: Überlebenshilfe, die man jetzt nicht mehr braucht.

Das geht am besten in einer Gruppe mit anderen, die ähnliche Verletzungen haben wie man selbst. Man braucht einen Schutzrahmen und einen besonderen Raum dafür, der sich in einer Beziehung, so liebevoll sie auch sein mag, inmitten all der Anforderungen des Alltags selten herstellen lässt. Es wäre auch meist eine Überforderung des Partners. Wenn die Partner einander zu Therapeuten werden, bleibt in der Regel eines von beiden auf der Strecke: die Partnerschaft oder die Therapie. Es spricht aber nichts dagegen, sich gemeinsam auf den Weg zu machen.

Kinder spüren die Ängste ihrer Eltern wie ihre eigenen. Denn neben allem anderen geben Sie Ihren Kindern auch Ihre Ängste mit auf den Lebensweg. Haben Sie als Eltern den Mut, sich Ihren Ängsten zu stellen, auch wenn es weh tun sollte und obwohl Sie sich davor fürchten? Denn gelöst – erlöst werden müssen sie. Wenn nicht von Ihnen jetzt, dann von Ihren Kindern oder Kindeskindern.

Andererseits – welch Befreiung, welch Zugewinn an Lebendigkeit und Lebensfreude, wenn Sie auf Ihre Ängste zugehen und durch sie hindurch zu neuen Ufern aufbrechen! All die Kräfte und Energien, die in Ihnen gebannt waren, strömen befreit über in das eigene Erleben in die Wirklichkeit und machen sie farbiger, schöner und intensiver. Wo vorher die graue oder schwarze Angst regierten, leuchten auf einmal die Farben und Genüsse des Lebens, man fühlt sich lebendiger und wie neu geboren. Wo vorher nur dunkle Gassen in die

Irre zu führen schienen, sind mit einem Mal leuchtende und pulsierende Pfade entstanden.

Doch für diesen Weg braucht es Mut und jemanden, der einen hält und begleitet. Es gibt mittlerweile eine Vielzahl an Angeboten für Menschen, die sich ihren Ängsten stellen wollen statt von ihnen gejagt zu werden. Sie können sich einer Elterngruppe anschließen oder selber eine gründen, die mit einer erfahrenen Supervisorin diesen Fragen auf den Grund geht. Sie können Seminare besuchen oder Stunden für Kunsttherapie nehmen. Welchen Weg Sie gehen, hängt letztlich davon ab, welche Methode Ihnen am meisten entspricht. Aber Sie sollten ein paar Gesichtspunkte beachten, die helfen können, aus der Vielfalt das für Sie selbst richtige Angebot zu finden:

1. Menschen in einer Gruppe mit ähnlichen Fragestellungen, Ängsten oder Problemen können sich am besten gegenseitig unterstützen. Die verbindenden Erfahrungen helfen, einander zu verstehen, sich die Wahrheit zu sagen und miteinander mitzufühlen. Schauen Sie sich Gruppenangebote, die Sie ansprechen, daraufhin an, ob es dabei wirklich um Ihr Thema geht. Sprechen Sie vorher ausführlich mit den Trainern oder Gruppenleitern darüber, warum Sie kommen wollen und was Sie sich von einer Teilnahme versprechen. Seien Sie hartnäckig, fragen Sie ganz genau nach und lassen Sie sich nicht mit irgendwelchen wohltönenden Phrasen abspeisen.

2. Gedankliche Erkenntnisse sind wichtig, aber sie ändern nichts, sie nutzen Ihnen nicht, wenn sie nicht in die Praxis umgesetzt werden. Schauen und fragen Sie nach lösungsorientierten Wegen, die nach Möglichkeit Körper, Seele und Geist ansprechen. Achten Sie darauf, dass das Training für den Alltag Teil des Angebots ist. Reden und Analyse sind wichtig, um Zusammenhänge zu verstehen. Doch werden vorher unbemerkte Zusammenhänge erst durch das Erleben deutlich und im Erleben, im Tun lassen sie sich verwandeln und befreien.

3. Meiden Sie Selbstdarsteller, Schaumschläger, Heuchler und Egomanen. Sie haben nichts von »Helfern«, die sich auf Ihre Kosten profilieren wollen. Sie haben auch nicht viel von begnadeten Therapeuten, die ein Publikum brauchen, um mit ihrer Großartigkeit nicht allein zu sein.

Was Sie brauchen, sind Menschen, die Ihnen helfen, sich Ihrer selbst gewahr zu werden und Ihr Potenzial zu wecken.

Sie finden einige Adressen unter der Internetadresse www.blauespferd.de.

👆 **Überlebenstipp:**

Eine große persönliche Leistung liegt darin, wenn einer allein oder alle zusammen den Mut finden, ein Problem einzugestehen und sich in einer verfahrenen und belasteten Situation um Hilfe zu bemühen. Der erste Schritt zur Heilung liegt darin, das Problem anzuerkennen, und der zweite in der Bereitschaft, sich die eigene Rolle darin anzuschauen, auch wenn es weh tun sollte, um daraus lernen zu können.

Ehrlichkeit, Hilflosigkeit und professionelle Fantasie

Ich persönlich kenne niemanden, der Pubertierende vierundzwanzig Stunden am Stück aushält, ohne zumindest zeitweise mit dem Gedanken zu spielen, sie einzufrieren, kopfüber aus dem Fenster zu hängen oder in irgendein fernes Land zu schicken, aus dem sie erst mit einundzwanzig – frühestens – wieder auftauchen dürften. Zwischenzeitlich wären sie in dieser Fantasie wie von selbst wunderbarerweise zu nützlichen Mitgliedern der Gesellschaft geworden.

Eltern haben wirklich jede Unterstützung verdient, die sie bekommen können – aber sie sollten sie sich auch gönnen!

Wenn man sich verstrickt fühlt in Machtkämpfe und leere Rituale, die immer wiederkehrend wirkungslos bleiben, dann darf man sich das ruhig eingestehen. Es liegt kein Versagen darin, erschöpft zu sein. Es verlangt Stärke und Mut, Kämpfe, die sich sinnlos wiederholen, ohne dass je etwas durch sie bewegt worden wäre, zu lassen und sich nach anderen Wegen umzuschauen. Man muss nicht warten, bis der Karren völlig festgefahren ist und wirklich nichts mehr geht.

Eltern sind ja nicht nur Eltern – sie haben auch mehr oder minder fordernde Jobs, sie haben auch noch andere soziale Kontakte als ihre Familie und ihre Sprösslinge zu pflegen, sie haben Träume, Wünsche, Visionen, die sich nicht von alleine verwirklichen, und sie haben Ängste, die sie hemmen. Und alle haben sie ihr Lebenspäckchen zu entdecken, zu tragen und zu gestalten. Das kann einem manchmal schon ein bisschen viel werden … Gestehen Sie sich das zu und gönnen Sie sich Entlastung.

Deshalb rate ich allen Eltern von Pubertierenden, sich mit anderen Eltern in Elternselbsthilfegruppen zusammenzuschließen. Es ist ungemein wohltuend, klärend und hilfreich, sich mit anderen »Betroffenen« ehrlich austauschen zu können. Die Rückmeldungen und Spiegelungen und die Unterstützung, die Sie dort erhalten können, machen sich im Erziehungsalltag tausendfach bezahlt. Damit auch wirklich ein Austausch bei den sinnvollerweise monatlich oder halbmonatlich stattfindenden Treffen entsteht, empfehle ich Ihnen, einen erfahrenen Supervisor oder Moderator für die Leitung zu engagieren. Das sind meist

Psychologen oder Psychotherapeuten, die für diese Aufgabe speziell geschult sind. Wenn man sich die Kosten mit mehreren teilt, ist das nicht teuer und sicherlich sehr gut angelegtes Geld, weil Sie das an anderer Stelle – bei den Kids und im Erziehungsalltag – entscheidend entlasten kann. Es ist eine gute Idee, diese Treffen mit qualifizierten künstlerischen Übungen zu begleiten. Das trainiert die innere Beweglichkeit, die von den Kids ja in besonderem Maße beansprucht wird, fördert das eigene Wachstum und unterstützt den Austauschprozess in der Gruppe.

Gesegnet ist, wer einen starken, liebevollen und nicht erdrückenden Familienverband im Hintergrund weiß, der da ist, wenn man Hilfe und Unterstützung braucht. Es gibt auch interessante Experimente mit anderen generationenübergreifenden Formen des Zusammenlebens, die an das alte Modell der Großfamilie anknüpfen und sie in neuerer Form wieder aufleben lassen. So eine Lebensform kann für den, dem sie taugt, eine fantastische Möglichkeit sein, die verschiedenen Aspekte persönlichen und sozialen Lebens mit dem Elternsein unter einem großen Hut zu vereinen. Man hilft sich gegenseitig!

Wenn Sie in Ihrem Erziehungsalltag so weit sind, dass Sie rat-, sprach- und hilflos dastehen, ist das nicht das Ende des Spieles. Jeder kommt einmal an diesen Punkt. Es kann die richtige Zeit sein, um sich professionelle Mitspieler als Coach, Trainer und als zusätzliches Paar Augen und Ohren an Bord zu holen. Gehen Sie zu Erziehungsberatungsstellen, deren Adressen Sie über die Gemeinde, die Kirchen oder örtliche Wohlfahrtsdienste erfahren können. Schildern Sie Ihr Problem und fragen Sie die »Profis«, was sie in Ihrem Fall raten würden und was für Hilfen sie Ihnen anbieten können.

Profis – Pädagogen, Jugendpsychologen und Erzieher – sind nicht die besseren Eltern; viele haben nicht einmal eigene Kinder. Sie sind nur mit bestimmten Problemstellungen besser vertraut, weil sie meist dann eingeschaltet werden, wenn es brennt. Und so individuell die Kinder und Jugendlichen auch sind, werden doch, wenn man länger in diesem Bereich arbeitet, gewisse Grundmuster deutlich, die einander gleichen und sich wiederholen. Sonst könnte auch so ein Buch wie dieses nicht geschrieben werden.

Holen Sie sich also den Rat, die Erfahrung und die tatkräftige Unterstützung der Profis im jugendlichen Krisenmanagement. Profis sind keine Wunderdoktoren, aber oft kann bereits ein nüchterner Blick aus erfahrenen Augen Ihnen selbst die Augen für Wege und Chancen öffnen, die Ihnen vorher verschlossen schienen. Manchmal wird auch ein unparteiischer, aber klarer und erfahrener Mittler gebraucht, der die Dinge auf den Punkt bringt, damit wieder Bewegung in das festgefahrene Beziehungsgeflecht zwischen Eltern und Kindern kommt.

Sie haben wie Ihre Kinder bei Bedarf einen gesetzlich verbrieften Anspruch auf Hilfe. Das reicht von stundenweiser pädagogischer Unterstützung, wenn Beratung alleine nicht ausreicht, über eine Freizeitbetreuung Ihres Kindes bis hin zu einer vorübergehenden Unterbringung in Wohngruppen, wenn die Situation zu Hause zu schwierig ist. In ganz besonderen Ausnahmefällen, wenn selbst eine Betreuung der Jugendlichen in Kleinstgruppen nicht möglich sein sollte, gibt es sogar intensive sozialpädagogische Einzelbetreuungen. Beratung und Informationen darüber, welche Angebote Ihnen zur Verfügung stehen, erhalten Sie bei den Jugendämtern Ihrer Stadt oder Ihres Landkreises, bei den Erziehungsberatungsstellen und bei den Trägereinrichtungen der Jugendhilfe wie Diakonie, Caritas, Deutscher Paritätischer Wohlfahrtsverband und anderen.

Der Satz: »Schwierige Kinder ins Heim!« gilt schon lange nicht mehr. Heute wird auch von Seiten der Jugendämter schon aus Kostengründen alles versucht, Hilfen und Unterstützung vor Ort, in den Familien und am Wohnort zu organisieren. Das geschieht übrigens immer in Abstimmung mit den Eltern und den Jugendlichen und nicht über deren Köpfe hinweg. Erst, wenn wirklich nichts anderes mehr sinnvoll versucht werden kann, beginnt man auch über eine Fremdunterbringung nachzudenken. Manchmal braucht es eben räumliche Distanz, viel persönliche Geduld und professionelle Fantasie, um verfahrene Situationen zumindest ansatzweise klären zu können und ein paar der verknäulten Fäden zu entwirren, bevor ein Neuanfang in der Familie versucht werden kann.

Die Angst der Eltern vor den Vorwürfen der Kinder

Eltern sind Menschen und Menschen machen Fehler. Wir lernen durch Fehler – unser ganzes Leben lang. Man kann also sagen: Fehler machen heißt lebendig sein. Wer keine Fehler macht, ist entweder tot oder nicht mehr von dieser Welt.

Fehlerfreie und perfekte Eltern oder Erzieher sind eine Lüge – genauso wie es die pickelfreien Jugendlichen aus der Werbung nicht in Wirklichkeit gibt. Es gibt nur Tünche, die uns diese tote Perfektion vorlügen möchte. Es mag vielleicht eine Zeit lang funktionieren, andere damit zu täuschen und sich selbst etwas vorzumachen; aber nur solange niemand hinter diese Fassaden schaut.

Was es gibt, sind Eltern, die mit Liebe, Aufmerksamkeit und Hinwendung, mit all ihren Fehlern und Stärken und mit aufrichtigem Bemühen für die Jugendlichen da sind, so gut sie es eben vermögen. Dabei möchte dieses Buch Sie unterstützen.

Die Jugendlichen müssen sich allerdings, um einen eigenen Standpunkt zu entwickeln, kritisch mit der Welt der Erwachsenen, besonders den eigenen Eltern auseinander setzen. Das sollten sie auch dürfen. Sie tun das erbarmungslos mit der Unschuld der Unerfahrenen und mit dem Hochmut der vom Leben noch Unbeleckten. Nehmen Sie es mit Humor! Das sind Übungen auf dem Weg zu eigenen Maßstäben, an denen sie sich im Leben bewähren wollen.

Sie als Eltern haben im Rahmen Ihrer Möglichkeiten den größten Teil bereits geleistet, indem Sie Ihre Kinder bis hierhin gebracht und ihnen das Überleben gesichert haben. Von hier ab werden sie sich ihr Leben Stück für Stück selbst erobern müssen. Sie werden die Welt der Eltern Stück für Stück auseinander nehmen, um sich dann aus diesen Stücken und dem einen und anderen, das sie auf dem Weg finden, ihre Welt neu zu bauen. Die sieht allem Aufbegehren zum Trotz oft nicht so entscheidend anders aus als die der Eltern. Sehen Sie es also gelassen. Manchmal, wenn die Jugend sich allzu ernst nimmt, hilft auch ein wenig Ironie.

Sie brauchen sich eigene Fehler nicht vorhalten zu lassen, aber Sie sollten darüber zu sprechen bereit sein. Denn Fehler sind normal und zeigen, dass Sie eine lebendige Beziehung haben. Die Frage ist lediglich, wie Sie mit ihnen umgehen? Das Wichtigste, wozu Fehler gut sind, ist, aus ihnen zu lernen. Es ist also auch richtig, über sie zu sprechen, um die Wirkung des eigenen Handelns zu erfahren und einander, die Motive und Haltungen besser zu verstehen. Hier sind Sie wieder als Vorbild wichtig für die Jugendlichen.

Wenn man offen über Fehler sprechen kann, kann daraus die Brücke zu einem vertieften Verständnis und einer tieferen Liebe zueinander werden. Vielleicht nicht gleich in der Pubertät, da dieses Alter ja nicht gerade für sein Verständnis und Einfühlungsvermögen auf Seiten der Jugendlichen berühmt ist. Aber Sie legen jetzt schon die Grundlagen für später.

Wenn Sie dann Ihren mittlerweile erwachsenen Kindern auf gleicher Augenhöhe begegnen können und hoffentlich auch werden, dürfen Sie auch endlich gemeinsam lachen und sich darüber freuen, dass Sie diese wilde Zeit zusammen so gut überstanden haben.

Noch Fragen zum Buch?

Dieses Buch soll eine Grundlage für eine lebendige Beziehung zwischen mir und Ihnen sein – so lebendig und beweglich, wie es die Herausforderung Pubertät jeden Tag von Ihnen verlangt.

Darum habe ich

☞ die Internetplattform www.blauespferd.de eingerichtet, auf der Sie sich ganz konkret mit anderen Eltern austauschen können. Neben aktuellen Tipps und Beiträgen finden Sie dort auch Informationen über entsprechende Veranstaltungen, interessante Hilfsprojekte, Links, Adressen und Literaturempfehlungen sowie viel Platz für Ihre Anregungen, Meinungen und Kritik.

☞ die E-Mail-Adresse info@blauespferd.de, unter der Sie mir Ihre persönlichen Fragen stellen können und/oder individuelle Beratung nach Absprache erhalten können.

☞ auf meiner Internet-Seite www.blauespferd.de auch alle Informationen über die Eltern-Kind-Seminare, Ferien-Projekte, Elternworkshops, Pubertätsrituale und pädagogischen Kriseninterventionen, die wir im deutschsprachigen Raum und in Ungarn durchführen.

☞ eine integrierte Suchmaschine auf www.blauespferd.de, mit der Sie unter einem Stichwort (z.B. Jugendhilfe) alles finden können, was es dazu an Veröffentlichungen und Informationen im Internet gibt. Sie können sich so auch über Adressen und Hilfsangebote in Ihrer Nähe informieren.

☞ Auf www.blauespferd.de ist die Möglichkeit eingerichtet, auch Tonkassetten mit ergänzenden geführten Übungen zur Entspannung, zur Motivation und zur Regeneration zu beziehen.

Scheuen Sie sich nicht, mit Ihren Fragen zu mir zu kommen!

Adressen, die helfen können

Drogen

www.drogenberatung-jj.de	Virtuelle Drogenberatung im Netz
www.bmgesundheit.de	Homepage des Bundesministeriums für Gesundheit; Bietet unter *Links* ein alphabetisches Verzeichnis der Drogenberatungsstellen in Deutschland
www.drugcom.de	Drogeninfoportal für Jugendliche (und Eltern)

Drogenscreening (Drogentest)

Fragen Sie Ihren Hausarzt, wer bei Ihnen so etwas macht. Die Kosten sind nach Verfahren und Labor sehr unterschiedlich, liegen aber meist unter 50 Euro. Eventuell übernimmt auch Ihre Krankenkasseasse die Kosten; fragen Sie nach!

Erziehungsberatung

Erziehungsberatung wird von kirchlichen und freien Trägern, den Wohlfahrtsverbänden und auch von den Verwaltungen im Rahmen der Jugendhilfe angeboten.

Die lokalen Anbieter und deren Adressen erfahren Sie am besten bei den Wohlfahrtsverbänden oder den Jugendämtern der Gemeinden, Städte oder Kreise.

Kunsttherapie

www.kunsttherapie.de   Informationen zur Kunsttherapie und zu Verbänden, die Adressen von Therapeuten nennen können

Erlebnispädagogik

www.bundesverband-erlebnispaedagogik.de
Informationen, Anbieter und Literatur

Bücher, Video, Theater

Familienaufstellung

Virginia Satir   **Selbstwert und Kommunikation**
Stuttgart 2002

Kunsttherapie

Martin Schuster   **Die heilende Kraft des Gestaltens**
Köln 2001

Eva Mees-Christeller   **Kunsttherapie in der Praxis**
Stuttgart 1995

Brater/Büchele/Fucke/Herz   **Künstlerisch Handeln**
Stuttgart 1989

Partnerschaft

Allan & Barbara Pease   **Warum Männer nicht zuhören und Frauen schlecht einparken**
München 2001

Ron Smothermon   **Das Mann-Frau-Buch**
Bielefeld 1994

Sexualität

Ralf Osthoff   **Schwanger werd ich nicht allein**
Landau 1999

Walter Trobisch   **Mit unerfüllten Wünschen leben**
Kehl 1997

Drogen

Christiane F.   **Wir Kinder vom Bahnhof Zoo**
München 1999

Schmidbauer / vom Scheidt   **Handbuch der Rauschdrogen**
Frankfurt 1999

Christian Rätsch   **Urbock**
Aarau 1996

Erziehung und Entwicklung

Julian Sleigh   **Freiheit erproben**
Stuttgart 1997

Torey L. Hayden   **Kevin**
München 1996

Bernard Lievegoed   **Lebenskrisen Lebenschancen**
München 2001

Holger Wyrwa   **Damit unsere Kinder eine Zukunft haben**
Stuttgart 2001

Margot Käßmann   **Erziehen als Herausforderung**
Freiburg 2001

Erlebnispädagogik

Fischer / Klawe / Thiesen   **(Er)Leben statt Reden**
Weinheim 1997

Video

D: Robin Williams   **Der Club der toten Dichter**
R: Peter Weir   USA 1989

D: Michelle Pfeiffer   **Dangerous Minds**
R: John N. Smith   USA 1995

Theater

Franz Wedekind   **Frühlingserwachen**